老庄新论

陆永品 著

中央编译出版社

图书在版编目(CIP)数据

老庄新论 / 陆永品著. ——北京：中央编译出版社，2014.1
ISBN 978-7-5117-1935-5

Ⅰ.①老… Ⅱ.①陆… Ⅲ.①道家 ②《道德经》－研究 ③《庄子》－研究
Ⅳ.①B223.05

中国版本图书馆CIP数据核字(2013)第282330号

出 版 人：	刘明清
出版统筹：	董　巍
选题策划：	韩慧强
责任编辑：	王媛媛
特约编辑：	王丽华
责任印制：	尹　珺
出版发行：	中央编译出版社
地　　址：	北京西城区车公庄大街乙5号鸿儒大厦B座(100044)
电　　话：	(010) 52612345 (总编室)　　　(010) 52612363 (编辑室)
	(010) 66130345 (发行部)　　　(010) 52612332 (网络销售部)
	(010) 66161011 (团购部)　　　(010) 66509618 (读者服务部)
网　　址：	www.cctpbook.com
经　　销：	全国新华书店
印　　刷：	河北下花园光华印刷有限责任公司
开　　本：	787毫米×1092毫米　1/16
字　　数：	300千字
印　　张：	17.5
版　　次：	2014年1月第1版第1次印刷
定　　价：	78.00元

本社常年法律顾问：北京市吴栾赵阎律师事务所律师　闫军　梁勤
凡有印装质量问题，本社负责调换。电话：010-66509618

目录

序言 /001

上编 老子编
- 老子其人其书 /001
- 为老子《道德经》正名 /012
- 老子散文的思想性与艺术特色 /015
- 老子的人生哲学 /023
- 老子的宇宙本体"大道"论 /059
- 老子"无为而治"新解 /066
- 老子的兵法思想 /072
- 孔子与老子的共识 /077
- 《管锥编·〈老子〉王弼注》八题 /093
- 老子的地位及其影响 /102
- 《老子》的主要版本 /105

中编 庄子编
- 庄子其人其书 /107
- 庄子故里新说 /111
- 庄子散文的思想性 /114
- 庄子散文的艺术性 /119
- 庄子是中国文学"四祖" /125
- 庄子的哲学和美学思想概要 /157
- 论庄、骚并称的文化现象 /160
- 庄子《逍遥游》命题的典范意义 /175
- 庄子的养生之道 /179

庄子散文的笔法　/192

庄子散文的文境　/206

清代学者扬庄抑屈简论　/212

庄子散文的地位及其影响　/220

《庄子》研究的主要版本　/224

下编
道家的产生及其发展

道家的产生及其发展　/227

庄子研究要籍简编　/244

主要参考书目　/268

后　记　/270

序　言

50年前，我从复旦大学中文系毕业被分配到中国科学院哲学社会科学部（即现在的中国社会科学院）文学研究所从事古典文学研究时，就对《老子》和《庄子》这两部著作产生了兴趣。尤其对《庄子》之书的兴趣更浓，因其语言生动形象，优美动人，蕴含丰富，在先秦诸子散文中具有鲜明的个性化特征。但是，对老子庄子其人其书，学术界尚有不同的看法。由于他们的哲学思想复杂，令人费解，因而仁者见仁，智者见智，多有歧意。有些问题，自古及今，众说纷纭，莫能定论。为了帮助读者研读《老子》、《庄子》，有几点应当简要地予以说明。

（一）

关于老子其人其书、庄子其人其书的问题。考证古人古书的真伪，应本着实事求是的精神，要根据史料说话，不能先入为主，以主观想象篡改历史，以符合自己的看法。譬如，有人首先认为老子生长在春秋末年，对于宇宙的形成，还不可能有唯物论的思想，于是便在古籍中寻找片言只语，来论证老子的宇宙观是唯心论。类似此等研究方法，显而易见，并不是历史唯物主义的研究方法。

考证古人古事和古典文学研究，都必须占有大量的史料，由史料说明问题，得出结论。胡适书法（条幅）说："有几分证据，说几分话；有七分证据，不能说八分话。"说得非常精辟，应当成为学者的座右铭。古代的史料浩如烟海，即使对所掌握的有关史料，也应当去粗存精，去芜存菁，经过过滤筛选，保留有价值的精华，摒弃毫无意义的文字。不能把所掌握的史料，舍不得割爱，一股脑地都塞到论文或著作中。现在有不少学术著作，即存在此病。

其实，在历史上，人们对有些问题也存在不同的看法。做研究工作，应当善于识别正确的史料和错误的观点；不能满足于掌握许多史料，就下结论。如果立论不正确，史料愈多，将更能迷惑一般的读者。正如荀子所说"其持之有故，言之成理，足以欺惑愚众"(《荀子·非十二子》)。关于老子其人其书、庄子其人其书的问题，前人有许多不同看法，其中有些看法并没有什么真凭实据，只是主观臆断，不仅不能说明问题，反而制造了混乱，给研究老庄设置了障碍。

(二)

老庄研究与其他问题研究一样，总会打上不同的这样或那样的时代烙印。应看到，随着时代的前进和历史的发展，佛教的传入和道教的兴起，老、庄思想便与佛、道、儒相互融合，因而对老、庄的研究，就更加复杂。

就以不同的时代对老、庄的称谓为例，一般说两汉称黄、老，魏至晋称为老、庄，逮至唐宋，又称佛、老。这些不同的称谓，并非只是简单的称谓问题，它表现了不同的时代，老、庄之学的不同社会地位。汉代称为黄、老，是由于汉代初年，疲于战争破坏，举国上下，皆渴望天下太平，休养生息。因此，黄、老"无为而治"的思想与统治者和人民的意愿相吻合，于是统治者便崇尚黄、老，把"无为而治"的思想当做治国策略。魏晋南北朝时代，许多文人学士，崇尚"玄学"，清谈之风甚盛，于是便曲解老、庄，盛称老、庄之道。唐宋时代，许多文人骚客，由于政治上的失意，志不得伸，于是便借助老、庄和佛教的出世思想，来逃避现实，发泄对社会的不满。同时，封建朝廷信仰道教，崇尚老庄。由此可见，不同时代对老、庄的不同态度，都深深地留下了时代的烙印。即使在褒贬上，也表现出同样的问题。明代学者陈治安曰："后世论庄子者，或赞其高玄，或讥其放傲。大约晋、宋人赞叹，宋元人讥贬。言说虽多，尽无当于庄子，固不若太史公本传，寥寥数语，字字皆实录也。"[01] 说明司马迁对庄子的评价是比较公允的，不像后世有的学者任意曲解，各取所需。

庄子是坚定的批孔派，古代以来即有学者曲解庄子的看法。首先，能够客观地看待这个问题的，还是司马迁。他说庄子"属书离辞，指事类情，用剽剥儒、墨，虽当世宿学不能自免也"(《史记·老子韩非列传》)。但是，至宋以后，有些学者出于某种需要，竟然不承认庄子批孔的客观史实。苏轼即说："余以为庄子，盖助孔子者"。[02] 王安石亦曰："学者诋周非尧、舜、孔子，余观其书，特有所寓而言耳。孟子说：'说书者不以文害辞，不以辞害意，以意逆志，是为得之。'读其文而不以意

---

01 《南华本义》。
02 《庄周》。

原之，此为周者所以诋也。"[01] 苏轼、王安石之所以不承认庄子批孔，是由于他们是尊孔派，而又喜爱庄子所致。

直到清代和近代，还有一些学者仍然不承认庄子是批孔的。诸如清代的吴世尚、陆树芝、刘鸿典和近现代的胡远濬等，皆如此。甚至，刘鸿典还说庄子是"尊孔"的。他说："世皆谓庄子诋訾孔子，独苏子赡以为尊孔子。吾始见其书而疑之，及读《庄子》日久，然后叹庄子之尊孔子，其功不在孟子之下也。"[02] 他发出此等耸人听闻的论调，理由是什么呢？他说："慨自孔子没而微言绝，七十子丧而大义乖，非特儒与墨分门，即儒与儒亦分门，百家簧鼓，皆自命为得孔子之传，而极其流弊，至于诗礼发冢，可见伪儒之附于孔子者，实为孔子之蠹。攻木之蠹，势不能不累及夫木。则庄子之用心为甚苦，而后人反谓其为抵訾也，不亦谬乎？"[03] 显然，此等强词夺理的诡辩，也掩盖不了庄子批孔的历史事实。

近代有些进步学者，反对尊孔复古，反对闭关自守，而主张学习西方，才把否认庄子批孔的陈案翻了过来。譬如，严复说："庄子最长喻义，其词锋殆不可当，用以剽剥儒、墨……"[04] 严复的看法，就代表当时进步思想家的正确看法。

古代学者，由于世界观、人生观及其处境不同，他们对老、庄的评论，往往也会因人而异。他们按照自己的需要，各取所需，为我所用。因此，对待古代研究老、庄的著作，应当择善而从，不能兼收并蓄。

---

01 《庄子祠堂记》。
02 《庄子约解·序》。
03 同上。
04 《庄子评点》。

上编 老子编

老子其人其书

老子是我国最早的哲学家和思想家,在哲学史和思想史上,都具有不可忽视的地位。然而,对于老子其人其书,自古及今,还存在着许多不同的看法。应当说,这是亟待解决的问题。因此,有必要作一番考辨。

以下谈三个问题:老子其人,老子其书,以及与老子书有关的问题。

一

关于老子其人。

司马迁是给老子作了传的,对于老子其人及其思想的传播,曾经起过很大的作用。同时,司马迁在《史记》老子本传里,也如实地记载了关于老子的两种不同说法。一种说法是:老子姓李,名耳,字聃,楚苦县(治所在今河南省鹿邑东)厉乡曲仁里人,周守藏室之史。孔子适周,曾问礼于老子。另一种说法是:"自孔子死之后百二十九年,而史记周太史儋见秦献公曰:'始秦与周合而离,离五百岁而复合,合七十岁,而霸王者出焉。'或曰儋即老子,或曰非也。世莫知其然否。"其实,太史儋的言论，与老子的思想，其中真伪是不难分辨的。对此问题，这里暂且不谈，留在下面再作分析。

在《史记》老子本传里，司马迁除记载有关老子的两种不同说法外，还附带记载一条关于老莱子的传说，这即是："或曰老莱子，亦楚人也，著书十五篇，言道家之用，与孔子同时云。"

然而，后人竟然根据司马迁关于老子的不同记载和有关老莱子的记载，便对老子其人产生种种不同的说法。就其不同说法，归纳起来，主要有以下几种。

（一）老子即李聃，姓李，名耳，字聃，世称老聃，著《道德经》，与孔子同时，曾为孔子之师。《礼记·曾子问》亦记孔子曾问礼于老子的事。《礼记》是汉代人编撰的秦汉以前各种礼仪的选集，应当说对某些问题的记载是可靠的。后代的许多知名学者，诸如陆德明、韩愈、王念孙、王先谦等都坚持司马迁的记载和《礼记》的说法。[01]

（二）老子即太史儋，在孔子之后。清代学者毕沅等坚持此说。[02] 也有人认为有两个老子，一个是教孔子"儒学"的老子，一个是著道家之书的老子。[03] 此说是沿袭司马迁老子本传里关于老子的两种不同记载。

（三）今天还有一种说法，把老聃、老莱子、太史儋合为一人，即老子。

以上三种不同说法，即使同属于一种看法，其中也还有小的差异。因此，我们在研究这个问题的时候，就不再一一辨析了，只就其中具有代表性的说法作一些探讨。为了便于研究问题，先讨论后两种看法，然后再研究第一种看法。

先研究老子与太史儋的关系问题。

老子与太史儋并非一人，这从司马迁老子本传的记载中，即可分辨得十分清楚。据司马迁记载说："老子修道德，其学以自隐无名为务"，"著书上下篇，言道德之意五千言"。又说："李耳无为自化，清净自正。"不难看出，这里说的是著《道德经》之老子，与太史儋毫无关涉。这是其一。其二，孔子问礼于老子，老子说："子所言者，其人与骨皆已朽矣，独其言在耳。且君子得其时则驾，不得其时则蓬累而行。吾闻之，良贾深藏若虚，君子盛德容貌若愚。去子之骄气与多欲，态色与淫志，

---

01 见唐代陆德明《老子道德经音义》、韩愈《师说》、清代王念孙《读书杂志》、王先谦《荀子》注。

02 见毕沅《老子道德经考异序》，近人罗根泽《诸子考索》书中《老子及老子书的问题》。

03 宋代叶适《学习记言》卷十五《老子》。

是皆无益于子之身。"道家之老子，是主张无为、无欲，去甚、去泰、去奢的。从老子答孔子问的这段文字里，正体现了老子的这种思想。所以，著《道德经》的老子，不是太史儋。其三，从太史儋见秦献公的谈吐，可以看出太史儋并非老子。太史儋见秦献公时说的一段话，是说霸王之事，与老子的思想无共同之处，由此亦可见他与著《道德经》之老子并非一人。因此可以辨明，"或曰儋即老子"之说是错误的；"或曰非也"是正确的。有人列举八条理由，论证太史儋即老子，是秦献公时人。[01] 但是其立论，多出于推理，尚且缺乏确凿可信的史料，因此还不能证实太史儋即是老子。

然而，有人根据司马迁"老子本传"的记载，认为秦以前有两个老子：一个与孔子同时，一个与秦献公同时。[02] 此说似有道理，符合司马迁记载的说法。《老聃年代考》一文，若从这个观点立论，似可成立。

再谈所谓老子、老莱子、太史儋实为一人即老子之说，此种说法，更不能成立。太史儋并非著《道德经》之老子，上面已经分辨清楚。老莱子并非著《道德经》之老子，司马迁在老子本传里也讲得颇为清晰。他说："或曰老莱子亦楚人也，著书十五篇，言道家之用，与孔子同时云。"老子是楚人，"老莱子亦楚人"，说明他们都是楚地人。司马迁在这里用一"亦"字，即表明老莱子与老子实为两人。唐代张守节《史记正义》说："太史公疑老子或为老莱子，故书之。"清代梁玉绳未细心研读《史记》老子本传，轻信张守节的说法。亦错误地认为"太史公疑老子或为老莱子"（《史记志疑》）。

西汉初年，陆贾《新语》的《思务篇》，虽残缺不全，但其中有一段文字，不仅能说明老子与孔子同时，而且能够说明老子与老莱子并非一人。这段文字是：

> 是以接舆、老莱所以避世于穷（以下缺字），而远其尊也。君子行幽间，小人厉之于士众。老子曰："上德不德"（以下缺字），虚也。夫口诵圣人之言，身学圣者之行，久而不弊，劳而不废，虽未为君（以下缺字）已。孔子曰："行夏之时，乘殷之辂……"

这里把接舆、老莱（即老莱子）、老子、孔子四人相提并论，从此也说明老子与老莱子实为两人。又据班固《汉书·艺文志》载："老莱子十六篇。"自注说："楚人，

---

01 《老聃年代考》，《学术月刊》1982年第11期。
02 叶国庆：《庄子研究》。与秦献公同时的老子，即太史儋。

与孔子同时。"从上述史料足以说明，老子与太史儋是两个人，老子与老莱子也是两人。那种把老子、太史儋和老莱子三人合而为一即老子的说法，并无史料可作佐证。至于有人把老聃与李耳分开，认为老聃和李耳是两人，司马迁错误地把他们合而为一，此种说法，也没有什么历史根据。

还有一个关涉到老子其人的小问题，值得再谈一下。《史记》有种版本老子本传说："老子者，楚苦县厉乡曲仁里人也，姓李氏，名耳，字伯阳，谥曰聃。"据王念孙经过详细考证说："史公原文，本作名耳，字聃，姓李氏。今本姓李氏，在名耳之上；字聃作字伯阳，谥曰聃，此后人取神仙家书改窜之耳。……若史公以老子为周之伯阳父，则不当列于管仲之后矣。"(《读书杂志》）王氏的考证是可信的，老子"字伯阳"是后人据《神仙传》所为。周朝的伯阳父与老子实为两人，不应混为一谈。

下面探讨老子与孔子同时，曾为孔子之师的问题。我认为，说老子与孔子同时，曾为孔子之师，这是可信的。何以见得呢？除以上所说的理由，还有秦汉以来、尤其秦汉以前的史料作佐证。

第一，《韩非子》书中有《解老》和《喻老》两篇，不言而喻，韩非是把《老子》视做古书来解释的。韩非是战国末年人，假若老子与战国中期见秦献公的太史儋为一人，韩非与老子相距只有百余年，他是不会把《老子》当做古书来诠释的。

第二，《吕氏春秋》里有三条史料可证：

（一）《吕氏春秋·贵公篇》说：

> 伯禽（周公之子，成王封之于鲁）将行，请所以治鲁。周公曰："利而勿利也。"荆人有遗弓者，而不肯索，曰："荆人遗之，荆人得之，又何索焉？"孔子闻之，曰："去其荆而可矣。"老聃闻之曰："去其人而可矣。"故老聃则至公矣。

这则史料则说明，老子与孔子是同时代人。

（二）《吕氏春秋·不二篇》说：

> 听群众人议以治国，国危无日矣。何以知其然也？老耽（即聃字）贵柔，孔子贵仁，墨翟贵廉，关尹贵清，子列子贵虚，陈骈贵齐，阳生贵己，孙膑贵势，王廖贵先，儿良贵后，此十人者，皆天下之豪士也。

这"十人"，是按其时代先后顺序排列的，从此可以说明老子稍早于孔子。

（三）《吕氏春秋·当染篇》说：

> 孔子学于老聃、孟苏、夔靖叔。

东汉高诱注说："此三人皆体道者，亦染孔子。"由此可以说明，老子曾为孔子之师。

近人梁启超在《评胡适之中国哲学史大纲》里又认为，即使如《礼记》所记，孔子向老子问礼真有其事，这里的老子是个拘谨守礼的人，与五千言精神相反。因而他对老子其人产生了怀疑。其实，老子知礼，并非"拘谨守礼"，梁氏怀疑老子其人，进一步又怀疑孔子问礼于老子之事，显然是主观臆断。

第三，《淮南子·道应训》有一则故事，亦能说明老子与孔子的关系。这则故事说：

> 孔子观桓公之庙，有器焉，谓之宥卮。孔子曰："善哉！予得见此器。"顾曰："弟子取水。"水至，灌之，其中则正，其盈则覆。孔子造然革容曰："善哉持盈者乎？"子贡在侧曰："请问持盈。"曰："益而损之。"曰："何谓益而损之？"曰："夫物盛而衰，乐极则悲，日中而移，月盈而亏。"是故聪明睿智，守之以愚；多闻博辩，守之以陋；代力毅勇，守之以畏；富贵广大，守之以俭；施德天下，守之以让。此五者，先王所以守天下而弗失也。反此五者，未尝不危也。故老子曰："服此道者不欲盈，夫唯不盈，故能弊而不新成。"

《老子》第四十二章说："故物或损之而益，或益之而损。"在这则故事里，孔子说"益而损之"云云，显然这是引用老子的话。这则故事的结尾，又引用《老子》第十五章后三句作结。由此可见，汉初《淮南子》的作者，是把老子看做稍早于孔子，曾为其老师看待的。然而，宋代陈师道却说："世谓孔、老同时，非也。孟子闢杨、墨不及老，荀子非墨、老而不及杨，《庄子》（指《天下篇》）先六经而墨、宋、慎次之，关、老又次之，庄、惠终焉。其关、杨之后，孟、荀之间乎？"[01]"孟子闢杨、墨而不及老"，并不能说明老子不存在，这是十分明显的道理。陈师道用简单推论的方法来否定老子与孔子同时，认为老子在孟子与荀子之间，显然也是不可信的。

更加离奇的是高诱的说法。《吕氏春秋·仲春纪·当染篇》说："故染不可不慎也，非独染丝然也，国亦有染，舜染于许由、伯阳……"高诱注说："伯阳，盖老子

---

01 《后山先生集》卷二十二《理究》篇。

也。"其实,这个问题并不难于辨别,这里所谓的伯阳,既然是舜时代的人,自然不会是著《道德经》之老子。

第四,司马迁在《史记》"老子本传"里,按照老子与庄子的时代先后,是把老子排在庄子之前的。司马迁非常明确地说:庄子"其学无所不窥,然其要本归于老子之言"。扬雄在《法言·问道卷》里,也是先论老子,再谈庄子,而且把庄子视为老子的后学。扬雄说:"老子之言道德,吾有取耳。及捣提仁义,绝灭礼学,吾无取耳……或曰庄子有取乎?曰少欲。"可见,有些老子的研究者,认为老子的出生时代应在庄子之后,是缺乏历史根据的。

二

关于老子其书。

《荀子·天论篇》说:"老子有见于诎,无见于信。"这说明荀子是曾经看见老子之书的。

从《荀子》、《韩非子》、《吕氏春秋》等书对老子之书的称引和训释,便可以说明老子之书在战国时代已经广泛流传。1973年,又在我国湖南长沙马王堆汉墓里发现帛书《老子》的两种抄本。1993年10月,又在湖北荆门郭店出土楚简《老子》,为《老子》最早的一种手抄本。仅依这些史料和古籍,即足以证明五千言为老子所著。而后代有些老子研究者,可能是根据司马迁对老子其人的不同记载,于是便对老子著《道德经》问题提出种种怀疑。据宋代王十朋《策问·读书疑信》说,怀疑《道德经》非为老子所著者,最早是北魏的崔浩。[01] 南宋的黄震也说:"老子之书,必隐士嫉乱世而思无事者为之。异端之士,私相推尊,过为诬诞。"[02] 清代崔述步其后尘,也跟着怀疑《道德经》并非老子所著。[03] 十分明显,这些话讲得很随便,都是信笔写来,并未经过严肃认真地研究。

下面对老子之书研究中存在的问题,提出不同的看法。我想这样做,对弄清这个问题,可能会有一定的裨益。

罗根泽先生认为,老子书"非在孔、墨以后不能产生",理由是说:"老子书反对'仁义',反对'礼',反对'尚贤',主张'道',主张'无为主义'"云云。因

---

01 《宋王忠文公集》卷九。
02 《黄氏日钞》卷五十五。
03 《洙泗考信录》(见《畿辅丛书》)。

此，他便下结论说《老子》"非在孔、墨以后不能产生"[01]。我认为，这种看法不能令人信服。

首先，罗根泽先生认为老子书反对"仁义"、反对"礼"、反对"尚贤"的问题，这并不能作为老子书"非在孔、墨以后不能产生"的理由。为什么这样说呢？众所周知，在《论语》里，记录许多孔子提倡"仁义"讲究"礼"的言论，同时也记录了孔子"举贤才"（《论语·子路篇》）的主张。"举贤才"，正是"尚贤"思想的表现，为什么非说《墨子》里有《尚贤篇》才是"尚贤"呢？尽管《论语》为孔子的门人后学编辑而成，但孔子带领众多弟子周游列国，到处宣传自己的主张和学说，他的思想当时就传播到各诸侯国去。老子与孔子同时，对孔子的言论，他不可能不知道。他不同意孔子的观点，提出自己的主张，这是自然而然的事。不能认为非指名道姓反对孔子，才算是对孔子的批评。今人批评某人并非都点其名，古人也会有这样的情况。

其次，至于说老子之"道"，就其"道"的内容而论，也不能作为老子书"非在孔、墨以后不能产生"的理由。老子"道"的内容极其复杂，包括天道、人道、自然之道三部分。其"天道观"，表现了他向往"公道"的思想。其"人道"观，表现其对极其不公平社会的看法，认为"人之道""损不足以奉有馀"。则其"自然道"观，具有朴素的朦胧的唯物论思想，但却存在着神秘主义色彩。下面还要具体论述。老子作为我国最早的第一个哲学家，他的哲学思想如此复杂，又具有严重的局限性，这是符合当时时代精神的。在春秋末年，科学水平很低，对于宇宙的形成，还不可能用科学的思想来解释。老子在这个问题上存在的神秘主义色彩，是非常正常的现象。

罗根泽先生把老子主张"无为主义"，也当做老子书"非在孔、墨以后不能产生"的理由，不知从何说起。其实，"无为主义"正是黄、老思想的表现。

鲁迅先生在1932年编写的《中国文学史略》（后改名为《汉文学史纲要》）里曾指出："儒、墨二家起老氏之后，而各欲尽人力以救世乱。"此说极为精当。

不过，罗根泽先生发表这样的见解，是在1932年，因时间较早；而杨荣国先生的《中国古代思想史》（1973年人民出版社再版），竟然把老子的时代推迟到庄子之后，作者提出的理由是什么呢？他从《老子》里寻章摘句，找出与墨子、孟子、商鞅和庄子诸家的不同，从而便认为《老子》是对这诸家的批判。按照作者的这种逻

---

01 《老子及老子书的问题》。

辑推论下去，老子书的产生，自然就在其他诸家之后了。乍看起来，此说似乎尚有一定道理，若细加研讨，就会发现这完全是以想象代替史实的主观推论。这是其一。

其二，大凡读过《论语》的人，就不难看到，杨荣国所谓老子书对诸家的批判内容，这在《论语》里几乎都能看到。

杨荣国说墨子是"贵义"的，老子书给予评论说："失仁而后义"、"上义为之而有以为"（《老子》第三十八章）。他认为，这是老子对墨子"义"的否定。他还说老子书对墨子"尚贤"的主张也给予了批判，如老子说："不尚贤，使民不争"（第三章）。作者又说："仁义对举，乃是孟子的手笔。但我们从老子书中也见到反对仁义的意见。如：'大道废，有仁义'（第十八章）。"上面已经讲过，在《论语》里都能找到孔子讲"仁义"和"举贤才"的主张，不能据此就认为老子是对墨子和孟子的批判。道理异常明白，这里不再赘述。

杨荣国甚至还说庄子曾说"至德之世"，是"不尚贤，不使能"（《庄子·天地篇》）的，因此，老子书中的"不尚贤，不使能"的说法，"当是承袭庄子，从庄子的这话而引出"。试问：庄子是老子的后学，为什么不能说庄子是从老子那里继承了这种思想呢？事实上，《庄子·天下篇》曾引老子说："老聃曰：'知其雄，守其雌，为天下谿。知其白，守其辱，为天下谷'。"王夫之《庄子解》就认为《天下篇》是庄子的手笔。他说："或疑此篇非庄子之自作，然其浩博贯综，而微言深至，固非庄子莫能为也。"即使此篇出自庄子门人后学的手笔，他们是记录庄子的活动而写成此篇的，从此也能说明庄子是老子的后学。

杨荣国说《老子》书批判墨子的"明鬼"说："以道莅天下，其鬼不神。"（第十章）其实，就以相信"鬼"而论，孔子也有这种思想。孔子说："非其鬼而祭之，谄也。"（《论语·为政篇》）又说："务民之义，敬鬼神而远之，可谓知矣。"（《论语·雍也篇》）老子反对信"鬼"，可能就是针对孔子一些人的思想而言。为什么非说这是老子对墨子"明鬼"思想的批判呢？据《太平御览》三百二十二卷引《墨子》说："善持胜者，以强为弱。故老子曰：'道冲而用之，有弗盈也'。"今本《墨子》虽无此文，但《太平御览》总是有所依据的，这也说明老子早于墨子。

杨荣国说："和孟轲、庄子同时代的，还有商鞅。他是倡导变法，要从变法中来改进当时的土地制度的。可是《老子》书所给予他这变法的评论是：'法令滋章，盗贼多有'。"这种说法，更是不能成立。我们看到，与老子同时的孔子，也是反对以政令和刑罚来统治人民的，而主张用"德"、"礼"来教育人民。他说："道之以政，齐之以刑，民免而无耻；道之以德，齐之以礼，有耻且格。"（《论语·为政篇》）从孔子的这种主张，也可以看出当时统治阶级主张用"法令"来统治人民、维护自己的政权。老子和孔子都反对这种政治措施，说明在这一点上，他们有共同之处。杨氏认为，老子书中"法令滋章，盗贼多有"两句，是对商鞅变法的评论。显而易见，这种说法，颇为牵强附会。

最近，有人评论老子书的真伪问题，根据《庄子·庚桑楚》说："南荣趎曰：里人有病，里人问之，病者能言其病，然其病，病者犹未病也。若趎之闻大道，譬犹饮药以加病也。"因此，便认为老子书"知不知，上；不知知，病。夫唯病病，是以不病。圣人不病，以其病病，是以不病。"（第七十一章）其中"病病"二字是从《庄子·庚桑楚》里抽出来的。并且，作者由此推论老子书这章的写作时代晚于《庄子·庚桑楚》。他的理由是："《老子》书七十一章'病病'二字的意义，已超出了《庚桑楚》所说的'病病'之意，已将'病病'二字脱离了有形的身体疾病而推广到人生的各方面去，这就表现了两段文字的时代先后。"[01] 十分明显，用这种理由来说明老子书第七十一章的写作时代晚于《庄子·庚桑楚》，是缺乏历史根据的。老子在谈论具体问题时，大都与"无为"或"无为而治"的思想联系起来。比如，《老子》第四十七章说："不出户，知天下，不窥牖，见天道。其出弥远，其知弥少。是以圣人不行而知，不见而名，不为而成。"这里虽然主要议论的是认识问题，但却与老子"无为而治"的思想紧密地结合起来。这是其一。其二，如上所述，老子是春秋末年与孔子同时代的人，庄子是战国前期与孟子同时代的人，庄子继承和发展了老子的思想。应当说，《庄子·庚桑楚》这段文字，是从《老子》第七十一章脱化而来。马王堆汉墓帛书《老子》甲乙两种写本皆有此段文字，说明汉初人并未怀疑此章不是老子的作品。现在，有人提出《老子》第七十一章的写作时代晚于《庄子·庚桑楚》，这可能是由于一时疏忽而造成的失误。

有人还说："《解老》、《喻老》是最古本的《老子》注释。这二篇所征引的《老子》可以信据是老聃亲著，其余未征引的当为后来道家所增。"[02] 我认为，此论值得商榷。一是韩非的《解老》、《喻老》虽为诠释《老子》的最早著作，但还不能把它

---

01 《论〈庄子·庚桑楚〉篇的特点及其与〈老子〉书的关系》，河北师院学报1981年第2期。
02 《先秦诸子杂考》，中州书画社1982年9月版。

视为《老子》最古的注本。因为这两篇并非严格按照《老子》逐章逐段逐句来训释的。所谓"最早的古籍注释方式系属大义通释"（同上），此说缺乏历史依据。二是，现在还没有确凿的史料，能够说明《解老》、《喻老》未征引的那些《老子》的章节，都是后来的道家所写。如果今后考古学家发现比郭店楚简《老子》、马王堆汉墓帛书《老子》两种写本更早的本子，能够足以说明这个问题，这样才能令人信服。正如我们不能依据司马迁《史记》"屈原本传"提到的屈原作品，来判断屈原的全部作品一样。因为司马迁所列举屈原的作品，不过是列举几篇为例而已。韩非的《解老》、《喻老》，也只是就《老子》的许多章节，作些粗略的"通释"和说明罢了。

三

与老子书有关的问题。

其一，战国秦汉以来，有些著作称引老子的书，在文字上出现许多不同，是由于各家书写不同或据底本不同造成的，并不能以此作根据怀疑老子书产生于别的时代。下面略举几例，即由此可见一斑。

（一）《韩非子·解老篇》引老子书"兕无所投其角，虎无所措其爪"两句，马王堆汉墓帛书《老子》甲种本作："矢（兕）无所椯（揣）其角，虎无所昔（措）其蚤（爪）。"《淮南子·诠言训》则作："虎无所措其爪，兕无所措其角。"王弼《老子》注本，与《韩非子·解老篇》所引相同。

（二）《韩非子·解老篇》引老子"祸兮福之所倚，福兮祸之所伏"两句，马王堆汉墓帛书《老子》甲种本作："鬺（祸），福之所倚；福，祸之所伏。""祸"作"鬺"，无二"兮"字。刘向《说苑·敬慎篇》引此两句，无二"之"字。王弼《老子》注本，此两句与《韩非子·解老篇》相同。

（三）《韩非子·解老篇》引老子说："不出于户，可以知天下；不窥于牖，可以知天道。其出弥远者，其知弥少。"马王堆汉墓帛书《老子》甲种本作："不出于户，以知天下；不规（窥）于（牖，以）知天道。其出篚（弥）远者，其知篚[尟。是以圣人不行而知，不见]而名，弗为而成。"（括号内缺字，据别本补。）王弼《老子》注本作："不出户，知天下；不闚牖，见天道。其出弥远，其知弥少。是以圣人不行而知，不见而名，不为而成。"三种写本，除韩非没有引后三句外，其他各抄本在文字上略有不同。

后世《老子》的写本，在文字上，更加错乱纷繁。这些，都是各家抄本所据底本不同，或严谨与疏忽不同所致。

其二，《老子》多为韵文，即鲁迅所说"对字协韵"（《汉文学史纲要》），与《论语》的语录体文字不同。老子之书，从文学的角度而论，它是富有哲理性的散文诗，它的产生可能受到《诗经》的影响。但是，老子书如此工整的"对字协韵"，是经过后人的修饰和润色的。例如，马王堆汉墓帛书《老子》甲种本有段文字是："道之物，唯望（恍）唯忽。（忽呵恍）呵，中有象呵。望（恍）呵忽呵，中有物呵。湷（幽）呵鸣（冥）呵，中有请（精）吔（呵）。"帛书《老子》乙种本作："道之物，唯望（恍）唯汤（忽）。汤（忽）呵望（恍）呵，中又（有）象呵。望（恍）呵汤（忽）呵，中有物呵。幼（窈）呵冥呵，其中有请（精）呵。"王弼《老子》注本则为："道之为物，惟恍惟忽。惚兮恍兮，其中有象。恍兮惚兮，其中有物。窈兮冥兮，其中有精。"从以上三种写本不难看出，帛书《老子》甲乙两种写本大同小异，尽管其中有些错别字和残缺。而王弼注本《老子》这段文字，除把其中的"呵"字改为"兮"字外，它的语言，则更加精炼、更加有韵律性和节奏感。这是一例。

另外一例，马王堆汉墓帛书《老子》乙种本有段文字是："小国寡民……甘其食，美其服，乐其俗，安其居，叟（邻）国相望，鸡犬之（声相）闻，民至老死不相往来。"据考，帛书《老子》乙种本避刘邦讳，把书中二十二个"邦"字皆改为"国"字，但不避"盈"和"恒"字，由此则说明此写本是刘邦称帝后，刘盈、刘恒称帝前所抄写。司马迁援引老子的这段话说："老子曰：'至治之极，邻国相望，鸡狗之声相闻，民各甘其食，美其服，安其俗，乐其业，至老死不相往来。'"（《史记·货殖列传序》）王弼《老子》注本则作："小国寡民……甘其食，美其服，安其居，乐其俗，邻国相望，鸡犬之声相闻，民至老死不相往来。"仅从其中"甘其食"以下四句而言，王弼的注本押服、俗韵，在文字上也有所改动。汉墓帛书《老子》甲乙两种写本和司马迁所引这段文字，皆不押韵。可以想见，王弼《老子》注本这四句，曾经过后人的改动和润色。这仅仅是两个例子，其他许多章节，王弼《老子》注本与郭店楚简《老子》、汉墓帛书《老子》，也有不尽相同之处。

但是，总的看来，后人对《老子》在文字上的改动不大，基本上还保持着它原来那种简练古朴的面貌。

为老子《道德经》正名

众所周知,《老子》此书,世称老子《道德经》。其上篇为"道经",在前;下篇为"德经",在后。老子《道德经》上、下篇,千古流传,未曾发现有人质疑。诸如汉代河上公《老子道德经章句》、魏王弼《老子注》、唐傅奕《道德经古本篇》、清代奚侗《老子集解》等等,众多治老著作及其不同版本,有的虽未标明上下篇,但皆"道经"于前,"德经"在后。此乃可谓世人共识。

然而,20世纪70年代初,竟然发现有不同者。1973年于湖南长沙马王堆古墓出土的汉代帛书《老子》(甲、乙两种)抄本,却与传世诸本《老子》不同,它下篇"德经"在前,上篇"道经"在后,成为《德道经》。据此,当今有的治老学者,如尹振环先生的《重识老子与〈老子〉》[01],即认为帛书《老子》为较早的可靠版本,就在其著作中,把《老子》下篇《德经》置于前,上篇《道经》放在后,成为《德道经》。这"德"字,若如是诠释:"德者,得也。得也者,其谓所得以然也。"(《管子·心术上》)那么,这就改变了老子《道德经》的内涵。此乃是耶非耶?我认为,老子的《道德经》书名,《道经》在前,《德经》于后,原本如此,是老子的本意。而帛书《老子》抄本,抄成《德经》在前,《道经》于后,是错误的。何以见得?下面,即分数端予以辨证和正名。

其一,司马迁《史记》老子本传,即记载老子著书上、下篇五千言,"言道德之意"。

司马迁曰:"老子修道德,其学以自隐无名为务。居周久之,见周之衰,乃遂去。至关,关令尹喜曰:'子将隐矣,强为我著书。'于是老子乃著书上、下篇,言道德之意五千余言而去,莫知其所终。"(《史记·老子韩非列传》)司马迁作为号称"实录"的伟大史学家,他有关老子著"道德"之书上、下篇的记载,自然是可信的。世传老子《道德经》之书,也符合司马迁的记载。老子《道德经》之"经"字,

---

01 商务印书馆2008年2月版。

显然为后人所加。据东汉班固《汉书·艺文志》记载,有《老子邻氏经传四篇》、《老子傅氏经说三十七篇》、《老子徐氏经说六篇》三种。邻氏、傅氏、徐氏,皆为传老子之学者,以《老子》原文为"经",以己见为"传"或"说"。老子《道德经》之"经"字,大约即由此而来。逮至唐代长孙无忌等撰《隋书·经籍志》,即记载李耳撰《老子道德经二卷》、王弼注《老子道德经二卷》等多种。称《老子》书为《道德经》,是对"圣哲"著作的尊称,如刘勰《文心雕龙·论说》曰:"圣哲彝训曰经,述经叙理曰论。"

其二,老子著书上、下篇,"言道德之意",看来是受《管子》的启迪。

《管子·心术上》曰:"虚无无形谓之道,化育万物谓之德。""德者道之舍,物得以生。生知得以职道之精。故德者得也……以无为之谓道,舍之之谓德。故道之与德无间,故言之者不别也。间之理者,谓其所以舍也。"管子说:大道无形无为,"德"化育万物;道与德同体,密不可分。虽然,老子的《道德经》,与管子所谓"道"与"德"云云,不完全相同,但并不难看到,老子著《道德经》上下篇,是受其启迪,并有所借鉴和继承的。同时,也应看到,管子之"道德"论,与老子的"道德"上、下篇,其前后之顺序,是绝对不能倒置的。

其三,《老子》之书,其上下篇之结构及其有关"道"与"德"内涵的述说,也足以对《道德经》书名的真实性予以辨证和正名。

下面即从这样两方面予以辨证。一是,就老子《道德经》上、下篇之结构来看,其上篇首章曰:"道,可道,非恒道;名,可名,非恒名。无名,天地之始;有名,万物之母。"其下篇首章曰:"上德不德,是以有德;下德不失德,是以无德。上德无为,而无以为;下德为之,而有以为。"这完全符合司马迁《史记》老子本传,关于老子著书上、下篇"言道德之意"的记载。王弼《老子注》亦按《道德经》本来的结构所编注。二是,就《老子》书中,有关"道"与"德"之内涵的述说,也能对老子《道德经》书名予以肯定的辨证和正名。例如,《老子》第二十三章曰:"希言自然。故飘风不终朝,骤雨不终日。孰为此者?天地。天地尚不能久,而况人乎?故从事于道者,同于道;德者,同于德;失者,同于失。同于道者,道亦乐得之;同于德者,德亦乐得之;同于失者,失亦乐得之。"从此章来看,在其述说"道"与"德"之内涵时,皆先言"道"而后言"德"。此等顺序,是顺理成章的,决不能先后倒置。

其四,从其他古代文献,亦可旁证老子《道德经》之书名,原来即如此。

在此，仅举两例，即可说明。一则是，《淮南子·原道训》曰："无为为之而合于道，无为言之而通于德。"另一则是，韩愈《原道》篇曰："老子之小仁义，非毁之也，其见者小也……其所谓道，道其所道，非吾所谓道也；其所谓德，德其所德，非吾所谓德也。凡所谓'道德'云者，合仁与义言之也，天下之公言也。"《淮南子·原道训》是在宣扬老子道家思想，在言"道德"时，亦是先言"道"而后言"德"。与老子《道德经》相吻合。韩愈尊孔崇儒，他所谓"道德"云者，自然与老子言"道德"不同。不过，从韩愈说老子"其所谓道，道其所道……其所谓德，德其所德"云云，即可说明，老子著书上、下篇，"言道德之意"，其上篇为"道经"，下篇为"德经"，那是明确无误的。

其五，到目前为止，我们并未看到老子《道德经》真本。

世传至今的诸多《老子》版本，包括1993年湖北荆门郭店出土的战国时代楚简《老子》、汉代马王堆出土的帛书《老子》、河上公《老子道德经章句》、王弼《老子注》、傅奕《道德经古本篇》等等，皆为传抄本。尤其楚简《老子》（不足两千字简抄本）、帛书《老子》（甲、乙本），错误残漏甚多，虽较其他诸本早，但并非是好的版本，只能供《老子》校勘之参考。既然传世的《老子》诸多版本，皆为传抄本，可以想见，在传抄过程中，就不可避免地在文字上会有所增损或润色，甚至会有改动。传世的诸多《老子》版本，在文字上的不同，即是有力的说明。相比较而言，河上公本和王弼本之《老子》，还是符合老子文本的好版本。帛书《老子》乙本，将《老子》中"大器晚成"（帛书甲本残）抄成"大器免成"，给研读《老子》者造成了麻烦，此即一例。请看拙文《老子"大器晚成"辨证》[01]，恕不赘言。

---

01 原载于2008年4月24日中国社会科学院院报。

老子散文的思想性与艺术特色

老子散文的思想性

《老子》，古人称为修道之书，我们称它为哲学著作，其"辞简而要，旨深而远，包络天地，玄同造化"。[01] 从文学的角度而言，它又是散文著作，在先秦诸子散文中颇具特色。其特色即在其思想内容及其所表现的艺术风格有着鲜明的时代特征和个性特色。

我国古代文学，从《诗经》开始，就深深地扎根于现实主义的土壤里，具有反映社会生活和揭露社会丑恶、批判黑暗不合社会的优良传统。老子的散文不仅继承了这个传统，而且还具有其与众不同的个性化特征。

老子生活在我国春秋末年的奴隶社会，他目睹了奴隶主贵族穷奢极欲、不劳而获，广大劳动人民终年辛勤劳动，却过着不得温饱、饥寒交迫的生活。《诗经》中的《伐檀》、《硕鼠》即是揭露奴隶主不劳而获，残酷剥削劳动人民的诗篇。对于这种不合理的社会，老子也给予了尖锐的批评。《老子》第七十五章曰：

> 民之饥，以其上食税之多，是以饥。民之难治，以其上之有为，是以难治。民之轻死，以其上求生之厚，是以轻死。夫唯无以生为者，是贤于生。

老子看到"民之饥"的原因，就在于贵族统治者"食税之多"。从"以其上食税之多"、"以其上求生之厚"两句，即可看出老子的矛头所向，是直接抨击当时最高统治者。

由于奴隶主阶级对劳动人民的残酷奴役和盘剥，造成了大批的奴隶起义和反抗斗争。奴隶主阶级为了维护自己的统治，便对反抗的人民进行血腥的镇压。对于奴隶主贵族镇压人民的暴行，老子发出了愤怒的谴责，他说："民不畏死，奈何以死惧之？"（《老子》第七十四章）表现出对被压迫人民的深切同情。

老子看到社会的贫富不均，是极其不公平的。他从美好的愿望出发，便认为

01　丁福保：《老子道德经笺注·绪言》。

"天道"比"人道"公平。因此，他便用"天道"与"人道"作对比，来揭露现实社会的不合理。《老子》第七十七章曰：

> 天之道，其犹张弓与，高者抑之，下者举之，有馀者损之，不足者补之。天之道损有馀而补不足。人之道则不然，损不足以奉有馀。孰能有馀以奉天下？唯有道者。

实际上，在奴隶社会，阶级剥削和阶级压迫即是社会的本质，根本不在什么"天之道损有馀而补不足"的事。所谓"唯有道者"能"以有馀奉天下"，也是说说而已。尽管，老子所谓"天道"公平在当时社会是不存在的，而以此批判那种"损不足以奉有馀"的不合理社会，表现出对被剥削人民的同情，还是难能可贵的。

老子不仅对横征暴敛的奴隶主和"损不足以奉有馀"的不合理社会予以揭露，他还用激烈的言词，痛斥那些饱食终日、衣冠楚楚、佩戴宝剑、耀武扬威、掠夺人民的达官贵人是盗魁。《老子》第五十三章曰：

> 朝甚除，田甚芜；服文饰，带利剑，厌饮食，财货有馀，是谓盗竽。

"朝甚除"：魏王弼注曰："朝，宫室也。除，洁好也。"[01]宋代林希逸《老子鬳斋口义》和明代焦竑《老子翼》释"除"为"治也"。"盗竽"：王弼本、西汉河上公《老子道德经章句》本、唐代傅奕本、林希逸本、焦竑本皆作"盗夸"。韩非《解老》篇引作"盗竽"。高亨说："夸、杅、竽，古通用。"[02]这是必须向读者说明的。老子在这里斥责那些穷奢极欲"厌饮食、财货有馀"的奴隶主统治者为"盗竽"（强盗头子），正说明老子对他们的憎恶，对受剥削人民的同情。

老子有颗火热善良的心肠，他大力呼吁世人要向善立德，并竭力颂扬谦逊退让的美德，对世人修身养性、加强道德修养起到积极的推动作用。在《老子》中，有不少文字反映老子的这种高尚的道德情操。

老子反对战争，认为战争会给人民造成深重的灾难。他在现实社会生活中观察到："师之所处，荆棘生焉，大军之后，必有凶年。"（《老子》第三十章）意谓由于陈师原野，田园荒废，到处荆棘丛生，给百姓带来深重的灾难。因此，老子反对战争。《老子》第三十一章曰：

---

01 《老子注》。
02 《老子注释》。

> 兵者，不祥之器，不得已而用之。恬淡为上，胜而不美；而美之者，是乐杀人。夫乐杀人者，则不可以得志于天下矣。夫佳兵者，不祥之器，物或恶之，故有道者不处……杀人之众，以哀悲泣之；战胜，以丧礼处之。

应当看到，所谓"春秋无义战"之说是不全面的。对于战争，应当从两方面去看，对发动掠夺战争方面而言，是非正义的；对于反对掠夺、保国卫家来说，则是正义的。当然，老子不可能有这样高的认识水平，他没有能够区分正义与非正义性，一味地反对战争，只能说明他在战争方面认识的局限性。有人认为老子的这种看法是正确的，这是偏爱老子的表现，并不符合实事求是的精神。

由于老子有反对奴隶主残酷的剥削和压迫、反对战争的思想，他便想到《诗经》中《魏风·硕鼠》那首诗，诗曰：

> 硕鼠硕鼠，无食我黍。
> 三岁贯女，莫肯我顾。
> 逝将去女，适彼乐土。
> 乐土乐土，爰得我所。
>
> 硕鼠硕鼠，无食我麦。
> 三岁贯女，莫肯我德。
> 逝将去女，适彼乐国。
> 乐国乐国，爰得我直。
>
> 硕鼠硕鼠，无食我苗。
> 三岁贯女，莫肯我劳。
> 逝将去女，适彼乐郊。
> 乐郊乐郊，谁之永号！

此诗通过生动形象的比喻，反映劳动人民不堪奴隶主的残酷剥削和压迫，发誓要离开他们，到没有剥削和压迫的"乐土"、"乐国"去生活。显然，这只能是美好的愿望。在此诗的影响下，老子又绘制出没有战争、没有剥削和压迫，人人过着安居乐业，生活富裕，小国寡民而老死不相往来的原始社会的蓝图。这种社会即是《老子》第八十章所说那样：

> 小国寡民，使有什伯之器而不用，使民重死而不远徙。虽有舟舆，无所乘之；虽有甲兵，无所陈之。使人复结绳而用之。甘其食，美其服，安其居，乐其俗，邻国相望，鸡犬之声相闻，民至老死不相往来。

诚然，老子憧憬的这种社会，是不可能实现的乌托邦，但这是他对社会现实不满的产物，具有积极的进步性。司马迁说："老子曰：'至治之极，邻国相望，鸡狗之声相闻，民各甘其食，美其服，安其俗，乐其业，至老死不相往来。'必用此为务，挽近世塗民耳目，则几无行矣。"[01] 司马迁认为老子想挽近世百姓耳目，开历史倒车，是行不通的。其实，老子并不是在主张社会回归到原始社会，开历史倒车。这只能说明，他是在追求没有战争、没有剥削压迫，人人过着安居乐业的幸福生活，是值得肯定的。它对后代人们追求理想、向往幸福生活、反抗剥削压迫，起到积极的推动作用。后来，晋代诗人陶渊明所写《桃花源记并记》，追求的那种没有阶级、没有压迫、人人安居乐业、丰衣足食的"世外桃源"生活，显然也是受老子"小国寡民"思想影响的产物。

老子同情人民疾苦，反对剥削压迫，应当给予充分的肯定，这是一方面。另一方面，他又给统治者出谋划策，主张实行愚民政策。认为"民之难治"，就是因为"其智多"，故主张"将以愚之"。《老子》第六十五章曰：

> 古之善为道者，非以明民，将以愚之。民之难治，以其智多。故以智治国，国之贼；不以智治国，国之福。

这就给统治者实行愚民政策提供了理论依据。老子不仅如此，还说明了实行愚民政策的具体方法。《老子》第三章曰：

> 不尚贤，使民不争；不贵难得之货，使民不为盗；不见可欲，使民心不乱。是以圣人之治，虚其心，实其腹，弱其志，强其骨。常使民无知无欲，使夫智者不敢为也。为无为，则无不治。

老子企图把劳动人民变成无知无欲、弱志强骨的愚者，任凭统治者奴役的驯服工具，这种错误思想，是应当批判的。孔子也有愚民思想，孔子曰："民可使由之，不可使知之。"[02] 老子和孔子有这种愚民思想并不奇怪，这是时代和阶级的局限。有些治老

---

01 《史记·货殖列传》。
02 《论语·泰伯篇》。

学者为老子的愚民政策辩护，也是没有说服力的。

老子散文的艺术特色

《老子》是我国最早的哲理散文诗，在先秦诸子散文中别具一格，有其独到的艺术特色。对后代哲理诗的产生和发展，无疑曾起过积极的作用。

清代邓廷桢曾说："诸子多有韵文，惟老子独密，《易》、《诗》而外，斯为最古矣。"[01] 他是说老子之书，是具有韵文性的散文。今人朱谦之先生认为《老子》是"哲理诗"[02]。也有学者认为《老子》是"有韵的理论文"。我认为，都不如说《老子》是哲理散文诗更为确切。所以这样说，一是它不像《诗经》用字那样整齐、押韵比较严格，与略带韵味的《易经》文字也不相同，与四、六句的骈文亦迥然相异，更不能与唐宋以来格律严格的哲理诗相比；二是它的文字，有几句押韵，隔一、两句押韵，两句相押韵，也有整章押韵等不同形式。正因为如此，称它为哲理散文诗才比较恰当。

老子之书作为哲理散文诗，有如下几方面具有个性化的艺术特色。

第一，正如鲁迅所说它"对字协韵"[03]富有节奏感，具有诗一般的语言，因此便能引起读者的兴趣。诸如："道可道，非恒道；名可名，非恒名。""虚其心，实其腹，弱其志，强其骨。""大道废，有仁义；智慧出，有大伪。""甘其食，美其服，安其居，乐其俗。"等等。老子把抽象的"道"和"名"，把愚民的具体方法，把幻想的乌托邦社会等，都能用"对字协韵"的流畅语言表达出来，读起来朗朗上口，悦耳动听。

老子还往往能运用音乐的旋律、轻松的笔调，来阐释枯燥乏味、窈冥深邃的玄妙哲理，比起《论语》简单的说教，更能激发读者的兴味。诸如："道之为物，惟恍惟惚；惚兮恍兮，其中有象；恍兮惚兮，其中有物。"（《老子》第二十一章）"谷神不死，是谓玄牝。玄牝之门，是谓天地根。緜緜若存，用之不勤。"（《老子》第六章）"天得一以清，地得一以宁，神得一以灵，谷得一以盈。"（《老子》第三十九章）类似这样的节章，即是诗，又是歌，读之能使人有轻松愉悦之感。有的章，就是一首哲理散文诗，如《老子》第五十一章：

---

01 《观砚斋笔记》卷三。

02 《老子校释》。

03 《汉文学史纲要》。

> 道生之，德畜之，物形之，势成之。是以万物莫不尊道而贵德。道之尊，德之贵，夫莫之命而常自然。故道生之畜之，长之育之，成之熟之，养之覆之。生而不有，为而不恃，长而不宰，是谓玄德。

此章中的"德畜之"，高亨说："德是道的性能，天地生养着万物。"[01] 畜者，养也。"玄德"，高亨注曰："玄妙的德性。"[02] 虽然明白了"德畜之"、"玄德"之意，而此整章大意，仍颇为费解。宋代林希逸对此章所作的讲解，对我们解读此章颇有帮助。林希逸讲解曰：

> 道，自然也，无也，凡物皆自无而生，故曰"道生之"。德则有迹也，故曰"畜之"。畜者，有也。物则有形矣，故曰"物形之。"势则有对矣，故曰"势成之。"阴阳之相偶，四时之相因，皆势也。莫之命者，犹曰莫之为而为也，非有所使然，则为常自然矣。尊贵者，言其超出乎万物之上也。命，或作爵，非也。长之育之，成之熟之，养之覆之，皆言既生既有之后，其在天地之间，生生不穷，皆造化之力也。然造物不有之以为有，不恃之以为功，虽为之长，而无主宰之心，此所以为玄妙之德。玄德，即造化也。前章言"失道而后德"，此言道生德畜，尊道贵德，则此章"德"字比前章又别，读《老子》者不可如此拘碍[03]。

对照不同的《老子》版本来看，就会看到有些版本的文字不尽相同，这说明后人对《老子》的文字有所修订。但从韩非的《解老》和《喻老》与汉墓帛书《老子》甲乙本来看，后人对《老子》书的改动并不大，基本上还保持《老子》的本来面貌。

第二，老子善于运用生动的比喻、鲜明的形象，来阐发抽象的哲理；而又赋予虚无缥缈的自然"大道"以形象化、具体化。例如，老子形容得道之士的气态容貌时说："豫焉若冬涉川，犹兮若畏四邻，俨兮若容，涣兮若冰之将释，敦兮其若朴，旷兮其若谷，混兮其若浊。"（《老子》第十五章）这里连用七个比喻，来形容得道之士的"微妙玄通，深不可识"的神态，写得异常生动鲜明，能给读者留下较深的印象。

---

01 《老子注译》。
02 同上。
03 《老子鬳斋口义》。

老子为了说明"天道"与"人道"的不同，却用张开的弓来作比喻，他说："天之道，其犹张弓与，高者抑之，下者举之，有馀者损之，不足者补之，天之道损有馀而补不足。人之道则不然，损不足以奉有馀。"（《老子》第七十七章）这样，就把"天之道"抑高举低的形象，深深地印在人们的脑海里。老子在抨击"天地"和"圣人""不仁"时，说它（他）们把万物和百姓看做"刍狗"，这就能以此生动形象地激发起世人对统治者的愤懑。这些都是老子利用事物的鲜明形象作比喻，而达到的积极的艺术效果。

为了阐释玄奥的自然"大道"，老子还借助人物的表现予以说明。《老子》第四十一章曰：

> 上士闻道，勤而行之。中士闻道，若存若亡。下士闻道，大笑之，不笑不足以为道。故建言有之：明道若昧，进道若退，夷道若颣。

用上士、中士、下士这三个人物闻道后的不同表现，便生动形象地表现出所谓自然"大道"的那种难于捉摸的玄奥形态。这不仅能给读者留下鲜明的印象，而且也显得颇有情趣，令人回味不尽。林希逸解释曰："夷，平也。夷道，大道也，大道则无分别。颣，同也，和光同尘之意。""颣"字，河上公本和汉墓帛书乙本皆作"类"。这是研读《老子》时，应当注意的。

第三，《老子》之书，言辞简要，旨意深远。与诸子散文相比，这正是老子散文的显著特色之一。

老子把视而不见、听而不闻、搏而不得的自然大道，用简要的语言，在字面上讲得是非常清楚的。《老子》第十四章曰：

> 视之不见名曰夷，听之不闻名曰希，搏之不得名曰微，此三者不可致诘，故混而为一。一者，其上不皦，其下不昧，绳绳不可名，复归于无物。是谓无状之状，无物之象。是谓惚恍，迎之不见其首，随之不见其后。

尽管，老子把他的自然"大道"，表述得如此清楚，然而人们对它那种视之不见、听之不闻、搏之不得，"无状之状"、"无物之象"、"是谓惚恍"的"大道"形象，其中所蕴含的幽深玄妙之旨，还是颇为费解的。

但是，老子散文所使用生动形象的比喻，并不都是玄妙幽深，难于捉摸，有的章节虽使用比喻，却写得言简意赅，含意深刻，具有普遍的社会意义。《老子》第七十一章曰：

> 知不知，上；不知知，病。夫唯病病，是以不病。圣人不病，以其病病，是以不病。

此章即用"病病"而"不病"的简明比喻，十分清楚地表达了其中蕴含的深刻普遍意义。

第四，《老子》中有许多简明易懂的词语，后来即成为成语和格言，为丰富我国的语言宝库增添了光辉。诸如：见素抱朴、少私寡欲、大器晚成、物壮则老、慎终如始、胜人者有力、自胜者强、飘风不终朝、骤雨不终日、自见者不明、自是者不彰、自伐者无功、自矜者不长、功成不居、柔之胜刚、弱之胜强、大成若缺、大盈若冲、大直若屈、大巧若拙、大辩若讷、知足之足常足、含德之厚比于赤子、知者不言、言者不知、和光同尘、祸兮福所倚、福兮祸所伏、长生久视之道、治大国若烹小鲜、多易必多难、轻诺必寡信。为之于未有、治之于未乱。合抱之木，生于毫末。九层之台，起于累土（累，同垒，同音假借）。千里之行，始于足下。善战者不怒，被褐怀玉，小国寡民，利而不害，为而不争，信言不美，美言不信，上善若水，上德若谷，宠辱若惊，复归于朴，等等，都富有极强的概括力和永久的生命力。

第五，老子的散文还带有楚地的文化色彩，说明老子作为楚地人，受到楚文化的一定影响。诸如老子的散文常用"夫唯"为发语词，用"兮"字作语气词，这都是《楚辞》里常用的词。老子曰："强梁者不得其死，吾将以为教父。"（《老子》第四十二章）扬雄《方言》第六曰：凡尊老，"南楚谓之父。"老子曰："躁胜寒，静胜热。"（《老子》第四十五章）《诗经·汝坟》释文曰：楚人谓火为燥（躁）。老子曰："终日号而不嗄，和之至也。"（《老子》第五十五章）《庄子·庚桑楚》司马彪解释曰："楚人谓啼极无声曰嗄。"这些例子都说明，老子的散文带有楚文化的某些色彩。

老子的人生哲学

老子劝人向善立德

一、老子劝人向善

我国先秦的思想家，对"人性"的善恶有不同的看法。孔子曰："性相近也，习相远也。"[01]并没有说人之初有性善与不善的问题。告子认为，"人性"没有善与不善之分，"性犹湍水也，决诸东方则东流，决诸西方则西流。人性之无分于善不善也，犹水之无分于东西也"[02]。而孟子则认为"人性善"，他说："人性之善也，犹水之就下也。人无有不善，水无有不下……其势则然也。人之可使为不善，其性亦犹是也。"[03]荀子曰："人之性恶，其善者伪也。"（《荀子·性恶篇》）此四子对人性的不同看法，即可概括先秦思想家对"人性"的基本认识。从认识论的角度言，"人性"无所谓"善"与"恶"之分。清代奚侗《老子集解》曰："初性浑朴，纯任自然，无所谓美恶、善不善也。"此言甚是。人的性情与思想，是后天环境之熏陶或塑造使然。如初生婴儿，心地纯洁无瑕，在其成长过程中，可塑造成不同性情的人才。老子作为唯物的哲学家，并不认为人生下来即有善恶之分，因此，他总是谆谆善诱地劝人向善。老子在劝人向善时，并不做一般性的说教，而是"行不言之教"，给人树立一个鲜明的学习榜样——圣人。他笔下所赞颂的圣人，不是宣扬仁义的儒家圣人，而是道家的化身。《老子》所批评的圣人，则是指儒家圣人。

《老子》之书，班固《汉书·艺文志》谓为"君人南面之术"。何谓也？老子生活在春秋时代，亲眼目睹奴隶主贵族统治者残酷地掠夺民力民财，过着骄奢淫逸的享乐生活，于是他揭露此等丑恶的社会现实，并劝导"人君"改恶向善，为民造福。老子曾揭露和批判奴隶主统治者说："大道甚夷，而人好径。朝甚除，田甚芜，仓甚虚，服文采，带利剑。厌饮食，财货有余。是谓盗夸！"（《老子》第五十三

---

01 《论语·阳货篇》。
02 《孟子·告子章句上》。
03 同上。

章）意思是说：大道极其平坦，"人君"治国，却不走正道而走邪道。好大喜功，大兴土木，朝阙建筑得雄伟壮观，洁净明亮，迫使被奴役的百姓无暇务农，致使田园荒芜，国家粮仓空虚，"人君"却奢侈成风，身着华贵的服饰；穷兵黩武，佩戴着锋利的长剑；饱食终日，醉生梦死；贪敛财货，堆积如山。老子愤怒地说："是谓盗夸！"——此等"人君"，就是盗窃民力民财的奢侈分子！

针对"人君"骄奢淫逸成风，老子劝导其要"见素抱朴，少私寡欲"，要学习道家"圣人"的榜样："去甚、去奢、去泰"，并劝告"人君"："富贵而骄"，将会"自遗其咎"。这的确是千古名训，值得世人或"人君"作为座右铭。

老子是怎样劝导世人或"人君"修身向善的呢？

第一，老子劝导"人君"治国安邦，施政理民，要有慈善之心，要宽厚，不要苛察；不要居功自傲，自伐其能；要懂得祸福、善恶相互转化的道理。他说："其政闷闷，其民淳淳；其政察察，其民缺缺。祸兮福之所倚，福兮祸之所伏。孰知其极，其无止邪？正复为奇，善复为妖。人之迷，其日固久矣！"意谓"人君"施政宽厚，民风即醇朴；施政苛察，民风即亏缺。"人君"长期迷惑失道，不明白祸福、善恶相互转化的道理，所以才招来祸害，害己害民。

第二，老子劝导世人向善，最能扣人心扉的名言即是："天道无亲，常与善人。"这两句名言，只是一章中的最后两句，要说明这个问题，还得从整章说起。且看此章全文："和大怨，必有余怨，安可以为善？是以圣人执左契，而不责于人。有德司契，无德司彻。天道无亲，常与善人。"老子主张"抱怨以德"，不主张调和恩怨。他认为"和大怨"，"必有余怨"存在，就不能谓之"为善"。怎样才算得与人为善呢？他便借用当时借贷的故事来说明此问题。说有德之道家"圣人"，就像"天道"手执左边的契券，并不去向借贷人求索，总是不分亲疏地帮助善良的人。而与无德的贷主手执右契向借贷人求索，则完全不同。

由于时代的局限，当时世人似乎相信"天道"，而不相信"人道"。老子也认为"天道"公平，"人道"不公，所以，他又专论"天道"与"人道"的不同，并以此劝导世人"向善"。老子曰："天之道，其犹张弓与！高者抑之，下者举之；有余者损之，不足者补之。天之道，损有余而补不足。人之道则不然，损不足以奉有余。孰能以有余奉天下？唯有道者。"（《老子》第七十七章）此章，正是对"天道无亲，常与善人"两句的具体阐释。在这里，老子以张弓，比喻"天道"无私，抑高举下，损有余而补不足，以求得均平，暗喻"天道"帮助受剥削的奴隶增加收获，减少损失。相反，老子则认为"人道"——奴隶社会制度则不然，它是在支持奴隶主贵族盘剥奴隶，以供奉他们的奢侈享乐。这正是老子对不合理奴隶社会的批判，对被剥削奴隶的深切同情。这也说明老子并非完全主张"无为"。他说："圣人处无为之事，行不言之教。"所谓"无为"，并非无所作为，而是说不要妄为；所谓"无言"，并非"不言"，而是说不要夸夸其谈，重在身教。老子用"天之道，损有馀而补不足"，来劝导世人"向善"；以"人之道"，"损不足以奉有馀"，批判不合理的奴隶社会，这也正表现出他作为一个伟大的思想家，对人民疾苦的关切，对社会和人民应有的社会责任。

但是，也应看到，老子所谓"天道无亲，常与善人"；"天之道，损有馀而补不足"云云，只是他反对邪恶，主张"向善"，同情被剥削而不得温饱的奴隶的美好愿望。作为伟大的历史学家，司马迁不赞成老子"天道无亲，常与善人"的说法，他说："或曰：'天道无亲，常与善人。'若伯夷、叔齐，可谓善人者非邪？积仁洁行如此而饿死。且七十子之徒，仲尼独荐颜渊为好学。然回也屡空，糟糠不厌，而卒早夭。天之报施善人，其何如哉……若至近世，操行不轨，专犯忌讳，而终身逸乐，富厚累世不绝……余甚惑焉，倘所谓大道，是邪非邪？"[01]司马迁不同意老子的此种说法，并不等于他反对道家思想。其实，他非常推崇黄老思想，这在《史记》里即有充分的表现。从班固对司马迁的评论，也能说明这个问题。班固站在儒家立场，曾批评司马迁说："是非颇谬于圣人，论大道则先黄老而后六经。"[02]指责司马迁不该把儒家经典放在黄老之后。在此问题上，班固虽批评司马迁，但他却绝口称赞司马迁有"良史之才"，称其《史记》"其文直，其事核，不虚美，不隐恶，故谓之实录"[03]。而司马迁不同意老子"天道无亲，常与善人"的说法，也并不等于他否定老子劝人"向善"的思想。这是两个不同的问题。

第三，老子劝导世人或"人君"，要做上等"善人"。他认为上等"善人"有几多美德，"上善若水，水善利万物而不争，处众人之所恶，故几于道。居善地，心善渊，与善仁，言善信，政善治，事善能，动善时。夫唯不争，故无尤"，把上等善人比喻为水，谓水有善利万物而不争的美德。唐代杜光庭诠释"上善"之人曰："上善有善而忘其善，如水之不矜其功。水不矜其功，其功益大；善不伐其善，其善益彰。

---

01 《史记·伯夷列传》。
02 《汉书·司马迁传》。
03 同上。

即大且彰，为善上矣！"[01] 杜氏如此诠释"上善若水"，亦符合老子的本意。老子认为上等善人，有水善利万物的美德，几乎接近道家圣人。这是老子对上等善人的最高评价。

具体地说，老子认为"上善若水"之人有这样七方面的美德：1."居善地"，谓其能居处于众人所厌恶的卑下之地，也就是《周易》所说"谦卑以自牧"之意。这种低下之地，上等善人却把它视为"善地"，何也？正如老子所说："江海所以能为百谷王者，以其善下之，故能为百谷王。"海纳百川，有容乃大，故能成为百谷（众溪）之王。"王"者，天下所归往也，故以"王"称之。2."心善渊"，谓其心地渊深沉静，即老子所谓"无欲以静，天下将自正"之意。3."与善仁"，谓能以慈爱之心帮助善良的人。正如老子所说："圣人不积：既以为人，己愈有；既以与人，己愈多。"4."言善信"，谓言一出口，即能取信于世人。作为"人君"，要爱民、信民、取信于民。若失去民心，就不能取信于民。孔子曰："民无信不立。"[02] 与老子此句含义相同。5."政善治"，谓"人君"施政，要善于治国安民。6."事善能"，谓办事干练果断，当断即断。7."动善时"，谓应时而动，不失天时，不误农期。总之，老子认为，上等善人有水利万物的美德。最后两句又着重强调说：上等善人不与世人争利，故"无尤"——即不会有过失。几乎把上等善人说成为接近于道家"圣人"的完美之人。

老子赞扬上等善人具有水的美德，以此来劝导世人或"人君"向善，这是老子积极的人生处世哲学，而与孔子弟子的处世哲学有明显不同。如孔子的学生子贡说："纣之不善，不如是之甚也。是以君子恶居下游，天下之恶皆归焉。"[03] 意谓商纣王虽不好，但并不像传说的那么坏。因此，君子怕居下游，一旦居下游，天下所有的恶名都会归到其头上。但是，世人有所不知，孔子与老子在赞美水之德方面却具有共识。例如，《孔子家语》卷二曰："孔子观于东流之水，子贡问曰：'君子所见大水必观焉，何也？'孔子对曰：'以其不息，且遍与诸生而不为也。夫水似乎德，其流也，则卑下倨邑必修理，似义浩浩无屈尽之期，此似道流行赴百仞之嵚而不惧，此似勇至量必平之，此似法盛而不求概，此似正绰约微达，此似察发源必东，此似志以出以入万物就以化洁，此之善化也，水之德有若此，是故君子见必观焉。"又，老

---

01 《道德真经广圣义》。

02 《论语·颜渊篇》。

03 《论语·子张篇》。

子所谓的"三宝"之三曰:"不敢为天下先,故能成器长。"凡此等等,皆在阐明老子积极的人生处世哲学。

第四,老子认为:"善人"也不应"独善其身",而应当"兼善天下",帮助"不善者改过自新",重新向善。他说:"道者万物之奥,善人之宝,不善人所保。美言可以市尊,美行可以加人。人之不善,何弃之有?"(《老子》第六十二章)意谓大道为万物之主,广无不覆,感无不应,是善人的宝贝,不善人为其保护。因此,善人应效法大道,不能抛弃"不善之人",要用自己的"美言"、"美行"感化"不善之人",使其重新向善。所以,"圣人常善救人,故无弃人;常善救物,故无弃物"(《老子》第二十七章)。

老子劝导世人或"人君"向善,救人救物,而不应弃人弃物,那么应当怎样做呢?他指出了一条途径,曰:"善者,吾善之;不善者,吾亦善之,德善矣。信者,吾信之;不信者,吾亦信之,德信矣。"(《老子》第四十九章)意思是说:对待善者,要善待之;对待不善者,也同样要善待之;对待可信任者,要信任之;对待不可信任者,也同样要信任之。这样就能感化他们向善和守诚信。此其一。其二,老子认为,"善者"与"不善者",要建立师生之友爱关系,感化不善者,以达到和谐的境界。他说:"故善人者,不善人之师;不善人者,善人之资。不贵其师,不爱其资,虽智大迷。是谓要妙。"(《老子》第二十七章)意谓善者,应当做不善者的老师;不善者,应当做善者的学生。学生要尊敬老师,老师要爱护学生。否则,老子认为善者虽有大智,不能爱护而感化不善者,返朴归真,也是个糊涂虫!这就叫做"精要玄妙之道"。

二、老子劝人立德

我国先秦的思想家,他们都极为重视立德。诸如《尚书》曰:"皇天无亲,惟德是辅。"《周易·坤》曰:"天行健,君子以自强不息;地势坤,君子以厚德载物。"所谓"厚德载物",即厚德育人也。孔子曰:"道之以政,齐之以刑,民免而无耻;道之以德,齐之以礼,有耻且格。"[01]又曰:"为政以德,譬如北辰居其所,而众星共之。"[02]荀子曰:"积善成德,而神明自得。"[03]等等。非但如此,当时的有识之士,并把"立德"视为人生的头等大事,把"立功"、"立言"置于其次。例如,《左传·襄公

---

01 《论语·为政篇》。
02 同上。
03 《荀子·劝学篇》。

二十四年》曰:"太上有立德,其次有立功,其次有立言,虽久不废,此谓之不朽。"即非常明确地把"立德"、"立功"、"立言"视为人生的三不朽业绩,而把"立德"放在头等重要位置。

老子在劝导世人或"人君"立德的问题上,更有其与先秦诸子不同的闪光思想。老子尤其把"人君"立德于民,视为"爱民治国"、能使国家"长生久视之道"。老子劝导世人或"人君"立德,从《老子》书中可概括地分为三个层次:一是一般呼吁世人或"人君"要重视立德;二是劝导"人君"要为民立"玄德";三是颂扬"人君"要为民"重积德"。下面分别予以论述。

其一,老子呼吁世人或"人君",要重视修身立德。老子曰:"修之于身,其德乃真;修之于家,其德乃余;修之于乡,其德乃长;修之于邦,其德乃丰;修之于天下,其德乃普。"(《老子》第五十四章)老子认为,"人君"治国安邦,与一般黎民百姓不同,他们不能只为其身其家其乡立德,而必须为其邦乃至天下立德,为民致福。古今一理,当今为官一方者,也必须为民造福立德。有两句民谣说得好:"当官不为民做主,不如回家种红薯。"意思也是说,为官一方,就应当为民立德致福。这其中蕴含有深刻的哲理,值得为官者深思。

在劝导世人立德方面,老子与孔子,他们师生有其共识,只是说法上略有不同。譬如说,老子劝导世人修身养性,要"报怨以德"(《老子》第六十三章),即劝人要以恩德来回答别人的怨恨,去感化对方。孔子的学生听到此话后,便去问孔子曰:"或曰'以德报怨',何如?"(《论语·宪问》,下同)孔子曰:"何以报德?以直报怨,以德报德。"之后,孔子又补充曰:"以德报怨,则民有所劝;以怨报怨,则民有所惩。《诗》曰:'无言不仇,无德不报。'"(《礼记·表记第三十二》)又曰:"以德报怨,则宽身之民也;以怨报德,则刑戮之民也。"郑注曰:"宽,犹爱也,爱身以息怨。"在此问题上,孔子比老子阐述得更加全面一些。

其二,老子劝导"人君"要为民立"玄德"。何谓"玄德"?清代奚侗《老子集解》曰:"'玄德',犹'至德',以其深远,故云'玄'也。"显然,这与一般呼吁"人君"要为百姓修善立德,又深化了一层。在《老子》书中,凡三次赞美"玄德",皆并非雷同。但却万变不离其宗,在其每次劝导"人君"为民立"玄德"时,总是花样翻新地用道家思想说事。

为了能让读者一睹老子赞美"玄德"的真容,下面援引《老子》第十章对"玄德"的赞美,供读者解读和研究。此章曰:

> 载营魄抱一，能无离乎？专气致柔，能如婴儿乎？涤除玄览，能无疵乎？爱民治国，能无为乎？天门启阖，能为雌乎？明白四达，能无知乎？生之畜之，生而不有，为而不恃，长而不宰，是谓玄德。

本章个别文字，诸本不尽相同，但并不妨碍其对赞美"玄德"的表述。其大意是说：作为"人君"，其灵魂，要与大道合而为一，始终不离。能像婴儿那样纯真柔和，精气集中。要清涤心灵的尘垢，不留疵病。爱民治国，要顺应民心，不妄为。要洞悉民情，明白四达。老子认为，这些都是"人君"立德于民的必备基本条件。最后五句，要"人君"学习大道的榜样：生养万物，不占为私有；有了作为，不矜持其能；统领万民做领袖，而不主宰独裁。老子认为，这就叫做为民立"玄德"。

《老子》第五十一章所赞美之"玄德"，与第十章大同小异，其主旨基本相同。老子为何赞美"玄德"？老子自己已经说得很清楚。他说："玄德深矣，远矣！与物反矣，乃至大顺。"（《老子》第六十五章）《说文解字》曰："顺，理也。"又曰："理，治玉也。"老子的意思是说，"人君"为民立"玄德"，其中意义深远，与一般事物不同。"人君"治国安邦，为民立"玄德"，便能深得民心。即得民心者，得天下，能达到天下大治的境界。这也就是后来孟子所说："得道者多助，失道者寡助……多助之至，天下顺之！"[01]

其三，老子特别劝导"人君"，要为民"重积德"。《说文解字》曰："重，厚也。"老子认为，"人君"为民"重积德"，与为民立"玄德"也有所不同。它涉及到国家的长治久安、永世长存的问题。老子要"人君"为民"重积德"，要达到什么程度呢？他说："含德之厚者，比于赤子！"（《老子》第五十五章）《老子》第五十九章，即阐明此等重大政治问题。此章曰：

> 治人事天莫若啬。夫唯啬，是以早服。早服，谓之重积德。重积德，则无不克。无不克，则莫知其极。莫知其极，可以有国。有国之母，可以长久。是谓深根固柢，长生久视之道。

此章可谓一曲"重积德"的颂歌，具有强烈的震撼人心的力量，能令为官者猛省、深思。它所以会有如此巨大的震撼作用，就是因为它涉及到国家"长生久视之道"。这可以分为几点予以说明。

---

01 《孟子·公孙丑章句下》。

一是，老子认为"人君"欲"重积德"于民，其先决条件即是"治人事天莫若啬"。何谓"治人事天"？"治人"，谓治理人民。"事天"，"事"，亦治也。"天"，指自然。"事天"谓应对自然或自然灾害。或谓"事天"为"治身"[01]或谓祀天，皆非是。"莫若啬"，上承"治人事天"而言，意谓没有比节俭更重要了。"啬"，节俭也。《韩非子·解老》曰："少费谓之啬。"河上公曰："啬，爱惜也。治国者，当爱惜民财，不为奢泰。"[02] 河上公的诠释，则完全符合老子的本义。据我所考，古代诸多《老子》不同版本，皆作"啬"。然而，当今学者，如尹振环先生的《重识老子与〈老子〉》[03]。说《老子》书中此"啬"字，应当为"穑"，说明老子重视农业生产。何据？尹先生书中所录楚简《老子》原文即为"治人事天莫若穑"。即说明尹先生如此说，并非没有根据，他根据的是楚简《老子》。不过，我所看到的诸本楚简《老子》，如崔仁义著《荆门郭店楚简〈老子〉研究》[04]、廖名春著《郭店楚简老子校释》[05]、刘笑敢著《老子古今》[06]等，皆为"治人事天莫若啬"。那么，将"啬"字改为"穑"字的始作俑者，为何人呢？据考，魏王弼《老子注》于"啬"字下，注曰："农夫。"这只是王弼对"啬"字的理解，但他并未把"啬"改为"穑"字。看来，似乎这即是把"啬"字改为"穑"字者之所本了。尽管在我国古代，"啬"与"穑"，可以相互假借；但"啬"与"穑"二字，其涵义则完全不同，是不能随意假借的。"穑"，泛指耕耘，意为务农。这里若作"穑"，则不符合老子力主节俭的一贯思想。如《老子》第二十九章曰："圣人去甚、去奢、去泰。"《老子》第六十七章曰："我有三宝，持而宝之。一曰慈，二曰俭；三曰不敢为天下先。"所以，"治人事天莫若啬"，是老子的本义。"治人事天莫若穑"，这不符合老子的思想。即使楚简《老子》"啬"作"穑"字，亦不足为据。楚简《老子》只是不足两千字的抄本，错误残漏甚多，只能供参考而已。

二是，老子认为："夫唯啬，是以早服。早服，谓之重积德。"意谓"人君"，只有坚持节俭的原则，方能返璞归真，恢复素朴之本性，为民"重积德"。"早服"，即"早复"之谓也。奚侗《老子集解》曰："复者，反本之谓也……'复'乃本字，'服'

---

01 奚侗《老子集解》。
02 《老子道德经章句》。
03 商务印书馆（国家社会科学基金文库）2008年2月版。
04 科学出版社1998年版。
05 清华大学出版社2003年版。
06 中国社会科学出版社2006年版。

乃借字。"从此两句，老子把"人君"能否坚持节俭原则，视为其能否为民"重积德"的先决条件。故"啬"字，不能改为"穑"。

三是，老子认为"人君"能为民"重积德"，方能为民致福，得到人民的拥戴和支持。方能无往而不胜，牢固地掌握国家政权。

四是，老子有感于"人君"荒淫奢侈，害民误国的史实，要"人君"必须坚持节俭原则，说此乃为"有国之母"，即有国之根本，是国家"深根固柢"——长生久视之道"！此等千古警世哲理名言，圣主明君若能守之并付诸实践，定能使国家永远立于不败之地。

值得注意的是，老子把"人君"坚持"治人事天莫若啬"的原则，视其能否为民"重积德"的先决条件，而把二者合而为一，这正是老子作为哲学家，而比其他先秦诸子更具有辩证思想之所在。

老子谓"人君""治人事天莫若啬"，并把它视为"人君"为民"重积德"的思想基础。老子的这种思想，曾对世人理家和"人君"治国安邦，产生积极深远的影响。诸如孔子曰："政在节财。"[01]墨子提倡"疆本节用，人给家足"，他说："圣人为政，去无用之费……用财不费，民德不劳，其兴利多矣。"[02]又，《韩非子·十过》写秦穆公问由余"得国失国"之道，由余答曰："常以俭得之，以奢失之。"说明韩非亦把"俭"与"奢"看成"得国失国"之道。晚唐诗人李商隐《咏史》诗有两句名言："历览前贤国与家，成由勤俭破由奢。"凡此等等，直到今天，国家实行厉行节约、反对铺张浪费的治国方针，皆充分说明了老子"治人事天莫若啬"的思想，对治国安邦，是何等重要。

老子颂扬谦逊退让美德

自古以来，我国就有颂扬谦逊退让、戒骄戒满美德的优良文化传统，人们在道德修养上多受其熏陶，养成了高尚的情操。诸如《尚书·大禹谟》曰："满招损，谦受益，时乃天道。"又曰："侮慢自贤，反道败德。"曰："克勤于邦，克俭于家，不自满假，惟汝贤。"假，大也。《周易·谦》曰："谦谦君子，卑以自牧也。"牧，养也。谦卑自养德也。《管子·禁藏》曰："故适身行义，俭约恭敬，其唯无福，祸亦不来矣。骄傲侈泰，离度绝理，其唯无祸，福亦不至矣。"《论语·泰伯篇》曰："如有周

---

01 《史记·孔子世家》。
02 《墨子·节用上》。

公之才之美，使骄且吝，其余不足观也已。"《庄子·天下》曰："建之以常无有，主之以太一，以懦弱谦下为表，以空虚不毁万物为实。"这是指老子而言。凡此等等，人们知之甚多，唯独有关老子颂扬谦逊退让、戒骄戒满方面的文字，人们却多有不知，或语焉不详。其实，老子颂扬谦逊退让、戒骄戒满美德的文字，在《老子》书中不仅占有不少章节，而且还是其闪光耀眼的亮点。不过，老子颂扬谦逊退让、虚怀若谷，大智若愚的美德，如同其谈论其他问题一样，万变不离其宗，也总是与其道家思想融为一体。只要我们透过其道家的外衣，便不难看到其中所宣扬问题的本质所在。

《老子》第四十五章，就是老子颂扬谦逊退让美德的价值观和人生观的总论。此章云：

> 大成若缺，其用不敝；大盈若冲，其用不穷。大直若屈，大巧若拙，大辩若讷。躁胜寒，静胜热，清静为天下正。

何谓"大成若缺"、"大盈若冲"？河上公诠释曰："大成者，谓道德大成之君也。若缺者，灭名藏誉，如毁缺不备也。大盈者，谓道德大盈满之君也。若冲者，贵不敢骄，富不敢奢也。"不敝者，不尽也。冲者，虚也。"大直若屈"："大直谓修道法度，正直如一也。若屈者，不与俗人争，如可屈折。"（河上公说）"躁胜寒"三句：躁，动也。意谓活动能战胜寒冷，身心静则能战胜炎热，清无私欲、静而无为，将能成为百姓之长。正：《尔雅·释诂》曰："正，长也。"《广雅》谓"君也"。《管子·牧民》曰："无私者，可置以为政。"俞樾曰："政、正，古通用……可置以为正者，可置以为长也。"（《诸子评议》）"无为"，并非谓无所作为，是无为而无不为，顺应自然也。老子在本章所论对象，应当是上至"人君"，下至庶民。老子认为，世人皆应当具有谦虚谨慎、不骄不傲、大直若屈、大巧若拙、大辩若讷的美德。老子认为有此大智若愚的美德，有两个好处：一是将会永远立于不败之地，即《老子》第十五章所说："夫唯不盈，故能敝而新成。"二是将会众望所归，受到百姓的爱戴和拥护，成为人民的领袖。由此两点，即反映了老子积极的价值观和人生观。

老子不仅笼统地颂扬谦逊退让、戒骄戒满的美德，而且还进一步明确地从正反两方面说明有无此美德的利弊关系。《老子》第二十二章其中有一段文字，即从正面阐明具有此种美德的益处。此段文字曰：

> 不自见，故明；不自是，故彰；不自伐，故有功；不自矜，故长。夫唯不争，故天下莫能与之争。

本段意谓：不固执己见，才能明达；不自以为是，才能辨是非；不自我夸耀，才能有功；不自我妄大，才能长久不危。只有不与人争，天下就无人与你相争。显而易见，这其中蕴含有丰富而辩证的哲理。老子以哲学家的智慧，向世人阐明了不自见、不自是、不自伐、不自矜之利，然后又用"夫唯不争，故天下莫能与之争"的哲理名言，一语破的，道出千古以来争与不争之症结所在。这正是老子以哲学家的思想高度，向世人阐释前贤所谓"满招损，谦受益"；"谦谦君子，卑以自牧"的名训。

尽管，老子在其书第二十二章从正面向世人阐明了谦逊退让、戒骄戒满之利，似乎他言犹未尽，而在《老子》第二十四章，又从反面采用比喻的手法和道家的观点，说明骄傲自满所造成的恶果。此章云：

> 企者不立，跨者不行。自见者不明，自是者不彰，自伐者无功，自矜者不长。其在道也，曰余食赘形，物或恶之，故有道者不处。

本章前两句，采用比喻手法，生动形象地说明：踮起脚尖，不能长久站立；跨大步，不能长久行走。暗喻违反自然规律，追求比别人更高明更快捷，是不可能成功的。并接着说明那些自见者、自是者、自伐者、自矜者，只能走向反面而以失败告终。"自见者不明"以下四句，与第二十二章"不自见，故明；不自是，故彰；不自伐，故有功；不自矜，故长"四句，其用意相同，所不同者，前者为正说，后者为反说，其意皆在劝导世人要谦逊退让，不要骄傲自满。最后四句，便直接用道家的观点，说明自见者、自是者、自伐者、自矜者，只不过是残食赘瘤，令人厌恶，得道之人是不会做此等蠢事的。老子用"余食赘形"来形容比喻此等人，真是辛辣冷峭，颇具讽刺意味。后来，庄子便继承和发展了老子的此等讽刺手法，而成为讽刺文学艺术的大师。

不难看到，老子在颂扬"果而勿矜，果而勿伐，果而勿骄"（第三十章）的谦逊退让、戒骄戒满的道德修养方面，虽然吸收了前贤的先进文化思想，但他却大大地发展和丰富了前贤的思想。前贤的有关名言，除上面所援引的几例外，再如《尚书·大禹谟》曰："汝惟不矜，天下莫与汝争能；汝惟不伐，天下莫与汝争功。"此等方面，与老子这方面的思想相比，即可看到老子的思想更加富赡，更富有深邃的哲学内涵。

什么样的人才能克服骄傲自满，保持谦逊退让的美德呢？老子认为，只有具有自知之明的智者，才能知人、知己、自胜、知足，也才能不失其所，长生久视，死而不亡——永垂不朽。《老子》第三十三章即说明了这样的人生哲学。此章云：

> 知人者智，自知者明。胜人者有力，自胜者强。知足者富，强行者有志。不失其所者久，死而不亡者寿。

此章意谓：善于认知他人者，叫做有智慧；能够自知自己贤与不肖者，叫做聪明。能战胜他人者，叫做有威力；能战胜自我者，叫做意志坚强。能知足者叫做富有，做事能恒久者叫做有志气。不失立身之所者，可以长久；死而不被忘却者称为永垂不朽。亡者，忘也。

在老子看来，也只有有自知之明的智者，方能战胜自我，保持谦逊退让美德，不犯错误，不失其所，能长生久视。视，活也。可不是吗？《老子》第七十一章，就描写了道家圣人正是此等不犯错误的"谦谦君子"的形象。此章云：

> 知，不知。尚；不知，知，病。是以圣人不病，以其病病。夫唯病病，是以不病。

对于此章，有不同诠释。河上公诠释曰："知道而言不知，是乃德之上；不知道而言知，是乃德之病。夫唯能病苦众人有强知之病，是以不自病也。圣人无此强知之病者，以其常苦众人有此病……故不自病。""病病"二字，前"病"字为动词，谓犯病；后"病"字为名词，谓毛病。对本章所蕴含之旨意，河上公曰："夫圣人怀通达之智，托于不知者，欲使天下质朴忠正，各守纯性。小人不知道意，而妄行强知之事以自显著，内伤精神，减寿消年也。"河上公的阐释，是符合老子所说"圣人自知，不自见；自爱，不自贵"（第七十二章）的基本思想。

孔子曰："知之为知之，不知为不知，是知也。"[01]强调的是实事求是的精神。老子曰："知，不知，尚；不知，知，病……夫唯病病，是以不病。"强调的是病病不病，其中蕴含有谦逊退让、戒骄戒满的哲理。二者相比，虽各有千秋，但老子此说，似乎内涵更丰富、更富有哲理性。

老子深谙："天地所以能长且久者，以其不自生，故能长生"及其"后其身而身先，外其身而身存"（《老子》第七章）的人生哲学，因此，他把"不敢为天下先"（《老子》第六十七章）作为人生"三宝"之一。河上公诠释前几句话说："天

---

01 《论语·为政篇》。

不求生，故能长生不终。圣人先人后己，天下敬之；薄己而厚人，百姓爱之如父母，故身长存。"又诠释"不敢为天下先"曰："执谦退，不为倡始也。"综上所述，即可看到，颂扬谦逊退让，反对骄傲自满，是老子人生哲学的重要组成部分，这在《老子》书中可谓是个闪光的亮点，给人留下了深刻的印象。

老子之所以反说正说，不遗余力地颂扬谦逊退让、戒骄戒满的美德，正是欲使世人复归"质朴忠正"的人性与品德。《老子》第二十八章即用不同的比喻手法，优美的诗句，描绘了"复归于朴"的人生理想境界。此章云：

> 知其雄，守其雌，为天下溪。为天下溪，常德不离，复归于婴儿。知其白，守其黑，为天下式。为天下式，常德不忒，复归于无极。知其荣，守其辱，为天下谷。为天下谷，常德乃足，复归于朴。

本章以雄喻尊，以雌喻卑，谓自知尊显，当复守卑微，如此则天下民众归之，犹如水流入深溪。能谦下如深溪，则德常在，不离于己，当复归志于婴儿。以白喻昭昭，以黑喻默默，虽自知昭昭明白，当复守默默，犹如暗昧无所见，如此则可为天下法式。能为天下法式，而其德常在，不复差忒，便能归身于无穷极。以荣喻尊贵，以辱喻污浊，如此则天下归之，犹如水流入深谷。足，止也。谓能为天下谷，则德乃常止于己，便能归身于质朴（参用河上公说）。此章通过雄与雌、白与黑、荣与辱三种不同的形容比喻，诗一般的语言，重叠的句式，生动形象地颂扬了谦逊退让、戒骄戒满、甘居卑下的人生美德。

老子认为，具有此种美德的人，皆能"为天下式"，即成为众望所归的天下楷模。老子为何要竭力宣扬此等楷模呢？本章已经说明，就是要引导世人克服夜郎自大、自以为是、骄傲自满的弊病，返朴归真，回归到虚怀若谷、大智若愚——"复归于婴儿"、"复归于朴"，具有高尚道德人格的人生境界。

同时，从本章所描写的内容及其主旨，便可看到，此章即是老子对其颂扬谦逊退让美德文字的总结。因此，老子便用优美的诗歌语言，生动的艺术比喻，铿锵有力地终结了这一话题。

老子人生"三宝"及其现实意义

老子的人生"三宝"，是老子《老子》一部书的主旋律——一部书的灵魂。它是讲治国理家和修身养性的积极的人生哲学。《老子》第六十七章曰：

> 天下皆谓我大，似不肖。夫惟大，故似不肖。若肖久矣，其细。我有三宝：一曰慈，二曰俭，三曰不敢为天下先。慈故能勇，俭故能广，不敢为天下先故能成器长。今舍慈且勇，舍俭且广，舍后且先，死矣。夫慈，以战则胜，以守则固。天将救之，以慈卫之。

总的说来，老子《道德经》就其论道之内涵，还包含有三个方面，一是论自然之道，其中又分为两个层次，其一为宇宙本体之道，其二为天道，指自然规律；二是论治国安邦之道；三是论修身养性之道。在叙述方法上，有"譬喻之语"和"指实之语"两种不同方法。在《老子》书中，有一百多个"道"，内涵不同，应当具体分析。就老子人生"三宝"此章而言，主要使用"指实之语"，是讲治国理家和修身养性的人生哲学。至今，仍有积极的现实意义。

从结构上讲，此章可分为三部分：一是开篇几句为总论，括概地说明世人皆说我德大，又似不像；二是讲其人生"三宝"的价值；三是结尾几句，强调"慈"在其人生"三宝"中的重要地位及其作用。

老子曾说："吾言甚易知，甚易行。天下莫能知，莫能行……知我者希，则我贵矣。是以圣人被褐怀玉。"（《老子》第七十章）老子此话，并非无的放矢，世人真的不太明白其言。宋代苏辙对老子此章开头总论几句，并不了然。他诠释曰："夫道旷然无形，颓然无名，充遍万物，而与物无一相似，此其所以为大也。若似于物，则亦一物矣，而何足大哉！"[01] 他把老子在这里讲的修德之道，看做万物未形成之前无形无名的玄妙的宇宙本体之道，是不符合老子本旨的。应当看到，也并非苏辙一人有此见解，在其之前，尚大有人在。这里不赘述。倒是西汉河上公对此章总论的诠释，颇为公允。他诠释曰：

> 老子言：天下皆谓我德大，我则佯愚不肖。唯独名德大者为身害，故佯愚似若不肖。无所分别，无所裁截，不贱人而自贵。肖，善也。谓辩惠也。若大辩惠之人，身高自贵，行察察之政，所从来久矣。言辩惠者唯如小人，非长者矣。[02]

宋代林希逸对老子此章总论的诠评，则更为清晰。他说：

---

01 《道德真经注》。
02 《老子道德经章句》。

> 大似不肖，当时有此语也，故老子举以为喻，亦前章"不穀、孤、寡"之意。天下皆谓者，言天下皆有此常语也。夫惟大，故似不肖。至大者，必以至小之心处之。肖，象（像）也。慊然似无所肖像，自小之意也。若自以为有所肖像，则为细人矣，非大人之量也。此二句，乃老子以当时俗语如此发明也。一本于"谓我"下添"道"字，"其细"下添"也夫"字，皆误也。[01]

他把"肖"释为"像"，与河上公把"肖"释为"善"则更佳。他并指出王弼《老子注》在"谓我"下添"道"字，河上公本于"其细"下添"也夫"字，都是错误的。林氏此说，的确颇有见地。

老子人生"三宝"部分，其中有句话，诸版本略有不同。河上公本作"保而持之"，王弼本和林希逸本作"宝而持之"，后代治老学者对此所从不一。老子的人生"三宝"，是老子此章的主要内容，极为重要。河上公诠释老子人生"三宝"曰：

> 老子言：我有三宝，抱持而宝倚之。爱百姓若赤子，赋敛若取之于己也。执谦退，不为倡始也。以慈仁，故能勇于忠孝也。天子身能节俭，故民日用广矣。不敢为天下首先……我能为道人之长也。今世人舍其慈仁，但为勇武；舍其俭约，但为奢泰；舍其后已，但为人先。所行如此，动入死地。

抛开河上公以儒解老的色彩，其对老子人生"三宝"的诠释文字，是能够表达老子原义的。而林希逸对老子人生"三宝"的诠释极不准确，是不足为据的。如其释"俭"与"广"曰："俭，收敛也。广，开豁也。亦小而后能大之意。"此等诠释，颇失确解。许慎《论文解字》曰："俭，约也。"段玉裁注曰："约者，缠束也。俭者，不敢放侈之意。"王弼注曰："节俭爱费，天下不匮，故能广。"老子亦曰："治人事天莫若啬。（《老子》第五十九章）""啬"者，河上公注曰："啬，爱惜也。治国者当爱惜民财，不为奢泰。治身者当爱惜精气，不为放逸。"老子还劝诫世人和国君要"去甚、去奢、去泰"（《老子》第二十九章），不能奢侈浪费，要节俭爱惜民财。1000多年后，晚唐著名诗人李商隐针对朝廷奢靡误国，便呼应老子曰："历览前贤国与家，成由勤俭破由奢。何须琥珀方为枕，岂得真珠始是车。"[02] 林希逸未能看到"俭宝"的重大意义。不仅如此，他还诠释老子人生"三宝"曰："今人舍慈而用其勇，舍俭而用其广，舍后而用其先，此非保身之道也，故曰'死矣'。"他把老子人

---

01 《老子鬳斋口义》。
02 见拙著《李商隐诗选注·咏史》。

生"三宝",只视为"保身之道",显然是没有认识老子人生"三宝"有其关乎家国民生的价值内涵。

"不敢为天下先,故能成器长"。器者,器物也,实指人民而言。"能成器长",意谓即能成为天下人民的领袖。这是老子的一贯思想,在《老子》的许多章节里,老子反复讲到这个问题。诸如老子曰:"圣人终不为大,故能成其大。"(《老子》第六十三章)"江海所以能成百谷王者,以其善下之,故能为百谷王。是以圣人欲上民,必以言下之;欲先民,必以身后之……以其不争,故天下莫能与之争。"(《老子》第六十六章)"圣人后其身而身先,外其身而身存。"(《老子》第七章)云云,都是在讲谦退为德,方能成其大而能成为百姓之主的道理。这正是老子不敢为天下先的深邃内涵所在。是其以退为进的人生哲学。宋代苏辙虽然从老子自然之道的角度诠释老子的人生"三宝",但他却说到了老子人生"三宝"的实质所在。他诠释曰:

> 道以不似物为大,故其运而为德,则以闷闷然以钝为利,以退为进,不合于世俗。今夫世俗贵勇敢,尚广大,夸锐进,而吾之所宝则慈忍、俭约、退让。此三者,皆世之所谓不肖者也。

苏辙能够阐明老子"不敢为天下先"之"以退为进"的积极思想,是符合老子本旨的。老子曰:"天道无亲,常与善人。"(《老子》第七十九章)老子认为,善有善报。当今世界,有的国家东杀西掠,称霸世界。"多行不义,必自毙!"他们不接受老子的告诫,最终必然会受到历史的惩罚。

此章最后几句,老子是强调"慈"在人生"三宝"中的主导作用。河上公诠释曰:

> 夫慈仁者,百姓亲附,并心一意,故以战则胜敌,以守卫则坚固。天将救助善人,使能自营助也。

老子生活在我国春秋末年,周王朝失去了统治各诸侯国的能力。诸侯国弱肉强食,兼并战争频仍,民不聊生。老子作为道家的创始人,虽与儒、墨各家属于不同学派,但殊途而同归,他们都关心百姓疾苦,反对残酷的剥削和压迫,反对不义的掠夺战争。因此,老子认为作为国君,必须有慈爱百姓的善心,有慈善之心,百姓才会亲附;遇到外敌入侵,才能并心一意,奋力战胜敌人,保卫国土。林希逸对老子人生"三宝"中"慈"的重要作用,却能阐述得十分清楚。他说:"前言三宝，此举其一，能慈则二者在其中矣。"即是说，作为一国之君，有慈爱百姓，就会节俭、爱惜民财，也就自然会得到人民的支持和爱戴。

慈爱、节俭、谦退之"三宝"，是中华民族的传统美德和高尚道德精神的凝结，我们应当继承弘扬光大这种宝贵的优秀文化遗产，使之在建设我们文化强国的过程中迸发无穷的力量。

老子"大器晚成"辨证

汉代河上公的《老子道德经章句》和晋代王弼的《老子注》，是流传至今的两种较好的《老子》版本。老子的"大器晚成"的至理名言，在这两种版本中皆有。古代至晚清以来的治老学者，对此名言，并无人提出质疑。"大器"，原指贵重器物，"大器晚成"比喻稀世贤才成就较晚。如著名国学大师高亨（山东大学已故教授）训释"大器晚成"说："伟大的器物需要晚些才能制成，比喻圣人老年才成圣人。"（《老子注译》）高亨先生的诠释是正确的，符合老子的本义。

自1973年于长沙马王堆出土帛书《老子》（甲乙两种版本）后，有些治老学者便对老子"大器晚成"的名言提出质疑。"大器晚成"之"晚"字，帛书《老子》乙本作"免"，甲本残。据此，有些治老学者便认为老子"大器晚成"，应为"大器免成"之误，并认为"免成"是不成。其实，此种看法是大错特错的。何以见得？下面，便分数端，论述我的理由。

其一，先贤文化思想的形成，并非凭空或偶然产生，都是在继承前贤先进思想的基础上，发展和创新的结果。老子"大器晚成"的哲理名言，亦不例外。在老子之前，就有"终身树人"的名言。《管子·权修》曰："一年之计，莫若树谷；十年之计，莫若树木；终身之计，莫若树人。"人能活百岁，故又有"百年树人"之说。这说明稀世贤才，犹如贵重的器物，并非朝夕能够成就。因此，人们把稀世贤才比喻为"大器"。如《管子·小匡》曰："管仲者，天下之贤才也，大器也。"老子继承前人"大器"贤才成就较晚的思想，创造性地写出"大方无隅，大器晚成，大音希声，大象无形"（《老子》第四十一章）的哲理名言，自然也是顺理成章的事。

其二，有秦朝的著作作为旁证，亦能说明老子"大器晚成"的名言，并非为"大器免成"之误。且看，《吕氏春秋·先识览·乐成篇》篇首，即有"大智不形，大器晚成，大音希声"三句。我们知道，秦始皇立为秦王初年，吕不韦为相国。当时，魏有信陵君，楚有春申君，赵有平原君，齐有孟尝君，皆喜宾客以相倾。吕不韦,以"以秦之强,羞不如,亦招致士,厚遇之,至食客三千人"。诸侯之辩士,如荀卿等,又"著书布天下"。吕不韦不甘落后,于是便使其食客:"人人著所闻,集论以为八览、六论、十二纪,二十余万言。以为备天地万物古今之事,号曰《吕氏春秋》,布咸阳市门,悬千金其上,延诸侯、游士、宾客,有增损一字者,予千金。"(《史记·吕不韦列传》)既然《吕氏春秋》是吕不韦令其食客"人人著所闻"的"集论"著作,其中"大智不形,大器晚成,大音希声"三句,显然是其食客从《老子》书中脱化而来。

其三,从战国至汉代《老子》的另外三种版本,亦可旁证《老子》书中"大器晚成"的名言,并非为"大器免成"之误。一是战国楚简《老子》有"大器曼城"一句,"曼"即"慢","城"是传抄之误。二是河上公的《老子道德经章句》,有"大器晚成"的名言,他加注曰:"大器之人,若九鼎瑚琏,不可卒成也。"三是严遵的《老子指归》亦有"大器晚成"的名言,而其《指归》曰:"大器晚成,无所不有。"

这就说明王弼的《老子注》本为"大器晚成",并没有错。况且,王弼明确地诠释"大器晚成"说:"大器成天下","故必晚成也"。从晋代陈寿所撰《三国志》也能得到旁证。《三国志·魏书·崔琰传》曰:"琰从弟林,少无名望,虽姻族犹多轻之,而琰常曰:'此所谓大器晚成者也。终必远至'。"说明《三国志》中所谓"大器晚成",也是指《老子》而言。这足以说明,王弼和陈寿所见之《老子》中的"大器晚成",是《老子》中原句;而帛书《老子》乙本作"大器免成",是抄写错误。

其四,谓"大器晚成"是"大器免成",即大器无成,这不符合老子的思想。《老子》第四十一章,在"大方无隅,大器晚成,大音希声,大象无形"四句之后,紧接着又写下本章最后三句:"道隐无名。夫唯道,善始且善成。"意谓大道幽隐,没有名称;只有得道之圣人,方能善于创始而又善于成功。这"大器晚成"与"善始且善成"的行文是一气呵成的,其思想也一脉相承。如若"大器晚成"为"大器免成"之误,"免"者,无也,那么老子刚说过"大器免成"的话,怎么紧接着还会说"夫唯道,善始且善成"呢?老子是个大哲学家,他不会说话前后相佐而缺乏逻辑,不能自圆其说的。

更何况,老子"大器晚成"的思想,是其一贯的思想,并非出于偶然。诸如《老子》第六十三章曰:"图难于其易,为大子其细。天下难事必作于易,天下大事必于细。是以圣人终不为大,故能成其大。"《老子》第六十四章曰:"千里之行,始于足下……慎终如始，则无败事。"终，成也，成，犹终也。显而易见，"圣人终不为大，故终能成其大"，"慎终如始，则无败事"，"善始且善成"等，皆蕴含有"大器晚成"的内涵。相反，老子从来就没有什么"大器无成"的思想。

其五，从词义而言，"大器免成"、"大器无成"也不能成立。自古至今，就没有看到有"免成"一词。"大器免成"，既不合修辞学，也不合逻辑。不言而喻，长沙马王堆汉墓出土帛书《老子》乙本"大器晚成"为作"大器免成"，显然是抄写者所为。

有些治老学者，根据帛书《老子》乙本，便认为《老子》"大器晚成"为"大器免成"之误，这是不很科学的。如楼宇烈先生就怀疑《老子》"大器晚成"有误，其论说之理由如下：

> 本章云："大方无隅、大音希声、大象无形"；二十八章言"大制无割"等，加"大"其义相反。"方"为有隅，"大方"则"无隅"；"音"为有声，"大音"则"无声"；"象"为有形，"大象"则"无形"；"制"则有"割"，"大制"则"无割"。唯此"大器"则言"晚成"，非"器"之反义。长沙马王堆出土帛书《老子》经文，此句甲本残缺，乙本作"大器免成"。"免"或"晚"之借字。然据以上分析，又似非"晚"之借字，而当以"免"本字解为是。二十九章"天下神器"，王弼注曰："神，无形无方也；器，合成也。无形以合，故谓之神也。""器"既为合成者，则"大器"当为"免成"者，亦即所谓"无形以合"而使之成者。如此，则与"大方无隅"、"大音希声"、"大象无形"等文义一致（《王弼集校释》）。

陈柱先生的《老子韩氏说》，高明先生的《帛书老子校注》等，与楼先生的看法基本相同，皆认为"大器晚成"为"大器免成"之误，认为老子的本意就是"大器无成"。这里，只想对楼先生的看法，予以商榷。

楼先生说："大方无隅"、"大音希声"、"大象无形"，与二十八章言"大制无割"等，加"大"字其义相反。唯此"大器"则言"晚成"，非"器"之反义。其实"大音希声"，并不能解释为"大音"则"无声"。正如高亨先生注曰："希，读为'稀'，少也。"（《老子注译》）《老子》第十四章曰："视之不见名曰夷，听之不闻名曰希，搏之不得名曰微，此三者不可致诘，故混而为一。"夷"、"希"、"微"三字，其义一也，皆幽微之义。"听之不闻名曰希"之"希"字，同"稀"，少也。由此说明，

"大方无隅，大器晚成，大音希声，大象无形"，其文义是不一致的。分明可以看出，"大方无隅"与"大象无形"相对称，"大器晚成"与"大音希声"相对称，这四句本不一致，硬要说为一致，岂不是多事！此其一。

"大器晚成"之"晚"字，是《老子》原字；帛书《老子》乙本，将"晚"字误抄成"免"字。这与《老子》第二十九章的"天下神器，不可为也，不可执也"也毫不相关。楼先生利用王弼对"神器"的注文，硬与"大器晚成"连在一起，更是令人匪夷所思。此其二。

其三，楚简《老子》、帛书《老子》（乙本）将"晚"字写成"曼"、"免"，是同音假借，并非错误。不承认是同音假借字，是不对的。

《老子》五千言，为哲理散文，有些对偶押韵句子，有的隔句对称，有的隔句押韵，但大都不一致。尤其老子之道义，"微妙玄通"，深奥难识。应当本着实事求是的精神，以科学的方法，诠释《老子》原文，研究其中蕴含的深邃的哲理。

老子"为道日损"确解

《老子》第四十八章曰：

> 为学日益，为道日损。损之又损，以至于无为。无为而无不为矣。故取天下者，常以无事，及其有事，不足以取天下。

汉代以来，治老学者颇多，而能对老子此章作确解者甚少，不得其解而强解者较多，这就给后来学老子者制造许多迷障。譬如，元代吴澄《道德真经注》就是一例败笔。援引如下，供读者参阅。先列老子原句，冒号后，即吴氏诠释文字。以下援引诸家诠释，亦如是。

"为学日益，为道日损"："为学者患寡而务搏，故日日有所增益。为道者自有而反无，故日日有所减损。"

"损之又损，以至于无为。无为而无不为矣"："为道者减损其有为之事，损之又损，及损之既尽而无复有可损，则至于无为也。彼有为者为一事不过一事，为十事不过十事而已，其未为之事何啻千万，故能事事无不为也？"

"取天下者，常以无事，及其有事，不足以取天下"："无事，无所事，即无为也。因言取天下者亦止是无为，蓋德盛而自归之，必用智力而有作为之事，何足以取天下哉？"

吴澄对《老子》此章的诠释，除对"为学日益"一句的诠释是正确的外，对其他几句的诠释，有的非常模糊，而大多是误解。老子之道，博大精深，无所不包，内涵深邃，其中蕴有主要三层内涵：其一为生成万物的宇宙本体之道；其二为顺应自然的治国之道；其三为修身养生的人生之道。老子无为而治的治国思想，即顺应自然规律，不妄为而造事也。吴澄解"无事"，为"无所事，即无为也"，显然这不符合老子本义。

《老子》较好的注本，古代亦有几种。汉代河上公的《老子道德经章句》，即是较早诠释《老子》的较好版本。魏王弼的《老子注》注，文简明扼要，原文错讹较少，流传至今，影响较大。现将此两种版本对《老子》第四十八章的诠释援引如下，以便读者考察。

河上公诠释曰：

"为学日益"："学，谓政教礼乐之学也。日益者，情欲文饰日以益。"

"为道日损"："道，谓自然之道也。日损者，情欲文饰日以消损。"

"损之又损之，以至于无为，无为而无不为"："损之者，损情欲也。又损之者，所以渐去之也。当恬淡如儿婴，无所造为也。情欲断绝，德于道合，则无所不施，无所不为也。"

"取天下者常以无事，及其有事，不足以取天下"："取，治也。治天下常当以无事，不当烦劳也。及其好有事，则政教烦，民不安，故不足以治天下。"

河上公对老子此章的诠释，是符合老子本义的。

王弼对老子此章诠释曰：

"为学日益"："务欲进其所能，益其所习。"

"为道日损"："务欲反虚无也。"

"损之又损，以至于无为，无为而无不为"："有为则有所失，故无为乃无不为也。"

"取天下者常以无事"："动，常因也。"

"及其有事"："自己造也。"

> "不足以取天下":"失统本也。"

不仅失于模糊,亦未能通释全章意蕴。

应当说,宋代林希逸的《老子鬳斋口义》(简称《老子口义》)是唐宋乃至明清的最好治老注文。他对老子此章的诠释,清晰明快,能贴近老子本义。林希逸诠释老子此章曰:

> 为学则日日求自益,为道则日日求自损。故前言"绝学无忧",盖言道不在于见闻也。大慧云:"读书多者,无明愈多。"亦此意也。黜聪明,墮肢体,去智誉故,则损之又损,则可以无为无不为矣。取天下者必以无心,有心则反失之。三代之得天下,何容心哉?因当时战争之俗,借以为喻,其言亦足以戒,此书多有此意。无事有事,无心有心也。

林希逸对老子此章的解析,明白易晓,独具特色。故今人黄曙辉评之说:"《老子口义》不为艰深之语,杂俚俗之言而直述之,在《老子》注释中独具一格……但'口义'云者,犹今人'今译'、'白话'之类,循文解义,务取明晓。"[01] 评价是比较公允的。并且,林希逸在诠释《老子》其他有关文章节时,还有结合具体问题,阐明老子"为道日损"的深邃意蕴。例如,他在诠释《老子》第七十七章《天之道》"天之道损有馀而补不足……是以圣人为而不恃。功成而不处,其不欲见贤"时曰:"圣人所以虽有为于天下,而不以自恃,虽功成而不居其功,虽有至贤之行,而不欲以此自见,此为道日损,必至于损之又损之也。"这就补足了对"为道日损"深邃意蕴的诠释,而对学老者研读老子"为道日损"的深邃内涵,颇有启迪作用。

以上诸家对老子"为道日损"的诠释,是否正确呢?这里援引孔子观"欹器"(倾器)的故事,即可为读者判断其中是非的佐证。《孔子家语》卷二写道:

> 孔子观于鲁桓公之庙,有欹器焉。夫子问于守庙者曰:"此谓何器?"对曰:"此盖为宥坐之器。"孔子曰:"吾闻宥坐之器,虚则欹,中则正,满则覆,明君以为至诚,故常置之于坐侧。"顾谓弟子曰:"试注水焉。"乃注之水,中则正,满则覆。夫子喟然叹曰:"呜乎!夫物恶有满而不覆哉?"子路进曰:"敢问持满有道乎?"子曰:"聪明睿智,守之以愚;功被天下,守之以让;勇力振世,守之以怯;富有四海,守之以谦。此所谓损之又损之之道也。"

---

01 《老子口义·整理弁言》,华东师范大学出版社 2010 年版。

不难看出，孔子所谓愚让怯谦的"持满之道"，正是从其老师老子的谦卑退让思想脱化而来，可谓是对老子"为道日损"思想的正确诠释。老子"为道日损"的学说，是其人生哲学的重要组成部分，其中蕴含有"后其身而身先，外其身而身存"的深邃哲理。

老子的"天道"观

在我国两千五、六百年前的春秋时代，由于科学不发达，先民们对自然现象和社会现象还不能完全理解，因此便产生了相信"天命"的思想。不仅古代，即使在今天，有少数文化水平较低的人，对一些现象不能正确地认识，还在相信"天命"，有时会去让算命"先生"算命，寻问吉凶。在春秋战国时代，统治阶级为了愚弄人民，加强统治地位，也会利用"天命论"来麻醉人民。在先秦诸子中，那些先贤圣哲们也或多或少的存在"天命论"思想，这是局限性，不足为奇。在春秋时代，就以儒、道、法三家而言，法家"天命论"思想较少，儒家也有"天命论"思想，道家中老子的"天命论"较突出，庄子不相信"天命"，亦不迷信鬼神。这里只谈老子的天道观。

老子的"天道观"比较复杂，其中蕴含有三方面的内涵，即（一）含有唯心论的"天命论"思想；（二）含有唯物的思想——指自然规律；（三）指"天地"之"天"，谓阴阳变化。

其一，老子唯心主义的天道观，亦含有三层意思。老子认为天意决一切，人是难以预测的。《老子》第七十三章曰：

> 勇于敢则杀，勇于不敢则活。此两者或利或害，天之所恶，孰知其故？是以圣人犹难之。天之道，不争而善胜，不言而善应，不召而自来，繟然而善谋。天网恢恢，疏而不失。

这里说明：（甲）"天意"难知，或利或害，皆由天意决定；（乙）"不争"、"不言"，天就会给你好处。言外之意，强而争之，就不会有好结果；（丙）"天网恢恢，疏而不失"，意谓违反法纪干坏事的人，自然逃脱不了"天意"的监视和制裁。老子这里所谓的"天之道"，显然是指"天意"而言。

老子还认为，"天道"总是同情善人的。所以，老子曰："天道无亲，常与善人。"（《老子》第七十九章）当然，这里也含有劝人向善的思想内涵，是不应当忽视的。他在另文中已谈到此问题。

老子说"天道"同情善人，有其本人思想的局限，也有受"天命论"影响的原因。如古逸诗曰："皇皇上天，其命不忒；天之以善，必报其德。"[01] 又《尚书》曰："皇帝无亲，惟德是辅。"这种"天命"决定论、天意同情善人，报答具有高尚道德的人，只能是一种幻想。司马迁对老子"天道无亲，常与善人"的"天命论"思想，曾给予尖锐的批评。他说：

> 或曰"天道无亲，常与善人"，若伯夷、叔齐，可谓善人者非邪？积仁絜行如此而饿死！且七十子之徒，仲尼独荐颜渊为好学，然回也屡空，糟粕不厌，而卒早夭，天之报施善人，其何如哉？……若至近世，操行不轨，专犯忌讳，而终身逸乐，富厚累世不绝……余甚惑焉。倘所谓天道，是邪非邪？[02]

至于对伯夷、叔齐和颜渊如何正确评价，那是另一回事。司马迁对老子宣扬"天命论"的思想，以具体事例给予严肃的批评，也正表现出作为具有"良史之才"的史学家所坚持的唯物主义思想的进步性。

老子还认为，"天道"同情并资助贫穷的人。《老子》第七十七章曰：

> 天之道，其犹张弓与？高者抑之，下者举之，有馀者损之，不足者补之。天之道损有馀而补不足，人之道则不然，损不足以奉有馀。孰能有馀以奉天下？唯有道者。

老子所谓的"人之道"，是指统治者而言。首先，应当肯定老子谴责"人之道""损不足以奉有馀"，对被剥削的人民表示了同情。但是，老子所谓"天之道损有馀而补不足"的思想，也只能是一种良好的愿望。似乎，他自己对此也有所怀疑，因此，他又说："孰能有馀以奉天下？惟有道者。"认为只有得道的高尚道人，才能"有馀以奉天下。"他对"天之道损有馀而补不足"说法，又予以否定。

其二，老子的"天道观"，含有自然规律的内涵，这里即表现了老子唯物主义的思想。《老子》第九章曰：

> 持而盈之，不如其已。揣而锐之，不可长保。金玉满堂，莫之能守。富贵而骄，自遗其咎。功成、名遂、身退，天之道。

---

01 《孔子家语》卷四。
02 《史记·伯夷列传》。

此章"功成、名遂、身退，天之道"之前的文字，都是为此句所写的铺垫文字，有其内在联系，且不去谈它。只说"功成、名遂、身退，天之道"的思想内涵。河上公对此的诠释，极其明白易晓，他说：

> 功成事立，名迹称遂，不退身避位，则遇于害，此乃天之常道也。譬如日中则移，月满则亏，物盛则衰，乐极则哀。01

河上公以"日中则移，月满则亏，物盛则衰，乐极则哀"的道理，来阐明老子"功成、名遂、身退，天之道"的思想，有其可取之处。但是，他说："功成事立，名迹称遂，不退身避位，则遇于害，此乃天之常道也。"以此诠释老子"功成、身退"，是自然规律的"天之道"，并非完全正确。倒是林希逸的解析，比较符合老子的本义。林希逸曰：

> 故欲全其功，保其名者，必知早退，此乃天道。功成名遂，是随其大小而自全者，故曰"成"曰"遂"。若不知自足，则何时为成耶？何时为遂耶？此四字须仔细看。02

老子曰："物壮则老，是谓不道，不道早已。"（《老子》第三十章）老子此说，正可作其"功成、名遂、身退，天之道"之说的补充和证实。河上公诠释曰："草木壮极则枯落，人壮极则衰老也。言强者不可以久。枯老者坐不行道也，不行道早死。"基本符合老子的本义。河上公所说"不行道早死"，即谓不符合老子所说"物壮则老"、自然归退的自然规律，就会早死。亦是强行者不可以久之意。宋代苏辙的训释，亦颇能说明问题，他说："日中则移，月满则亏，四时之运，功成者去。天地尚然，而况于人乎？"03

其三，老子的"天道"观，含有阴阳变化的内涵。《老子》第四十七章曰："不窥牖，见天道。"何以会有此能？林希逸诠释曰："天道虽隐，阴阳变化，千古常然，虽不窥牖亦可见。"对于老子此种主观唯心主义的认识论，我在另文中已经指出，这里不说它。老子说"不窥牖，见天道"，此"天道"是"天"之阴阳变化，这是可以肯定的。林希逸的诠释，亦说明正是如此。

《老子》第二十五章曰："人法地，地法天，天法道，道法自然。"这里的"地法

---

01 《老子道德经章句》。
02 《老子鬳斋口义》。
03 《道德真经注》。

天"之"天",也是指阴阳变化之"天"。我们从河上公的诠释中,即能说明问题。河上公曰:"人当法地安静和柔,种之得五谷,掘之得甘泉,劳而不怨,有功而不置也。天澹泊不动,施而不求报,生长万物,无所收取。道清静不言,阴行精气,万物自成也。道性自然,无所法也。"河上公所谓"天澹泊不动,施而不求报,生长万物,无所收取",正是指"天"之阴阳变化、生长万物而言。

综上所述,即可看到,老子的"天道"观,含有多种内涵,不能一律看待。具体问题,要具体分析,根据老子言"天道"所指的不同内涵而解读,方能认识其庐山真面目。

老子的"人道"观

老子的"人道"观,包括治国与治身两方面。这是研究老子哲学思想的重要问题。这里只论他的"治国"思想,其"治身"思想,已在《老子劝人向善立德》、《老子颂扬谦逊退让美德》两篇论述。

老子曰:"以正治国,以奇用兵,以无事取天下。"(《老子》第五十七章)"取",治也。这是老子治国思想的总纲。林希逸诠释曰:"以正治国,言治国则必有政事。以奇用兵,用兵必须诈术。二者皆为有心,无为而为,则可以得天下之心,故曰'以无事取天下'。"[01] 由此说明,老子的治国思想含有积极进取和顺应自然的两层内涵。显然,积极的治国思想,与其"以无事取天下"的"无为而治"的思想,总是不相协调、甚至相互矛盾的。造成这样的原因,就是老子为了贯彻其一以贯之的"无为而治"的思想,在其论说问题时,总是常常与其"无为而治"的思想联系起来,因而就必然会产生积极和消极的思想相互抵触、甚至不能相互协调的矛盾。如老子曰:"爱民治国,能无为乎?"(《老子》第十章)意谓人君欲"爱民治国",能"无为而治"吗?"无为而治"所强调的是顺应自然、因势利导而治,缺乏积极进取的精神。因此,老子"无为而治"的思想有很大局限性。老子"无为而治"的思想,只适宜于在特定的休养生息的历史背景下实施。对老子"无为而治"的思想,在此不作过多的研究。老子"以奇用兵"的思想,亦是其"治国"思想的组成部分,因有其特殊性,另立专节探讨。

首先,我们要明白老子"以正治国"的含意。林希逸对此诠释曰"言治国则必

---

01 《老子鬳斋口义》。

有政事",何谓也。对此,孔子有明确的说明。季康子问政于孔子,孔子曰:"政者,正也。子帅以正,孰敢不正。"[01] 意谓你率先端正,谁敢不端正。庄子亦如是说。庄子曰:"正者,正也。"(《庄子·天运篇》)意谓欲端正人民,首先应端正自己。下面,就简略地论述老子"以正治国"的几个问题。

（一）老子劝导人君治国理政,要以节俭为本。老子曰:"治人事天莫若啬。"(《老子》第五十九章)"治人",即治理人事。"事天",指应对自然方面的事宜。或谓祭天。"啬",节财也。意谓人君治国理政,要把节俭财力、人力作为头等大事。同时老子认为这是人君为民"重积德",保持国家长治久安的大事,不可等闲视之。为此,老子劝导人君必须"见素抱朴,少私寡欲"(《老子》第十九章);要"去甚、去奢、去泰"(《老子》第二十九章)。河上公诠释老子"治人事天莫若啬"曰:"谓人君欲治理人民、为民致福,当用天道,顺四时。当爱惜民财,不为奢泰。"[02] 老子还劝导人君,应当把"俭"当做国宝。《老子》第六十七章曰:"我有三宝,宝而持之:一曰慈,二曰俭,三曰不敢为天下先……俭故能广。"老子认为,舍去三宝,"死矣"。意谓舍去"三宝",将会走向灭亡。因此,老子把节俭视为国家"深根固柢,长生久视之道"(《老子》第十九章)。晚唐诗人李商隐在其《咏史》诗中说:"历览前贤国与家,成由勤俭破由奢。"李商隐如此总结历史的经验教训,自然也深受老子思想的影响。

（二）老子劝导人君治国理政,要保持稳定性,不能朝三暮四,胡乱折腾。老子曰:"治大国,若烹小鲜。"(《老子》第六十章)河上公对此作了生动形象的诠释曰:"鲜,鱼也。烹小鱼不去肠,不去鳞,不敢挠,恐其糜也。治国烦则下乱,治身烦则精散。"韩非的诠释亦深得老子的要义,韩非曰:"治大国数变法,则民苦之。是以有道之君,贵虚静而重变法。故曰'治大国者若烹小鲜'。"[03] 林希逸的诠释则言简意赅,他说:"烹小鲜者,搅之则碎。治大国,搅之则乱。"

治国理政之人君,应当记取老子的忠告,不能朝三暮四、朝令夕改,使天下百姓应接不暇,无所事从。

（三）老子主张政教宽松,反对严酷苛察。老子认为,政教宽松,民风会醇朴;政教严酷苛察,民风便会流于缺失、狡诈。故老子曰:"其政闷闷,其民醇醇;其政

---

01 《论语·颜渊篇》。

02 《老子道德经章句》。

03 《韩非子·解老篇》。

察察，其民缺缺。"（《老子》第五十八章）河上公诠释曰："其政教宽大，闷闷昧昧，以若不明也……故民醇醇富厚，相亲睦也。其政教急疾，言决于口，听决于耳也……则民不聊生，故缺缺日以疏薄。"所以，《老子》第五十七章曰："天下多忌讳，而民弥贫……法令滋彰，盗贼多有。"亦此意也。

（四）在国际关系上，老子主张大国宜谦宜静，应居下方，故能取小国。《老子》第六十一章即阐述这个问题。此章曰：

> 大国者下流，天下之交，天下之牝。牝常以静胜牡，以静为下。故大国以下小国，则取小国；小国以下大国，则取大国。故或下以取，或下而取。大国不过以谦畜人，小国不过欲入事人。夫两者各得所欲，故大者宜为下。

老子此章旨意，即老子所谓"不敢为天下先，故能成器长"（《老子》第六十七章）之意。此章中"天下之牝，牝常以静胜牡"两句比较难以理解，这是比喻，河上公诠释曰："牝者，阴类也。阴柔和而不唱也。女所以能屈男，阴胜阳以其安静，不先求之也。"苏辙对此章的诠释极易明白，他说：

> 天下之归大国，犹众水之趋下流也。众动之赴静，犹众高之赴下也。大国能下，则小国附之；小国能下，则大国纳之。大国下以取人，小国下而取于人。

春秋末年，诸侯力政，周朝天子名存实亡，诸侯国与国之间的兼并战争频发，连横合纵之风风起云涌。老子针对当时诸侯之间的关系，主张大国谦下，以纳小国；小国称臣于大国，以取得大国的保护的方针，自然是可行的。老子此种处理国际关系的主张，亦可视为"和为贵"的主张。当然"和为贵"并非是万能的。有的小国以为大国实行"和为贵"的主张，是软弱的表现，竟然向大国发难，提出不合理的要求。孔子当时即指出，若"和为贵"，行不通时，必须用规矩予以节制。故孔子曰："礼之用，和为贵。先王之道，斯为美，小大由之。有所不行，知和而和，不以礼节之，亦不可行也。"[01]如果能像老子所说："大国不过以谦畜人，小国不过欲入事人，夫两者各得所欲，故大者宜为下。"这样能和平相处，老子的这种主张自然也不失为一种处理国际关系的策略。

（五）老子认为，为了国家长治久安、保护国家利益，应当保守国家机密。老子曰："鱼不脱于渊，国之利器不可以示人。"（《老子》第三十六章）老子在这里

---

01 《论语·学而篇》。

以鱼作比喻，意谓鱼离水潭，即会死去。正像国家之"利器"不可示人一样，国家"利器"示人，就会被盗去，或被人超过，造成严重损失。

尤其在当今世界斗争极其激烈复杂的国际环境下，各国都在窃取对方的信息、情报为己所用。《孙子兵法》曰："知己知彼，百战不殆。"也是此意。因此，作为治国理政之人君，应当时刻铭记老子"国之利器不可示人"的至理名言。

老子的辨证思想

老子作为哲学家，在其书《老子》中除其论道家之"大道"，具有深奥玄妙的思想之外，还蕴含有丰富的辨证法思想。诸如老子在论说谦逊退让、委曲求全、兴业进取、修身养性等诸多方面，都表现出突出的辨证的思想和观点。下面，即分三个方面予以简略的论述。

其一，老子"不敢为天下先，故能成器长"的辨证思想。《老子》第六十七章在论说人生"三宝"时曰："不敢为天下先，故能成器长。"其中"能成器长"之"器"字，是指百姓而言，非指"器物"。《老子》第六十六章即把老子之所以"不敢为天下先"的辨证哲学内涵，论说得颇为清晰。此章曰：

> 江海所以能为百谷王者，以其善下之，故能为百谷王。是以圣人欲上民，必以言下之；欲先民，必以身后之。是以圣人处上而民不重，处前而民不害。是以天下乐推而不厌。以其不争，故天下莫能与之争。

林希逸在其《老子鬳斋口义》里，把此章诠释得颇为透彻，很得老子的要义。他诠释曰：

> 百谷之水，皆归之江海。江海为百谷之尊，而乃居百谷之下，此借物以喻"自卑者人高之，自后者人先之"之意。以下言之，如曰"愚夫愚妇一能胜予"是也。以身后之，稽乎众，舍己从人是也。圣人非欲上民，欲先民而后为此也，其意盖谓虽圣人欲处民上民先，犹且如此，况他人乎？语意抑扬稍过当耳。圣人虽处天下之上，而民不以为压己；虽居天下之前，而民不以为害己。举天下皆乐推之而不厌者，以圣人有不争之道，故天下莫能与之争也。

从林希逸对《老子》此章的诠释，即不难看出，他可谓深谙老子"不敢为天下先"的辨证哲学。《老子》第七章，即把老子"不敢为天下先"的辨证哲学的真谛所在，已经和盘托出。此章曰：

> 天长地久。天地所以能长且久者,以其不自生,故能长生。是以圣人后其身而身存,外其身而身先,非以其无私邪?故能成私。

此章开头四句,是以天地作比喻,言明"圣人"之所以不为天下先的道理。然后便直陈"圣人""后其身而身存,外其身而身先"、"无其身而能成其身"的辩证哲理。这里"成其私"之"私"字,指"身"而言,"非公私之私也"。林希逸如是说,其言极是。河上公对此章的诠释,亦有其独到之处。将其文字,作一点压缩,援引如下,以供读者参考。河上公诠释曰:天地不自求长生,故能长生不终。不像世人,求自饶之利,夺人以自与。圣人先人而后已,天下敬之,推之为官长,故谓"身先";薄己而厚人,百姓爱之,故身常存。从以上河上公对此章的诠释,老子"不敢为天下先,故能成器"的辩证人生哲学,即一目了然。

其二,老子大成若缺、不矜其能、功而不居的辩证哲学。老子的大成若缺、不夸其能、功而不居的人生哲学,正是世人或治国之君成大功、立大业的辩证哲学。《老子》第四十五章曰:

> 大成若缺,其用不敝;大盈若冲,其用无穷。大直若屈,大巧若拙,大辩若讷。

河上公诠释此章曰:

> 大成者,谓道德大成之君也。若缺者,灭名藏誉,如毁缺不备也。其用如是,则无敝尽时也。大盈者,谓道德大满盈之君也。若冲者,贵不敢骄,富不敢奢也。其用心如是,则无穷尽时也。大直谓修道法度,正直如一也。若屈者,不与俗人争,如可屈折。大巧多才术也。若拙者,亦不敢见其能。大辩者,智无疑。若讷者,口无辞。

冲者,虚也,即谦卑之意。基于此,所以,《老子》第二十四章曰:"自见者不明,自是者不彰,自伐者无功,自矜者不长。"凡此等等,都是老子主张"曲则全,枉则直,洼则盈"(《老子》第十九章)的"委曲求全"的辩证人生哲学。也是成大事业、大学问者能够获得成功的精神境界。这是老子"委曲求全"的精神境界,那种患得患失、急于求成、胸无大志的人,是不可能有此种气度和精神境界的。

其三,老子"图难于其易,为大于其细"的循序进取的人生辩证哲学。

孔子也有这种思想。孔子曰:"欲速则不达。"[01] 又曰:"譬如为山,未成一篑,止,吾止也。譬如平地,虽覆一篑,进,吾往也。"(《论语·子罕篇》)孔子反对

---

01 《论语·子路篇》。

急于求成、急功近利，批评那种"欲速成者"，[01]而主张"无欲速"[02]，循序渐进，以成大业。孔子与其师老子在此问题上，有其共识共鸣。其不同之处，孔子作为思想家和教育家，他注重言传身教，在其谈论这个问题时，是用陈述的语言表达的。老子作为道家和哲学家，是用深含哲理的语言论说的。各尽其妙，异曲同工，都能起到积极的社会效果。遗憾的是，孔子在这方面的言谈较少，而老子在这方面的论说较多，有其卓越的建树。因此，对后代的影响则更大、更深远。在中国哲学史上具有突出的地位。

《老子》书中，有两章最能集中地表现老子"图难于其易，为大于其细"的循序渐进，以成大业的辩证哲学。《老子》第三十六章曰：

> 图难于其易，为大于其细。天下难事，必作于易；天下大事，必作于细。是以圣人终不为大，故能成其大。夫轻诺必寡信，多易必多难。是以圣人犹难之，故终无难。

此章明白如话，不用诠释，读者也能心领神会。老子劝导世人或国君，要胸怀大志，及早图谋。做事不能急功近利，急于求成，而要由小至大，踏踏实实，艰苦奋斗，循序渐进，方能取得成功。故《老子》第六十四章曰：

> 其安易持，其未兆易谋，其脆易破，其微易散。为之于未有，治之于未乱。合抱之木，生于毫末；九层之台，起于累土；千里之行，始于足下。

老子这种由小至大，千里之行，始于足下，不断奋进，以成大业的辩证哲学思想，是我们取之不竭、用之不尽的文化源泉。尤其在提倡文化强国的今天，我们更应当弘扬老子的辩证哲学思想，以充实丰富和提高世人的文化素质，为繁荣、发展社会主义文化作出贡献。

老子的辩证认识论

在老子的哲学思想中，蕴含有丰富的辩证法思想，其中就包括他的辩证认识论。为了论述的方便，我把这二者分开来论述。这只是写作上的技术处理问题，并不影响对老子辩证法思想的认识。

---

01 《论语·宪问篇》。
02 同上。

在《老子》书中，我认为有两章最能集中地体现老子的辩证认识论。这就是《老子》第七十一章和第五十八章。因为这两章是从不同的角度来阐述这个问题的，因此，这里只能分别予以论述。河上公《老子道德经章句》第七十一章曰：

> 知不知，上；不知知，病。夫唯病病，是以不病。圣人不病，以其病病，是以不病。

但是，马王堆出土的汉墓帛书《老子》乙种本，此章的文字略有不同。帛书《老子》乙种本曰：

> 知不知，尚矣；不知知，病矣。是以圣人不病也，以其病病，是以不病。

这两种版本大同小异，此本少"夫唯"两句，而显然是抄写所致。《吕氏春秋》卷二十五《似顺类》第五《别类》诠释《老子》此章曰："知不知，上矣。过者之患，不知而自以为知。"《淮南子·道应训》引用《老子》此章曰："知而不知，尚矣；不知而知，病也。"《吕氏春秋》的诠释和《淮南子》的引用，都符合老子的本义。老子认为，有人本来知之，恐知之不够，故谦说不知；而有人本来不知，而却不知以为知。谓知而不知者，是上等的智者；谓不知而知者，为"病矣"的无知之徒。老子所谓圣人"病病"，知道认知事物是有限的，"是以不病"。此"圣人"，即得道的智者。老子反对骄傲自满、自以为是的缺乏自知之明的人，而主张自尊自爱"明道若昧"的谦谦君子，就是指"知不知"的上等智者。

《庄子·庚桑楚》篇有则寓言故事，虚构南荣趎去见老子，请教"卫生之经"（即养生之道），南荣趎曰：

> "里人有病，里人问之，病者能言其病，然其病病者犹未病也。若趎之闻大道，譬犹饮药以加病也。趎愿闻卫生之经而已矣。"老子曰："卫生之经，能抱一乎？能勿失乎？能无卜筮而知吉凶乎？……儿子动不知所为，行不知所之，身若槁木之枝，而心若死灰。若是者，祸亦不至，福亦不来。祸福无有，恶有人灾也。"

庄子虽然在这里是借南荣趎之口说"病者能言其病，然其病病者犹未有病也"，显然他在宣扬老子"病病，是以不病"的辩证认识论思想。令人奇怪的是，过去有位学者竟说："《老子》书七十一章'病病'二字的意义，已超出了《庚桑楚》所说的'病病'之意，已将'病病'二字脱离了有形的身体疾病而推广到人生的各方面去，这就表明了两段文字的时代先后。"他认为,《老子》第七十一章的写作时代,晚于《庄子·庚桑楚》。显而易见,此种看法缺乏历史根据,不能成立。

老子还认为,矛盾对立的事物,是可以相互转化的,祸可以转化为福,福亦可转化为祸。正确能转化为奇怪,善良亦能转化为妖孽。《老子》第五十八章即表现了这种矛盾相互转化的辩证哲学思想。此章曰:

> 其政闷闷,其民淳淳;其政察察,其民缺缺。祸兮福之所倚,福兮祸之所伏。孰知其极,其无正邪?正复为奇,善复为妖。民之迷,其日固久。是以圣人方而不割,廉而不刿,直而不肆,光而不耀。

帛书甲种本"缺"作"夬"。已故高亨先生说:"缺、夬"均借为"狡","狡"与"狯"同,狡诈也。(《老子注释》)高亨先生在《老子注释》里说:

> 这一章表现老子朴素的辩证观点。他指出:矛盾对立的事物常常互相转化……祸可以转化为福,福可以转化为祸;正可以转化为奇,善可以转化为妖。人的行为方、廉、直、光是好的,然而割、刿、肆、耀则转化为坏的了。只有深明大道的圣人,能以道自守,保持不割、不刿、不肆、不耀。

老子以"道"说事,且不管它,他在这里陈说矛盾相互转化的辩证思想,是明明白白的。

战国末年,韩非的《解老篇》和《喻老篇》(《韩非子》)是研究《老子》的最早著作。韩非对老子"祸兮福之所倚,福兮祸之所伏"的相互转化的辩证关系,阐述得最为清楚。他在《解老篇》中说:

> 人有祸则心畏恐,心畏恐则行端直,行端直则思虑熟,思虑熟则得事理。行端直则无祸害,无祸害则尽天年。得事理则必成功,尽天年则全而寿。必成功则富与贵,全寿富贵之谓福,福本于有祸。故曰"祸兮福之所倚",以成其功也。
>
> 人有福则富贵至,富贵至则衣食美。衣食美则骄心生,骄心生则行邪僻而动弃理。行邪僻则死夭,动弃理则无成功。夫内有死夭之难,而外无成功之名者,大祸也,祸本生于有福。故曰"福兮祸之所伏。"

毛泽东同志也曾说:"在一定条件下,坏的东西可以引出好的结果,好的东西也可以引出坏的结果。"(《关于正确处理人民内部矛盾的问题》)说的也是矛盾可以相互转化的辩证关系问题。

总之,老子的辩证认识论及其矛盾相互转化的辩证哲学,对后代具有深远的影响,在中国哲学史上占有重要的地位。

老子的相对论与主观唯心论

一、老子的相对论

什么是相对论?相对论认为,一事物都是相对的存在,无论美丑、善恶、大小、难易、长短、高下、前后等等,皆是相对的存在。《老子》第二章曰:

> 天下皆知美之为美,斯恶矣;皆知善之为善,斯不善矣。故有无相生,难易相成,长短相形,高下相倾,声音相和,前后相随。

过去,曾有不少学者把老子的相对论,视为辩证法。事物相对存在,与其对立统一的哲学思想,是有本质区别的,不能混为一谈。魏王弼对老子此章的诠释是非常正确的,他说:

> 美者,人心之所进乐也。恶者,人心之所恶疾也。美恶犹喜怒也,善不善犹是非也。喜怒同根,是非同门,故不可得而偏举也。此六者,皆陈自然不可偏举之明数也。[01]

即是说,老子认为美恶、有无、难易、长短、前后等,都是相对而生,不可偏举一端。因此,不能把老子的相对论,说成是矛盾对立统一的辩证思想。老子的相对论思想,《老子》第二章"天下皆知美之为美,斯恶矣"、"前后相随"云云,即是其代表性的言论。

庄子继承了老子相对论的思想,同时他还大大发展了老子的相对论思想。庄子曰:"物无非彼,物无非是。""彼出于是,是亦因彼。""是亦彼也,彼亦是也。""彼亦一是非,此亦一是非。"[02] 庄子继承了老子的"相对论",而创造的"相对论"学说,其中蕴含有丰富的辩证的思想内涵,给世人观察自然和社会的许多现象,提供了理论依据。事实证明,历史上许多自然和社会问题,正是按照庄子

---

01 《老子注》。

02 《庄子·齐物论》。

的"相对论"学说在演变的。但是，相对真理是存在的，庄子否认相对真理的存在，自然是错误的。

二、老子主观唯心的认识论

老子的认识论，比较复杂，有唯物的辩证认识论，有相对的认识论，亦有主观唯心的认识论。老子生活在我国春秋时代的晚期，当时的科学不发达，人们对许多自然和社会现象，还无法正确地解释，在思想上产生主观唯心主义或唯心主义的认识论，并不奇怪。古代的先贤圣哲们，也不能超脱时代的限制，在对自然现象和社会问题的看法上，并不能达到尽善尽美的境界，往往会产生一些错误的看法。老子亦不例外，在其哲学思想上也是精华与糟粕共存的。

《老子》第四十七章，即表现老子的主观唯心的认识论。此章曰：

> 不出户，知天下；不窥牖，见天道。其出弥远，其知弥少。是以圣人不行而知，不见而名，不为而成。

老子这种违反科学的主观唯心主义的认识论，西汉河上公和宋代林希逸等治老学者都给予了明确的阐释。河上公《老子道德章句》对此章诠释曰：

> 圣人不出户以知天下者，以己身知人身、以己家知人家，所以见天下也。天道与人道同，天人相通，精气相贯。人君清静，天气自正；人君多欲，天气烦浊。吉凶利害，皆由于己。谓去其家观人家，去其身观人身，所观益远，所见益少。圣人不上天，不入渊，能知天下者，以心知之也。上好道，下好德；上好武，下努力。圣人原小知大，察内知外。上无所为，则天下无事，家给人足，万物自化就也。

河上公在这里所阐释老子"无为而治"的思想，我们且不去管它。但其中说"圣人不上天，不入渊，能知天下者，以心知之也"云云，最能说明此章所表现的老子主观唯心主义认识论思想。由此说明"唯心论"，并非是舶来品，河上公谓老子"以心知之"，即为我国"唯心论"之说的滥觞。

林希逸《老子鬳斋口义》对老子此章诠释曰：

> 天下虽大，人情物理一而已矣，虽不出户亦可知。天道虽隐，阴阳变化，千古常然，虽不窥牖亦可见。若必出而求之，则足迹所及，所知能几？目力所及，所见能几？用力愈劳，其心愈昏，故曰"其出弥远，其知弥少"。此亦设

喻，以发明下句而已。不行而自知，不求见而自有名，不为而自成，圣人之道，其为用也如此。《易》曰："不疾而速，不行而至。"亦此意也。

林希逸不仅阐明了老子此章所表现的主观唯心主义认识论思想，同时他指出此种主观唯心主义的认识论，并非只有老子有，《周易》中也有此种唯心主义认识论的思想。

魏王弼对老子此章的诠释，是从老子"大道"的角度，来圆说老子此章之意的。我们抛开他对老子大道神秘玄虚境界的渲染外，其阐释老子的认识论，是符合老子主观唯心主义认识论思想的。且看王弼《老子注》对此章诠释曰：

> 事有宗而物有主，途殊而同时也，虑虽百而其致一也。道有常，理有大致，执古之道，可以御今；虽处于今，可以知古始。故不出户窥牖而可知也，无在于一而求之于众也。道视之不可见，听之不可闻，搏之不可得，如其知之不须出户。若其不知，出愈远愈迷也。得物之致，故虽不行，而虑可知也。识物之宗，故虽不见而是非之理可得而名也。明物之性，因之而已，故虽不为而使之成矣。

以老解老，也是研究分析老子哲学思想的方法。《老子》第五十四章不仅能说明《老子》第四十七章所表的主观唯心主义的认识论思想，而且更有说服力。《老子》第五十四章曰：

> 善建者不拔，善抱者不脱，子孙以祭祀不辍。修之于身，其德乃真；修之于家，其德乃馀；修之于乡，其德乃长；修之于国，其德乃丰；修之于天下，其德乃普。故以身观身，以家观家，以乡观乡，以国观国，以天下观天下，吾何以知天下之然者哉？以此。

实践获真知。老子否定实践的认知作用，用主观唯主义的方法臆断千差万别的事物，也只能得出错误的结论。事物有其共性，而更有其千差万别的个性。老子以身观身、以家观家、以乡观乡、以国观国、以天下观天下，认为"不行而知"，那是不可能的，此其一；其二，老子，"不出户"，以身观身、以家观家，也只能知其共性，人身人家之个性，他也是不可能知之的。所以说，老子说"不出户，知天下；不窥牖，见天道"，也是空话。因此，毛泽东同志说："秀才不出门，全知天下事，在技术不发达的古代，只是一句空话。"[01] 此话非常正确。

---

01 《实践论》。

老子的宇宙本体"大道"论

老子的"道论",主要有"天道"观、"人道"观与宇宙本体的自然"大道"论三部分。我把前两部分归于老子的人生哲学,其"大道"论,归于其自然哲学。所以,此篇只论述老子的自然"大道"论。

老子的"大道"论,其中含有三层内涵:(一)"道"是宇宙未形成之前的混沌物质——元气;(二)"道"是万物的本源——万物之母;(三)"道"是在不断地运动和变化。

第一,"大道"不可言说,不可称谓,无形无名,为宇宙天地未形成之前的混沌元气,具有物质的属性。《老子》第一章便开宗明义地说:

> 道可道,非恒道;名可名,非恒名。无名,天地之始;有名,万物之母。

《老子》第二十五章曰:

> 有物混成,先天地生。寂兮寥兮,独立而不改,周行而不殆,可以为天下母。吾不知其名,字之曰道,强之名曰大。

老子认为,在宇宙未形成之前就有一种"物"存在,这种"物",就是混沌状态的元气。这种元气,只能意会,不能言说;若能言说,就不是永恒之"大道"。故老子曰:"道可道,非恒道。"老子说:"道"也是没有名称的,若能叫出名称,就不堪称为永恒"大道"之名了。故老子曰:"名可名,非恒名。"正因为不知其名,只能称之为"道",强名之为"大",即为"大道"。故后人称老子的宇宙本体论为"大道"。

古代治老学者对老子"大道"的解读和诠释,对当今我们研读《老子》颇有裨益。我们只能选具有代表性的几家,虽未能窥视全貌,亦可见一斑。西汉河上公诠释老子"道可道"之"道"曰:"谓经术政教之道"。诠释"非恒道"之"道"

曰："非自然常生之道也。常道当以无为养神，无事安民，含光藏晖，灭迹匿端，不可称道。"他诠释"名可名"之"名"曰："谓富贵尊荣，高世之名也。"诠释"非常名"曰："非自然常在之名。常名当如婴儿之未言，鸡子之未分，明珠在蚌中，美玉处在石间，内虽昭昭，外如愚顽。"诠释"无名，天地之始"曰："无名者谓道，道无形，故不可名也。始者道本也，吐气布化，出于虚无，为天地本始也。"诠释"有名，万物之母"曰："有名谓天地，天地有形位，有阴阳，有柔刚，是其有名也。万物母者，天地含气生万物，长大成熟，如母之养子也。"[01]魏王弼诠释曰："可道之道，可名之名，指事物造形，非其常（恒）也，故不可道不可名也。"[02]河上公和王弼对老子"道可道，非恒道；名可名，非恒名"等的诠释，基本上是符合老子本义的，对读者解读《老子》首章颇有帮助。

《老子》第二十一章曰："道之为物，惟恍惟惚，惚兮恍兮，其中有象；恍兮惚兮，其中有物。窈兮冥兮，其中有精。其精甚真，其中有信。"老子在此说得十分清楚，是说"大道"，具有物质的属性。但是，过去有的学者把老子所说"道之为物"的"为物"二字，解释为"造物"，从而便认为老子的"大道"是"神造物论"，因此就认为老子是唯心论。这种看法，显然是不能成立的，因为它并不符合老子的本义。过去也有学者把老子所说"道之为物"之"物"解释为"东西"，因此便否定老子"大道"的物质性。这种看法的实质，其实正是主观臆断，缺乏史料根据，陷入主观唯心论的泥潭。老子之"大道"，的确深奥难识，"玄之又玄"，具有神秘玄虚的色彩，不能因此就否定它的物质属性。宋代治老学者林希逸，即有正确诠释："惟恍惟惚，言道之不可见也。虽不可见，而又非无物，故曰'其中有象'，'其中有物'，'其中有精'，此即真空而后实有也。'其精甚真，其中有信'，此两句发明无物之中真实有物，不可以为虚言也。"[03]作为学者，对所研究的问题下结论，应当有充分的证据，不能主观想象，信口雌黄。《胡适书法》（条幅）说明非常正确，他说："有几分证据，说几分话；有七分证据，不能说八分话。"这才是学者研究问题应有的科学态度。

其实，对老子先天地生之"大道"具有物质的属性，秦汉至魏晋的治老学，已经作了明确的阐释。他们的看法，对读者解读《老子》也是一把解开迷雾的钥匙。

---

01 《老子道德经章句》。

02 《老子注》。

03 《老子鬳斋口义》。

韩非对老子"大道"解释曰:"道者,万物之所然也。"[01]《淮南子》此书,是西汉淮南王刘安主持编纂的著作,其中吸收颇多道家思想。《淮南子·原道训》曰:"夫道者,覆天载地,廓四方,柝八极,高不际,深不可测,包裹天地,禀受无形。"东汉高诱注曰:"道,无形而大也……无形,万物之未形者,皆生于道。"《淮南子》说老子"大道""禀受无形","无形,万物之未形者",即是说老子"大道"是天地未形成之前的混沌元气。《淮南子·天文训》即曰:"天未坠形,冯冯翼翼,洞洞灟灟,故曰太昭。道始于虚廓,虚廓生宇宙,宇宙生气,气有根有涯。"这里说老子"大道"为混沌元气说,虽说法有点不同,也是大同小异而已。河上公对老子"大道"之属性阐释得更加清晰,他说:"谓道无形,混沌而成万物,乃在天地之前。"王弼诠释曰:"混然不可得而知,而万物由之以成,故曰混成也。不知其谁之子,故曰先天地生。"河上公和王弼对老子"大道"的物质属性,也都是肯定的。宋代苏辙亦持有同样的观点。他说:

> 夫道,非清非浊,非高非下,非去非来,非善非恶,混然而成体,其于人为性,故曰"有物混成"。此未有知其生者,盖湛然常存,而天地生于其中耳。[02]

凡此等等,不胜枚举,皆认为老子之"大道",为先天地而生的具有物质属性的混沌元气。

《老子》书中称"大道"为"有物混成"之无名无形的元气,后人则称之为"太极"、"太一"和"元苞"等,与老子的称谓不同。《周易·系辞上》曰:"是故,易有太极,是生两仪,两仪生四象,四象生八卦。"唐代孔颖达疏曰:"太极谓天地未分之前,元气混而为一,即太初太一也。故老子云'道生一',即太极是也。又谓混元既分,即有天地,故曰太极生两仪,即老子云'一生二'也。不言天地而言两仪者,指其物体,下与四象相对,故曰两仪,谓两体容仪也。"[03]《礼记·礼运篇》曰:"是故,夫礼必本于太一,分而为天地,转而为阴阳,变而为四时。"孔颖达疏曰:"必本于太一者,谓天地未分之元气也。极大曰天,未分曰一,其气既大而未分,故曰太一也。"孔氏不仅认为"太一"即为混沌之元气,而对之所以称为"太一",亦作了解释。

---

01 《韩非子·解老篇》。
02 《道德真经注》。
03 《十三经注疏》。

从以上所述，即可说明后人称之为"太极"、"太一"者，与老子之"大道"为同意词，皆指天地未分之前的混沌元气。

第二，"大道"产生万物，为"万物之母"。

唯心主义认为，宇宙万物是上帝创造的。老子的看法则不同，他认为宇宙万物是由混沌的"大道"产生的。也就是《老子》首章所说"道"是无形无名的："无名，天地之始；有名，万物之母。"所以，《老子》第四十二章曰："道生一，一生二，二生三，三生万物。"用简单明确的语言说，即"道"产生了万物。一、二、三是指"道"产生万物的数字，从一到二，到三，直至无穷。"一"并非"太一"（道），否则就变成"道"生"道"了。林希逸诠释曰："一，太极也。""太极"，即是"道"。非是。河上公诠释得比较正确，他说："道始所生者一也。一生阴与阳也。阴阳生和、清、浊三气，分为天地人也。天地人共生万物也。天施地化，人长养之。"老子说："道生之，德畜之，物形之，势成之，是以万物莫不尊道而贵德。"（《老子》第五十一章）由此亦不难看出，老子认为"道生万物"的思想。"道之为物"，而"道"又产生万物，这对老子来说并非自相矛盾。"道之为物"，是指"道"作为虚廓混沌元气而言，在宇宙未形成之前，它作为"无名"的"万物之母"，便慢慢地产生万物来，故曰："道生一，一生二，二生三，三生万物。"

《老子》第四十章曰："天下万物生于有，有生于无。"这是研究老子哲学的至关重要的两句。对于这两句，究竟应当怎样解读呢？河上公解读曰："万物皆从天地生，天地有形位，故言生于有。天地神明，蜎飞蠕动，皆从道生，道无形，故言生于无也。"河上公的诠释非常明白准确。过去，有的学者说老子这里所说的"无"，是指"虚无"。如徐绍桢说："综八十一章之旨，不离一无字，无即道也。"又说："道本至虚无物，而用之则无有尽时。"[01]这样解释，仍然没有超脱老子"大道"本身存在的玄虚神秘的境界，让读者不得其解。老子所谓"有生于无"之"无"，是指混沌状态的无形无象之元气。在《老子》第一章老子已经说得十分清楚："无名，天地之始；有名，万物之母。""无名"，是指混沌状态的元气，"有名"是指元气已经产生天地万物。老子所谓的"有名"与"无名"，都是从"道"而言。在老子看来，"道"与"名"，似乎都是"万物之母"，只是先与后的不同。因此，老子曰："无名，天地

---

01 《道德经述义》。

之始；有名，万物之母。常无，欲以观其妙；常有，欲以观其徼。此两者，同出而异名，同谓之玄，玄之又玄，众妙之门。"（《老子》第一章）世人之所以称《老子》为"玄学"（三玄之一），道理也就在此。

第三，"大道"在不断地运动变化

老子认为"大道"作为混沌的元气，它在不断地运动变化。首先，"道生一，一生二，二生三，三生万物。"这即是"大道"产生万物时发生和发展的运动变化。《老子》第二十五章曰："有物混成，先天地生……周行而不殆。"又曰："强之名曰大，大曰逝，逝曰远，远曰反。"所谓"周行而不殆"、"远曰反"，是说"道"（元气）在未形成宇宙前不间断地周而复始的运动变化。对于"元气"运动的形成，《吕氏春秋·圜道篇》曰："天道圜，地道方……何以说天道圜也，精气一上一下，圜复周杂，无所稽留，故曰天道圜。"这里所说的"天道"，即老子所说的自然"大道"。"精气"即老子所说的"有物混成"的"元气"。《管子·内业篇》曰："精也者，气之精者也。"显然，此"精气"是指宇宙未形成之前的原始物质"元气"，并非唯心主义所谓神的精灵之气。这种"精气"（元气），在宇宙间自然而然地运动变化，所以老子说"道法自然"（《老子》第二十五章）。

老子曰："反者道之动，弱者道之用。"（《老子》第四十章）何谓也？宋代林希逸诠释曰："反者，复也，静也，静者动者所由生……动以静为用，强以弱为用，故曰'反者道之动，弱者强之用'。"[01] 这即说明"大道"在运动变化，并说明了事物发展对立统一的规律。钱锺书先生在其《管锥编·王弼〈老子注〉》中，即阐明了老子哲学这种对立统一的规律。

不过，我认为老子朴素唯物的"大道"内涵，却具有浓重的玄虚的神秘色彩，这也正是自古以来许多学者产生分歧见解的主要原因所在。

《老子》书中第一章即说："道可道，非常道；名可名，非常名。"（汉墓帛书《老子》"常"为"恒"）老子认为，可以称说之"道"，并非"恒道"；可以称说之"名"，并非"恒名"。究竟什么是"恒道"，什么是"恒名"呢？首先，就给人以十分玄虚之感。韩非虽然承认老子之"大道"具有物质性，但是，他对老子"大道"的玄虚性，说得也是很清楚的。他说："唯夫与天地剖判也俱生，至天地之消散也不

---

01 《老子鬳斋口义》。

死不衰者谓之常。而常者无攸易，无定理。无定理非在于常，是以不可道也。圣人观其玄虚，用其周行，强字之道，然而可论。故曰'道之可道，非常道也'。"[01]与天地俱生、不死不衰者，方谓之"常"（恒），可见其"恒道"、"恒名"是何等的玄虚了。《老子》第十四章对玄虚之"大道"作了这样描写："视之不见，名曰夷；听之不闻，名曰希；搏之不得，名曰微。此三者不可致诘，故混而为一。一者，其上不皦，其下不昧，绳绳不可名，复归于无物，是谓无状之状，无物之象。是谓惚恍，迎之不见其首，随之不见其后。"《老子》第四十一章又用上士、中士、下士三个人物闻道后的不同表情，进一步表现了老子"大道"之难以捉摸的神秘玄虚性。这章描写说："上士闻道，勤而行之；中士闻道，若存若亡；下士闻道，大笑之，不笑不足以为道……明道若昧，进道若退，夷道若纇。"这种"明道若昧，进道若退"，使人"若存若亡"，使人大笑之的"大道"，真好像是一种莫名其妙的怪物。

后人对老子之"道"的解释，又增加了许多更加玄虚的色彩，使人感到更为深奥幽冥，玄虚莫测。例如《淮南子·诠言训》曰：

> 洞洞天地，浑沌为朴，未造而成物，谓之太一。同出于一，所为各异，有鸟、有鱼、有兽，谓之分物……稽古太初，人生于无，形于有，有形而制于物。能反其所生，若未有形，谓之真人。真人者，未始分于太一者也。

虽然此段文字能说明"道"（太一）是原始物质"元气"，又由"元气"生成万物。但是，由于当时人们科学水平的限制，还无法正确地阐明宇宙形成之前，最原始的物质"元气"是什么样子，它又怎样产生万物，因而只有抬出"真人"来，似乎宇宙万物是由"真人"创造的。《庄子·天下篇》把老子也说成"博大真人"。这样就把"太一"与"真人"神化了。高诱曰："太一，元神总万物者。"在这里，就给老子的唯心论者提供了口舌。实际上，这天地万物未形成之前的"真人"，只不过是虚构的稻草人，与有神论认为上帝创造万物说，是不能相提并论的。

老子研究中所出现的分歧意见，由来已久，并非始于近代。从韩非的《解老》、《喻老》开始，到汉代，就出现了对老子自然之道的不同看法。韩非的看法，且不去谈它，看看高诱对《淮南子》一段文字的注释，即可说明问题。《淮南子·精神训》曰："古未有天地之时，惟象无形……虚无者，道之所居也……故一生二，二生三，三生万物。"高诱注曰："一谓道也，二谓神明也，三谓和气也。或说一者元气也，生

---

01 《韩非子·解老篇》。

二者乾坤也，二生三，三生万物。"从高诱的注文中即可看出汉代对老子自然之"大道"的看法，就有唯物论和唯心论两种不同看法。

至于魏晋人崇尚玄学，把老子和庄子当做鼻祖。唐代统治者信仰道教，唐高宗李治乾封元年（公元666年），"如亳州，祠老子"，并说老子为李氏之祖，"追号太上玄元皇帝"[01]；唐玄宗开元五年（公元717年），注《老子道德经》，诏天下家藏《老子》书[02]；宋徽宗赵佶信仰道教，自称为"道君皇帝"。凡此等等，与对老子的评价关涉不大，另当别论。

---

01 《新唐书·高宗本纪》。
02 《旧唐书·高宗本纪》。

老子"无为而治"新解

一

老子曰"以正治国",即以政事治国,讲的是老子积极的治国思想。老子的"治国思想",也应当包括"无为而治"的思想,虽不能说它完全是消极的思想,但与老子积极的治国思想相比,就有些消极成分,或谓其消极成分居多。因为这个问题比较特殊,所以没有把它与老子积极治国的思想放在一起研究,只能设专节予以论述。老子"无为而治"的思想本来就蕴含有虚无玄妙的浓重色彩,颇为令人费解。另外还有两个原因便增加了读者对老子"无为而治"思想的认识和理解的难度。这两个问题是:其一,由于受庄子"无为而治"思想的消极影响,也影响到对老子"无为而治"思想的正确认识;其二,西汉司马迁和东汉班固两位著名史学家对道家的思想都作了概括的论述和评价,他们的论述和评价是否都正确,是否能作为研究老子的依据?这都是要解决的问题。为了深入地研究老子"无为而治"的思想,首先应当对上面两个问题,作一点简要而明确的评说。

庄子是老子的后学,他继承了老子的道家学说,但也发展了老子的学说而建立自己的新学说。司马迁说庄子"其学无所不窥,然其本归于老子之言"[01]。就老子"无为而治"的思想而言,庄子是继承了老子"无为而治"的思想。但老子"无为而治"的思想,并非完全消极的,还有其积极的方面。司马迁父子《论六家要指》曰:"道家无为,又曰无不为。"[02]唐代张守节《史记正义》注曰:"无为者,守清净(静)也。无不为者,生育万物也。"是说老子的"无为"思想,并非不为。所谓"守清静",即清静无为而顺应自然也,意谓不要妄为。"无不为",突出的是一个"为"字,即并非不为,而应当顺应自然而为。显然其中含有积极的思想。然而,庄子虽然继承了老子"无为而治"的思想,而他并没有继承老子"无为而治"思想的积极方面,他认为"有为"即有害,认为君人"有为"治国则害国、害民,而世人"有

---

01 《史记·老子韩非列传》。
02 《史记·太史公自序》。

为"则害身。在《庄子》书中此等事例，比比皆是，举不胜举。在此仅举一例，足以说明。《庄子·应帝王》有则寓言故事曰：

> 南海之帝为儵，北海之帝为忽，中央之帝为浑沌。儵与忽时相遇于浑沌之地，浑沌待之甚善。儵与忽谋报浑沌之德，曰"人皆有七窍，以视听食息，此独无有。尝试凿之。"日凿一窍，七日而浑沌死。

此则为"浑沌凿窍"的寓言故事，是《庄子》流传千古的名篇，它意在说明，帝王治世，应当"无为而治"，有为即有害。儵与忽为浑沌凿窍，把浑沌凿死的寓言故事，即生动形象地说明了这个问题。尽管，后世治庄学者认为，庄子有许多过激的语言，都是愤激之词，是其抒发对黑暗社会的不满。他的言语是冷的，而心肠却是热的。他并非是不食人间烟火的隐者，他是非常关心民生疾苦的。例如，清代治庄学者胡文英曰："庄子最是深情，人第知三闾之哀怨，而不知漆园之哀怨有甚于三闾也。盖三闾之哀怨在一国，而漆园之哀怨在天下；三闾之哀怨在一时，而漆园之哀怨在万世。昧其指者，笑如苍蝇。"[01]胡氏对屈原和庄子的评价是否公允，在此姑且不论。庄子的确是个最有"深情"的哲学家、文学家、美学家和思想家。但就庄子"无为而治"思想的表面文字而言，又的确含有"有为"即有害而宣扬"无为"即无害的思想。因此，就给读者一种印象：道家"无为而治"的思想是消极的。这里必须说明的是，要区分老子和庄子的"无为而治"的思想是不同的，老子"无为而治"的思想不仅并非完全消极，而在特定历史时期对人民休养生息、发展生产、繁荣经济，还有非常积极的作用。如汉朝初年，由于经过战国末年和楚汉战争的破坏，国家残破不堪，举国上下，都渴望休养生息、发展生产，繁荣经济。因此，汉初就利用黄老思想治国——"无为而治"，便创造了"文景盛世"的辉煌。

下面，再简要地谈谈司马迁和班固两位史学家对道家学说的评论和评价，分四点来说。

一是，司马迁和班固对老子的评论，各有侧重。司马迁说道家（指老子）"以虚无为本，以因循为用……虚者，道之常也；因者，君之纲也。"[02]又曰："虚无因应，变化于无为。"（《史记·老子韩非列传》）说明老子主张"无为而治"、"因循为用"。班固说道家（指老子）"清虚以自守，卑弱以自持，此君人南面之术也。合于《尧》

---

01 《庄子独见·庄子论略》。
02 《史记·太史公自序》。

之克攘，《易》之谦谦，一谦四益，此其长也。"[01] 强调老子清虚自守、卑弱自持的谦逊退让的高尚美德。

二是，司马迁曰："道家无为，又曰无不为。"[02] 说明老子既有"无为而治"的"无为"思想，亦有"无不为"的"有为"思想。"无不为"，并非仅仅是顺应自然而已，应当含有有所作为之意。不过，即使如此，老子强调的还是"道法自然"，主张遵循顺应自然、因势利导的治国原则。

三是，司马迁与班固对庄子的评论不同。司马迁曰："庄子散《道德》，放论，要亦归之自然。"[03] 指出庄子并没有完全继承老子的学说，他汪洋恣肆，狂放不羁，以自然为宗。班固则指责老子的后学——说"及其放亡者"指庄子："则欲绝去礼学，兼弃仁义，独任清虚，可以为治。"[04] 他批评庄子没有继承老子的学说，完全绝弃礼学和仁义，只是一味地宣扬"无为而治"的消极方面的思想。

四是，尽管司马迁对老子的思想有所批评，但他对道家是推崇的，他认为与其他五家相比，道家几乎达到了尽善尽美的境地。司马迁曰：

> 道家使人精神专一，动合无形，赡足万物。其为本也，因阴阳之大顺，采儒、墨之善，撮名、法之要，与时迁移，应物变化，立俗施事，无所不宜，指约而易操，事少而功多。[05]

他对道家的推崇几乎达到无以复加的地步。而他对儒家则批评曰：

> 以为人主天下之仪表也，主倡而臣和，主先而臣随。如此则主劳而臣逸……神大用则竭，形大劳则敝。形神骚动，欲与天地长久，非所闻也。[06]

应当说，司马迁对儒家的看法，是比较符合实际的。而他对道家的推崇言论，显然有些失当，自然不能尽从。

二

老子"无为而治"的思想，可以分为这样几个层次来阐述和分析研究。

---

01 《汉书·艺文志》。
02 《史记·太史公自序》。
03 《史记·老子韩非列传》。
04 《汉书·艺文志》。
05 《史记·太史公自序》。
06 同上。

第一，老子主张"无为而治"，并非是无所事事、无所作为。老子曰："道常无为，而无不为。"（《老子》第三十七章）"无为"，即不要妄为、胡乱作为，是顺应自然之意。"而无不为"，是说并非不为。既然"有为"，就并非完全"无为"。所以，王弼曰："道常无为，而无不为，顺应自然也。"[01] 正是说老子"无为而治"含有"道法自然"的思想。老子曰："是以圣人处无为之事，行不言之教，万物作焉而不辞。"（《老子》第二章）"辞"，帛书甲乙本作"治"。高亨注："顺其自然也。"[02] 即说明老子"无为而治"的思想并非无所作用，只是顺其自然而已。

第二，老子为何主张"无为而治"？其理由何在，有何目的？《老子》第五十七章即说明和回答了这个问题。此章曰：

> 夫天下多忌讳，而民弥贫。人多利器，国家滋昏。民多技巧，奇物滋起。法令滋彰，盗贼多有。故圣人云："我无为而民自化，我好静而民自正，我无事而民自富，我无欲而民自朴。"

老子说他所以主张"无为而治"，其理由就是因为天下多忌讳，而民弥贫；人多利器（武器），国家就会造成混乱；人民多智慧技巧，奇异的事物就会发生；法令愈严，盗贼愈多。正是由于此种原因，老子所以借用"圣人"之口曰："我修道承天，无所改作，而民自化而成也。我好安静，不言不教，民皆自忠正也。我无徭役征召之事，民安其业，故皆自富也。我常无欲，去华文，微服饰，则民随我为质朴也。"[03] 河上公诠释得十分明确，亦颇为精彩。《老子》第三十七章曰："道常无为，而无不为。侯王若守之，万物将自化。化而欲作，吾镇之无名之朴。无名之朴，亦将不欲。不欲以静，天下将自正。"亦是申明上章之意。林希逸曰："无名之朴何也？亦无欲而已。无欲则静，静则天下自正矣。不欲，即无欲也。'不'字又有'勿'字意，用功处也。"[04]

第三，老子"无为而治"的思想，具有其不协调和自相矛盾的尴尬。老子的"无为而治"是强调顺应自然而治，反对人为的造作造治，这就与其积极奋进的治国思想产生了不能自圆其说的矛盾。《老子》第二十九章曰："将取天下而为之者，吾见其不得已。天下神器，不可为也。为者败之，执者失之。"何谓也？河上公诠释

---

01 《老子注》。
02 《老子注译》。
03 《老子道德经章句》。
04 《老子鬳斋口义》。

曰:"欲为天下主也,欲以有为治民,我见其不得天道人心已明矣。天道恶烦浊,人心恶多欲。器,物也。人为天下之神物也,神物好安静,不可以有为治。以有为治之,则败其质朴。强执教之,则失其情实,生于诈伪也。"林希逸诠释得更加清晰,他说:"其意蓋言凡天下之事,不可以有心求之也。为者则必败,执者则必失,是皆有心之累也。故有道者之于物,行者听其所行……"这里就说明,老子认为"有为"治国、治民则必败、必失。认为"天下神器,不可为也。"显然这就与其积极奋进的"治人事天"思想发生了矛盾。《老子》第六十三章曰:

> 为无为,事无事,味无味。大小多少。报怨以德。图难于其易,为大于其细。天下难事必作于易,天下大事必作于细。是以圣人终不为大,故能成其大。夫轻诺必寡信,多易必多难。是以圣人犹难之,故终无难。

《老子》第六十四章曰:

> 其安易持,其未兆易谋,其脆易破,其微易散。为之于未有,治之于未乱。合抱之木,生于毫末;九层之台,起于累土;千里之行,始于足下。为者败之,执者失之。圣人无为,故无败;无执,故无失。民之从事,常于几成而败之。慎终如始,则无败事。是以圣人欲不欲,不贵难得之货;学不学,复众人之所过,以辅万物之自然,而不敢为。

这两章,即表现了老子积极奋进的"有为"思想与其"无为而治"的消极思想之间的尖锐矛盾,以及老子又企图将此二者相统一的尴尬。就这两章积极"有为"的思想而言,即含有三层内涵。其一,含有早谋、早治的思想,如"其安易持,其未兆易谋,其脆易破,其微易散"等,即含有这种积极的思想。其二,含有防微杜渐、防患于未然的思想,如"图难于其易"、"为之于未有,治之于未乱"等,即含有此种思想。其三,含有由易至难,由小至大,逐步前进,以完成大业的积极奋进思想,诸如"图难于其易,为大于其细。天下难事必作于易,天下大事必作于细。是以圣人终不为大,故能成其大。夫轻诺必寡信,多易必多难。是以圣人犹难之,故终无难。""合抱之木,生于毫末;九层之台,起于累土;千里之行,始于足下。""慎终如始,则无败事"等等,皆有坚韧不拔,由易至难,由小至大,逐步成就大业的积极奋斗的精神。这种积极进取的精神,显然是这两章的主旋律,不断向前的歌声!

但是，由于老子企图将其"大道"思想，能一以贯之地贯穿在思想行为之中，这就必然会造成其积极"有为"的思想与其"无为"的思想产生非常不协调的矛盾而处于尴尬的境界。因此，就在这两章中同时出现了老子主张积极奋进的思想与其宣扬"为无为，事无事，味无味"，"为者败之，执者失之。圣人无为，故无败；无执，故无失"，"是以圣人欲不欲，不贵难得之货；学不学，复众人之所过；以辅万物之自然，而不敢为"云云，而主张"无为而治"的消极思想的明显的矛盾。毫无疑问，这正是老子赋予其"大道"所含有的"无为"与"有为"两种思想自然会发生碰撞所造成的矛盾的尴尬境地。

老子的兵法思想

大家曾记得，在"文化大革命"中，有个叫《学习与批判》的刊物，说《老子》是一部兵书。这是极其片面的言论。但是，此种见解由来已久，并非它的创见。明代的焦竑曾说："《老子》明道之书也，而唐王真也者，至以为谭兵而作，岂以'佳兵'、'善战'之言，亦有以启之欤？余曰《老子》非言兵也，明致柔也。"（《老子翼序》）王真说《老子》为"谭兵而作"，是错误的，而焦竑完全否认《老子》中有"言兵"的文字，也有片面性。应当说，《老子》主要是一部哲学著作（或称"明道之书"），不是兵书，但是其中有"言兵"的文字。或者说有兵法思想。

在我国春秋战国时代，著名的兵法家有孙武、孙膑、商鞅、尉缭等，他们都有比较系统的兵法思想。可是老子，他并不能称为兵法家，在他的书里，只有一些零散的"言兵"的文字，也谈不上有什么系统的兵法思想。不仅老子谈不上有什么系统的兵法思想，而且他"言兵"的文字，主要是表现其"贵柔"的思想，在我国的兵法历史上，只能说有一定的影响。究竟《老子》有哪些"言兵"的文字，应当怎样对它进行评价呢？下面就分几点予以简单的论述。

第一，老子对战争的基本看法。老子说："佳兵者不祥之器"，"有道者不处"（《老子》第三十一章）。又说"以道佐人主者，不以兵强天下"（《老子》第三十章）。（这里两个"道"字的含意是不同的，"道者"指善于治理国家的人，后边的道指统治之术。）老子认为"佳兵"是凶器，反对"以兵强天下"，这种思想是不正确的。应当看到，在我国春秋时代，各诸侯国的奴隶主贵族统治者，他们为了满足一己穷奢极欲的生活，便经常发动弱肉强食的战争。在这种风云突变的时代背景下，高唱什么"佳兵者不祥之器"，"有道者不处"，"不以兵强天下"等调头，这对被掠夺的弱小的诸侯国来说，自然是有害无益的。

与老子同时代的兵法家孙武，对战争的看法，则与老子颇不相同。孙武说："兵者国之大事，死生之地，存亡之道，不可不察也。"（《孙子兵法·计篇》）他认识到战争是关系国家生死存亡的大事,因此要求对战争应持慎重的态度。孙膑也有同样的看法,他说:"战胜,则所以存亡国而继绝世。战不胜,则所以削地而危社稷也。是故兵者不可不察也。然夫乐兵者亡,而利胜者辱。兵非所乐也,而胜非所利也。"[01]他是说对战争要非常谨慎,不能有妄图从战争中捞一把的好战思想,否则将有亡国的危险。但孙武和孙膑并没有因为战争是关系到国家命运的大事,便把它看成是可恶的"凶器"。非但如此,孙膑还明确地说:"战胜而强立,故天下服矣。"[02]强调要用战争去消灭战争,在天下树立威信。

老子为什么这样厌恶战争,对战争存有恐怖思想呢?从老子来说,他亲眼目睹了春秋末年各诸侯国你争我夺的残酷战争给人民带来的深重灾难。所以,他说:"师之所处,荆棘生焉,大军之后,必有凶年。"(《老子》第三十章)因此,他对战争持反对的态度。仅仅从这个意义上而言,老子反对战争、厌恶战争,的确有其进步的方面。他说:"兵者不祥之器,非君子之器,不得已而用之。"(《老子》第三十一章)可能就是这种思想的反映。但是,另一方面,老子不区分战争的正义性和非正义性,对战争一概予以反对,这就是非常错误的了。他说:"恬淡为上,胜而不美,而美之者,是乐杀人。夫乐杀人者,则不可以得志于天下矣。……杀人之众,以哀悲泣之,战胜以丧礼处之。"(同上)在阶级社会里,战争是不可避免的。害怕战争,厌恶战争,并不能制止战争的发生。即使在春秋时代,战争也有正义和非正义之分,那种认为"春秋无义战"的说法,自然是很不全面的错误看法。对于战争,应当从两方面来看,对于发动掠夺战争的方面来说,是非正义性的,对于反对掠夺,保卫国土的方面而言,则是正义的。固然,老子生长在春秋末年,他不可能有这样高的认识水平,不应对他有过高的苛求。不过,对他在战争问题上的局限性,也必须给予指出。可是,有人非但不指出他的局限性,反而把它说成是正确的思想。不言而喻,这是偏爱老子的表现,不符合辩证唯物主义的科学精神。

第二,老子兵法的战略思想。这个问题,与老子对战争的基本看法有密切的关系。《吕氏春秋·不二篇》说"老聃贵柔",这即是老子用兵战略思想的最基本出发点。他认为:"弱之胜强","柔之胜刚"(《老子》第七十八章),"兵强则不胜","强大处下,柔弱处上"(《老子》第七十六章),"勇于敢则杀,勇于不敢则活"(《老子》第七十三章)等等,这些都是"贵柔"思想的具体表现。在这种思想指导下,他又

---

01 《孙膑兵法·见威王》。

02 同上。

提出"慈战"的主张。老子特别看重"慈"字,他把"慈"放在所谓"三宝"的首位。他所说的"三宝",即一曰"慈",二曰"俭",三曰"不敢为天下先"。他认为"慈故能勇","夫慈以战则胜,以守则固,天将救之,以慈卫之"。(《老子》第六十七章)显而易见,这是唯心主义的思想,有很大的欺骗性。倘若士兵不勇敢作战,只讲"仁慈"、只讲以柔弱胜刚强之道,把希望寄托在"天将救之,以慈卫之"上面,自然在战场上会一败涂地。老子所谓"抗兵相加,哀者胜矣"(《老子》第六十九章)也是他"慈以战则胜"思想的反映。实际上,在战争中,并不存在因为一方表示悲哀或示弱,上帝就给他带来胜利的福音。

在以柔弱胜刚强的战略思想问题上,孙武与老子的看法则不同。他说:"强弱,形也。"(《孙子兵法·势篇》)曹操注说:"形势所宜。"张预说:"实强而伪示以弱,见其形也。"[01]是说以强而伪示为弱,或弱伪示为强,以诱惑敌人上当。所以,孙武说:"故善战者,求之于势,不责于人。"[02]就是这个意思。孙武又用生动的比喻来说明以柔弱胜刚强的战略思想,他说:"始如处女,敌人开户,后如脱兔,敌不及拒。"(《孙子兵法·九地篇》)这里的意思是说:当与敌人相遇时,伪装得象处女那样怯弱,等敌人放松警惕,轻视我而向我靠近时,我再像兔子疾速奔跑一样,猛烈地攻击敌人,使敌人来不及抵抗,而遭到惨重失败。

商鞅晚于老子,他是战国中期人,与孙膑大致同时,他的战略思想与老子"贵柔"的思想,也完全不同。他主张打攻坚战,与敌人进行殊死的战斗,并以此取得胜利。他说:"强者必刚,斗其意,斗则力尽,力尽则备,是故无敌于海内。"(《商君书·立本篇》)强调人的积极作用是战争胜利的决定因素。老子则不然,他把战争的胜利,寄话于乌有的上天的恩赐(即"天将救之")上面。

战争固然要斗智,但主要是以兵力来解决胜负。老子则不然,他提出"不武"、"不怒"、"不争"的主张。他说:"善为士者不武,善战者不怒,善胜敌者不与,善用人者为之下。是谓不争之德,是谓用人之力,是谓配天古之极。"(《老子》第六十八章)尽管他在"不武"、"不怒"、"不与"(即不争)前加上"善为"、"善战"、"善胜"的积极字眼,但其主要还是在于强调"不争之德"。在老子看来,这种"不争之德",才堪称"配天古之极",是一种最高的原则。其实,他不过只是在"善为"、"善战"、"善胜"的积极词义的掩饰下,竭力宣扬"不争之德"的消极思想罢

---

01 《孙子十家注》。
02 同上。

了。孙武、孙膑、商鞅等兵法家与老子的主张不同，在他们的兵法中都贯穿着积极奋战的战斗精神。例如，孙武说："杀敌者怒"（《孙子兵法·作战篇》）。贾林注说："人之无怒，则不肯杀。"王晢解释说："兵主威怒。"（均见《孙子十家注》）言简意赅，一语道出孙武此说力主奋战的实质。就战争的具体战术而论，当然不能计较一城一地之得失。但从整个战略思想而言，应当寸土必争。孙武非常强调两军对垒时的争夺战。他说："军争之难者，以迂为直，以患为利。"（《孙子兵法·军争篇》）"以迂为直，以患为利"，目的在于与敌人相争，突出的是个"争"字。孙武虽然也讲"善用兵"，但与老子强调的"不争之德"不同。孙武说："善用兵者，屈人之兵，而非战也。"（《孙子兵法·谋攻篇》）他强调的意思与老子所说不同。孙武讲的是具体战术，他所谓"善用兵"，目的是为了"屈人之兵"，其中含有力争之意。因此，不应与老子所谓"不争之德"混为一谈。

正因为老子的战略思想是错误的，他论战争中客与主的问题，也是错误的。他说："吾不敢为主而为客，不敢进寸而退尺。"（《老子》第六十九章）不难看出，老子的这种思想，实际上是他所谓"不争之德"思想的又一种表现。关于战争中"为主"与"为客"的关系，老子谈得极其简单，而且含意也不甚清楚。春秋战国时代，其他兵法家对此问题谈论得颇为明确。孙武说："凡为客之道，深则专，浅则散。"（《孙子兵法·九地篇》）又说："凡为客之道，深入则专，主人不能克。"（同上）杜牧在诠释这段文字时说："言大凡为攻伐之道，若深入敌人之境，士卒有必死之志，其心专一，主人不能胜我也。"[01] 商鞅说："敌众勿为客。"（《商君书·战法篇》）孙武、商鞅对"为客"的问题都讲得非常具体而明确，思想是积极的。

当然，老子的言兵思想，并非都是消极的。他的"柔之胜刚、弱之胜强"的言兵思想，在特定情况下，还有其积极的作用。尤其他说："祸莫大于轻敌，轻敌几丧吾宝。"（《老子》第六十九章）这种不能轻敌的思想，对战争来说，有其积极的意义，应当给予充分的肯定。

第三，关于用兵的具体战术。老子对此问题谈得不多，只谈"以奇用兵"的问题。他说："以正治国，以奇用兵，以无事取天下。"（《老子》第五十七章）他与孙武的看法不同。老子认为"以正治国"，"以奇用兵"，把"奇"与"正"用在"治兵"和"治国"两个方面。孙武则认为"奇正"是用兵战术中的相辅相成的两个方面。他说："三军之众，可使必受敌而无败者，奇正是也。"（《孙子兵法·势篇》）

---

01 《孙子十家注》。

又说:"凡战者以正合,以奇胜。故善出奇者,无穷如天地,不竭如江河。""战势不过奇正,奇正之变,不可胜穷也。奇正相生,如循环之无端,孰能穷之!"(同上)孙武所谓"正",是指一般正常的战法;所谓"奇",是指经常变化的战术。"奇"与"正"要经常变化,在变化中相互结合,才能出奇制胜。

可是,在孙膑和商鞅的兵法里,没有谈论以"奇正"用兵的文字。尤其商鞅,他非常反对以巧诈取胜的侥幸战术。他说:"故恃其众者谓之葺,恃其备饰者谓之巧,恃誉目者谓之诈。此三者,恃一因其兵可禽也。"(《商君书·立本篇》)认为不能依靠兵众,或施展巧伪,或应用欺诈战术来夺取战争的胜利。他认为,政治路线的正确,是决定战争胜利的根本。即"战法本于政胜。"(《商君书·战法篇》)因此,他主张教育士兵要"怯于邑(或作私)斗,勇于寇战。"(同上)此外,平时要训练士兵打攻坚战,打硬仗,即"民习以力攻难"(同上),"国好力者以难攻,以难攻必兴"(《商君书·农战篇》)。商鞅的这种兵法思想,应当说是十分正确的。后来,荀况《荀子·议兵篇》也论述了依靠"诈兵"取胜的错误思想。虽然如此,老子主张"以奇用兵"、孙武主张"奇正相生"的兵法思想,还是应当给予充分肯定的,即使在今天,这种用兵思想,仍然有借鉴作用。

综上所述,可以看到,老子的兵法思想与其"无为而治"的治国哲学是密切相关的。他所谓"恬淡为上","善胜敌者不与"的兵法思想,正是他、"夫唯不争,故无尤"(《老子》第八章),"夫唯不争,故天下莫能与之争"(《老子》第二十二章)等"无为而治"思想的又一种表现。老子说"慈故能勇……夫慈以战则胜,以守则固,天将救之,以慈卫之"云云,我们透过他这种慈善文字的表面,就不难看到其中蕴含着唯心主义"天命论"思想。

孔子与老子的共识

老子是道家的创始人，孔子是儒家的"至圣"。司马迁说："孔子适周，将问礼于老子。老子曰：'子所言者，其与骨皆已朽矣，独其言在耳。且君子得其时则驾，不得其时则蓬累而行。吾闻之，良贾深藏若虚，君子盛德容貌若愚。去子之骄气与多欲、态色与淫志，是皆无益于子之身。吾所以告子，若是而已。'"[01]《大戴记》、《孔子家语》等史籍，亦记载孔子适周而问礼于老子的史实。司马迁的记载是符合老子思想的，完全是信史。孔子非常敬重老子，他把老子视为高不可攀的神龙。在其问礼于老子之后，便对其弟子曰："鸟，吾知其能飞；鱼，吾知其能游；兽，吾知其能走。走者可以为罔，游者可以为纶，飞者可以为矰。至于龙，吾不能知其乘风云而上天。吾今日见老子，其犹龙邪！"[02]可见，孔子对老子的崇拜已经到了无以复加的地步。

不过，由于司马迁又说："世之学老子者则绌儒学，儒学亦绌老子。'道不同，不相为谋'，岂谓是邪？"[03]"绌"，同"黜"，退而后之。似乎由于司马迁的这几句话，世人便认为道家与儒家完全是相互对立、水火不相容的。其实并非如此。其所谓"世"，司马迁是指后世如庄子学老子、孟子学儒者。孔子的确曾向其弟子说过"道不同，不相为谋"[04]的话，而司马迁在引用这句话时，也是说"岂谓是邪"？也是有所疑问的，并没有很肯定。就孔子本人而言，与其师老子虽属不同学派，但他由于受到老子的熏陶，因此在许多方面，他与老子总有不少共识，甚至还有互补之处。这里只择其数端予以论述。

---

01 《史记·老子韩非列传》。
02 同上。
03 同上。
04 《论语》。

关于立德和德治的问题

我国先秦时期的思想家和有识之士，都非常重视立德和以德治国的重要性。因此，他们都大力倡导立德和以德治国。此等问题，在我国先秦时期的古籍中多有记载。诸如《尚书》曰："皇天无亲，惟德是辅。"《周易·坤》曰："天行健，君子以自强不息；地势坤，君子以厚德载物。"《左传·襄公二十四年》曰："太上有立德，其次有立功，其次有立言，虽久不废，此谓之不朽。"明确地把立德、立功、立言视为人生的三不朽事业，而把立德置于首要地位。何也？因为无德不立也。《荀子·劝学篇》曰："积善成德，而神明自得。"凡此等等，不胜枚举。

老子和孔子也积极倡导立德和以德治国。先说老子在这方面的建树。老子劝导世人和人君立德和人君应以德治国，可以分为三个层面来论说。其一，呼吁世人和人君，要重视修身立德。老子曰：

> 修之身，其德乃真；修之家，其德乃馀；修之乡，其德乃长；修之国，其德乃丰；修之天下，其德乃普。（《老子》第五十四章）

宋代林希逸《老子鬳斋口义》诠释曰："修诸身则实而无伪，修诸家则积而有馀庆，修诸乡则为一乡之所尊，修诸国则其及人者愈盛，修诸天下则其及人也愈遍。"这里，老子特别指出，人君与平民百姓不同，不能只为其身其家其乡立德，必须为其国其天下立德，造福于普天下人民。其二，老子认为，尤其作为人君，不能只是一般地重视立德，而还必须为民"重积德"。《老子》第五十九章曰：

> 治人事天莫若啬。夫惟啬，是以早复。早复，谓之重积德。重积德是无不克，无不克则莫知其极，莫知其极可以有国。有国之母，可以长久。是谓深根固柢、长生久视之道。

《说文解字》曰："重，厚也。"老子认为，人君为民"厚积德"，即可以得到人民拥护，保住国家，方可"深根固柢"、为"长生久视之道"。怎样才算是厚积德呢？老子用比喻说："含德之厚者，比于赤子。"（《老子》第五十五章）林希逸诠释曰："含德而极其至，则如赤子然。"（同上）其三，老子不仅要人君为民"厚积德"，还要为民立"玄德"。《老子》第十章曰：

> 爱民治国，能无为乎……生之畜之，生而不有，为而不恃，长而不宰，是谓玄德。

何谓"玄德"？清代奚侗《老子集解》曰："'玄德'，犹至德，以其深远，故云'玄'也。"老子劝导人君，"爱民治国"，为民谋福祉，以物养育人民而不占有；不自恃有功，居功自傲；不高高在上，主宰霸道；这就叫为民立"玄德"。其与《老子》第五十一章所赞美的"玄德"，大同小异。老子倡导人君为民立"玄德"，究竟要达到什么样的治世境界呢？正如《老子》第六十五章所说："玄德深矣、远矣，与物反矣，乃至于大顺。"老子的意思是说，人君为民立"玄德"，意义深远，与一般事物不同；人君爱民安邦，为民立"玄德"，便能深得民心。即得民心者得天下，便能达到天下大治太平的境界。也就是孟子所说："得道者多助，失道者寡助……多助之至，天下顺之。"[01]《说文解字》曰："顺，理也。"总之，老子劝导人君要："上善若水，水善利万物而不争"（《老子》第八章）；"上德若谷"（《老子》第四十一章）。意谓作为人君，"爱民治国"，就要做上等善人，能利民惠民强民，不与民争利；要有海纳百川、宽广无比的道德情操。

孔子在劝导世人和人君立德，尤其在劝导人君立德、以德治国方面，与老子有许多共识，在有的问题上还有呼应。诸如孔子曰："道之以政，齐之以刑，民免而无耻；道之以德，齐之以礼，有耻且格。"又曰："为政以德，譬如北辰居其所，而众星共之。"[02] 这与老子以德治国的思想有异曲同工之妙。老子劝导人君"爱民治国"，要为民"重积德"、立"玄德"。孔子则更加明确地说，"德"与"法"，为"御民之本"或"御民之具"。《孔子家语》卷六记载，闵子骞为费宰，问政于孔子，孔子曰："以德以法，夫德法者，御民之具。"他认为，社会之所以会"乱"者："官属不理，分职不明，法政不一，百事失纪。""德盛者治，德薄者乱。""天子考德正法，以观治乱。""能成德法者为有功，能治德法者为有智。""无德法而用刑，民必流，国必亡。""治国而无德法，则民无修，民无修则迷惑失道。"孔子劝人君治国，要德法并重、德法兼治。老子虽然没有明确这样说，但他说，要"以正治国，以奇用兵。"（《老子》第五十七章）林希逸诠释曰："以正治国，言治国则必有政事。以奇用兵，用兵则必有诈术。"[03] 所谓"政事"，自然包括德治与法治的内涵，因为老子的文字极其简约，没有具体明说而已。从美学的角度而言，道家的老子劝导人君为民立德，善于形容与比喻，如劝导人君要为民"重积德"、立"玄德"、"含德之厚者，

---

01 《孟子·公孙丑章下》。
02 《论语·为政篇》。
03 《老子鬳斋口义》。

比于赤子"云云，含而不露，具有阴柔之美。而作为儒家的孔子，他在劝导人君为民立德或以德法治国时，却直舒胸臆，具有阳刚之美。"一阴一阳之谓道"（《周易》），阴阳互补，人间世尽管虽为大千世界，许多事物往往皆如此。当然，孔子并非绝对不用比喻、含蓄的语言，诸如孔子曰："为政以德，譬如北辰居其所，而众星共之。"又曰："君子比德于玉，温润而泽仁也。"（《孔子家语》卷八）又曰："君子德风，小人德草，草上之风，必偃。"[01]等等，都是用比喻来阐明道理。

在修德养性、待人处事方面，孔子与老子不仅有其共识，尚且还相互呼应。譬如，老子劝导世人修德养性，要"报怨以德"（《老子》第六十三章）。老子认为，否则"和大怨，必有余怨，安可以为善？"（《老子》第七十九章）孔子的学生听到老子"报怨以德"的话后，便去问孔子曰："或曰'以德报怨'，何如？"孔子曰："何以报德？以直报怨，以德报德。"[02]之后，孔子又补充曰："以德报怨，则民有所劝；以怨报怨，则民有所惩。《诗》曰：'无言不仇，无德不报'。"[03]又曰："以德报怨，则宽身之仁也；以怨报德，则刑戮之民也。"（同上）郑玄注曰："宽，犹爱也，爱身以息怨。"不难看出，在此问题上，孔子说得更全面一些。

不过，孔子曰："当仁，不让于师。"[04]因此，孔子在倡导世人修德养性方面，其表现比老子更为积极，论说多多。诸如孔子曰："德之不修，学之不讲，闻义不能徙，不善不能改，是吾忧也。"又曰："志于道，据于德，依于仁，游于艺。"[05]又曰："己所不欲，勿施于人。"[06]又曰："君子喻于义，小人喻于利。""见贤思齐焉，见不贤而内自省也"，"德不孤，必有邻。"[07]又曰："巧言乱德。"[08]凡此等等，都表现出孔子在倡导世人要立德方面的卓越建树。

以谦逊退让为美德

以谦逊退让为美德，这是我们中华民族的优良文化传统。自古以来，我们华夏儿女就具有这样的高尚道德情操。在我国古文献中，就有大量文字记载我们先人谦

---

01 《论语·颜渊篇》。
02 《论语·宪问题》。
03 《礼记·表记第三十二》。
04 《论语·卫灵公篇》。
05 《论语·述而篇》。
06 《论语·颜渊篇》。
07 《论语·里仁篇》。
08 《论语·卫灵公篇》。

逊退让的道德操行。诸如《尚书·大禹谟》曰："满招损，谦受益，时乃天道。"又曰："侮慢自贤，反道败德。"又曰："克勤于邦，克俭于家，不自满假，惟汝贤。"假，大也。《周易·谦》曰："谦谦君子，卑以自牧。"意谓谦卑自养其德。《管子·禁藏》曰："故适身行义，俭约恭敬，其唯无福，祸亦不来矣。骄傲侈泰，离度绝理，其唯无祸，福亦不至矣。"凡此等等，皆是华夏先人修德养性、谦逊退让美德的真实写照。

在颂扬谦逊退让修养方面，老子和孔子都有卓越的建树。下面分别予以论述。先说老子在此问题上的建树，后说孔子在这方面的论说。

一

《老子》第四十五章曰：

> 大成若缺，其用不敝；大盈若冲，其用不穷。大直若屈，大巧若拙，大辩若讷……清静为天下正。

此章，可视为老子关于谦逊退让美德的总论。西汉河上公对"大成若缺"几句诠释曰："大成者，谓道德大成之君也。若缺者，灭名藏誉，如毁缺不备也。大盈者，谓道德大盈满之君也。若冲者，贵不敢骄，富不敢奢也。不敝者，不尽也。冲者，虚也。大直若屈：大直谓修道法度正直如一也。若屈者，不与俗人争，如可屈折。清静为天下正：能清能静则为天下之长。"[01]《尔雅·释诂》曰："正，长也。"《广雅》释"正"为"君也"。其实，"大盈若冲，其用不穷"两句，也就是老子所说："夫唯不盈，故能敝而新成。"（《老子》第十五章）

老子具有超凡的智慧，他所颂扬谦逊退让美德，正是继承先贤"满招损，谦受益"的道德精神。老子认为，谦逊退让的美德，它不仅是人们自身的道德修养，而更是成就自身的光明之途。所以，他明确地告诉世人："是以圣人后其身而身先，外其身而身存。非以其无私耶？故能成其私！"（《老子》第十七章）这里的"私"字，即"身"也，非公私之"私"。如何来修养谦逊退让的美德呢？从正面而言，老子曰：

> 不自见，故明；不自是，故彰；不自伐，故有功；不自矜，故长。夫唯不争，故天下莫能与之争。古之所谓曲则全者，岂虚言哉？诚全而归之。（《老子》第二十二章）

---

01 《老子道德经章句》。

从反面而言，老子认为自见、自是、自伐、自矜者，都会不明、不彰、无功，也不会长久。故《老子》第二十四章曰：

> 跂者不立，跨者不行。自见者不明，自是者不彰，自伐者无功，自矜者不长。其在道也，曰馀食赘形。物或恶之，故有道者不处也。

老子指出，那种违背自然规律之辈，狂妄自大、自以为是，欲速则不达，是不会长久的，而只能劳而无功，以失败而告终。甚至，老子把那种自见、自是、自伐、自矜者比喻为"馀食赘形"（即剩食与肉瘤），令人厌恶，认为得道之人是不会做这种蠢事的。尽管，老子对此等人给予辛辣尖酸的讽刺，他还是劝导世人要学习得道之人的榜样，说："圣人自知，不自见；自爱，不自贵。"（《老子》第七十二章）要世人要有自知、自爱的自知之明，正确地对待自己。因此，《老子》第三十三章曰：

> 知人者智，自知者明。胜人者有力，自胜者强。知足者富，强行者有志。不失其所者久，死而不亡者寿。

意思是说：有智慧的人，应当善于认知别人。能够自知自己贤与不肖者，才算是聪明。能够战胜他人者可称为有威力。能战胜自我者，方能称得上意志坚强。能知足者，才富有。能奋斗不息者，才有志气。不失立身之所者，才能长久。死后不被世人忘却者，可称为永垂不朽。流传千古的人贵有"自知之明"、"战胜自我"的成语，就出自老子之口。

老子唯恐世人不明白人贵有"自知之明"的重要性，于是他又从认识论的角度，辩证地阐明这个富有人生哲理的道德修养问题。故《老子》第七十一章曰：

> 知，不知，上；不知，知，病。夫唯病病，是以不病。圣人不病，以其病病，是以不病。

河上公对老子此章作了非常正确的诠释曰：

> 知道而言不知，是乃德之上；不知而言知，是乃德之病。夫唯能病若众人有强知之病，是以不自病也。圣人无此强知之病者，以其常苦众人有此病，是以不病。

上面的文字，是河上公对此章文字表面上的诠释，同时他对此章蕴含的深邃哲理，亦作了颇为明晰的说明，他说："夫圣人怀通达之智，托于不知者，欲使天下质朴忠正，各守纯性。小人不知道意，而妄行强知之事以自显著，内伤精神，减寿消年也。"这是老子从认识论方面劝导世人要养成谦逊退让的美德。

二

孔子曾拜老子为师，《史记·老子韩非列传》、《礼记》与《孔子家语》皆记其事。孔子作为儒家的"至圣"、思想家与教育家，他在劝导世人修养谦恭退让的道德情操方面，自然有自己的独到建树，但在此方面他受到了老子的影响，也是显而易见的。据《孔子家语》卷三记载的一则生动故事，即可说明。此则故事曰：

> 孔子观周，遂入太祖后稷之庙。庙堂右阶之前，有金人焉，三缄其口，而铭其背曰："古之慎言人也，戒之哉！无多言，多言多败；无多事，多事多患；安乐必戒，无所行悔。勿谓何伤，其祸将长；勿谓何害，其祸将大；勿谓不闻，神将伺人。焰焰不灭，炎炎若何？涓涓不壅，终为江河。绵绵不绝，或成网罗。毫末不札，将寻斧柯。诚能慎之，福之根也。口是何伤，祸之门也。强梁者不得其死，好胜者必遇其敌。盗憎主人，民怨其上。君子知天下之不可上也，故下之。知众人之不可先也，故后之。温恭慎德，使人慕之。执雌持下，人莫逾之。人皆趋彼，我独守此。人皆或之，我独不徙。内藏我智，不示人技。我虽尊高，人弗我害。谁能于此？江海虽左，长于百川，以其卑也。天道无亲，而能下人。戒之哉！"孔子既读斯文也，顾谓弟子曰："小人识之！此言实而中，情而信。《诗》曰：'战战兢兢，如临深渊，如履薄冰。'行身如此，岂以口过患哉？"
>
> 孔子见老聃而问焉，曰："甚矣！道之于今难行也，吾比执道，而今委质以求当世之君，而弗受也。道于今难行也。"老子曰："说者流于辩，听者乱于辞，如此二者，则道不可以忘也。"

其实，此则故事中金人背上之铭文："多言多败"、"多事多患"、"强梁者不得其死，好胜者必遇其敌"、"君子知天下不可上也，故下之；知众人之不可先，故后之"、"内藏我智，不示人技……江海虽左，长于百川以其卑也"等等，皆从《老子》脱化而来。以及孔子读完斯文，对其弟子所讲那些话语，又向老子当面求教，如此这般情景，足以说明孔子对老子其人其道的叹服。

老子之道，的确深奥玄妙，颇为费解。然而对老子所颂扬谦逊退让的道德情操，孔子在宣讲时，却能化虚为实，作以通俗易晓的说明。《孔子家语》有两则故事，即能说明这个问题。《孔子家语》卷二曰：

> 孔子观于鲁桓公之庙，有欹器焉。夫子问于守庙者曰："此谓何器？"对曰："此盖为宥坐之器。"孔子曰："吾闻宥坐之器，虚则欹，中则正，满则覆。明君以为至诚，故常置之于坐侧。顾谓弟子曰：'试注水焉。'"乃注之水，中则正，满则覆。夫子喟然叹曰："呜呼！夫物恶有满而不覆哉？"子路进曰："敢问持满有道乎？"子曰："聪明睿智，守之以愚；功被天下，守之以让；勇力振世，守之以怯；富有四海，守之以谦。此所谓损之又损之之道也。"

此则故事，与《荀子·宥坐》篇所记，大体相同。《老子》第四十八章曰："为学日益，为道日损，损之又损，以至于无为，无为而无不为矣。"这里蕴有深奥的老子道学思想，颇为费解。宋代林希逸解读曰："为学则日日求益，为道则日日自损。故前言'绝学无忧'，盖言道不在于见闻也。黜聪明，堕肢体，去智与故，则损之又损，则可以无为无不为矣。"[01] 孔子却把老子这种"为道日损"的玄虚妙道，而用"聪明睿智，守之以愚；功被天下，守之以让；勇力振世，守之以怯；富有四海，守之以谦"，而谓是老子的"为道日损，损之又损之之道"，来宣讲老子的谦逊退让的道德思想，真可谓为化虚为实之妙笔。

师教不可忘也。孔子在读《周易》时，当其读到"损益"的文字时，就会想到老子谈论"损益"的问题，并能用隐含"满招损、谦受益"古训之意，巧妙曲折地宣讲老子谦逊退让的道德思想。如《孔子家语》卷四曰：

> 孔子读《易》至于"损益"，喟然而叹。子夏避席问曰："夫子何叹焉？"孔子曰："夫自损者，必有益之；自益者，必有决之。吾是以叹也。"子夏曰："然则学者不可以益乎？"子曰："非道益之谓也。"道弥益而身弥损。夫学者损其自多，以虚受人，故能成其满博哉！天道成而必变，凡持满而能久者，未尝有也。故曰自贤者，天下善言不得闻于耳矣。昔尧治天下之位，犹允恭以持之，克让以接下，是以千岁而益盛，迄今而愈彰。夏桀昆吾，自满而极，亢意而不节，斩刈黎民如草芥焉，天下讨之，如诛匹夫，是以千载而恶著，迄今而不灭。观此如行则让长，不疾先。如在舆，遇三人则下之；遇二人则式之。调其盈虚，不令自满，所以能久之也。子夏曰："商请志之，而终身奉行焉。"

---

01 《老子鬳斋口义》。

孔子所说"道弥益而身弥损,夫学者损其自多,以虚受人,故能成其满博"云云,皆是化用老子的思想,以深入浅出的道理,宣扬老子"为道日损"的玄奥哲理。

在论说人贵有"自知"、"自爱"之明的道德修养时,孔子与老子也有其共识,尚且能相互呼应,相辅相成。如《孔子家语》卷二曰:

> 子路见于孔子,孔子曰:"智者若何,仁者若何?"子路对曰:"智者使人知己,仁者使人爱己。"子曰:"可谓士矣。"子路出,子贡入,问亦如之。子贡对曰:"智者知人,仁者爱人。"子曰:"可谓士矣。"子贡出,颜回入,问亦如之。对曰:"智者自知,仁者自爱。"子曰:"可谓士君子矣。"

不难看到,这里所谓"智者自知,仁者自爱"云耳,与老子劝导世人要有"自知"、"自爱"的道德修养如出一辙。

当然,在此问题上,孔子也有其自己的卓越建树。孔子向来反对骄傲自满,而积极提倡"温良恭俭让"的道德修养和人生价值观,诸如孔子曰:"如有周公之才之美,使骄且吝,其馀不足观已也。"[01]又曰:"君子泰而不骄,小人骄而不泰。"[02]泰,舒泰。又曰:"贫而无怨难,富而无骄易。"[03]又《论语·学而篇》曰:"子禽问于子贡曰:'夫子至于是邦也,必闻其政,求之与?'抑或与之与?子贡曰:'夫子温、良、恭、俭、让以得之。夫子之求之也,其诸异乎人之求之与?'"如此等等,这都是孔子作为伟大的思想家和教育家的卓越建树。但是,我们也可以从其中看到他与老子的共识共鸣。

主张节俭,反对奢侈

勤俭持家,节俭治国,是我们中华民族优良的文化传统。早在我国春秋时代,据《韩非子·十过》记载,秦穆公曾问由余"得国失国"之道,由余告之曰:"常以俭得之,常以奢失之。"晚唐著名诗人李商隐在总结历史上治家安邦的成败经验时说:"历览前贤国与家,成由勤俭破由奢。何须琥珀方为枕,岂得真珠始是车。"[04]即简明扼要地概括出勤俭治国理家的重要性。老子和孔子,他们作为我国先秦时期道家和儒家的创始人,在这方面都有重要的论说。

先说老子在这方面的建树。老子曰:

---

01 《论语·泰伯篇》。
02 《论语·子路篇》。
03 《论语·宪问篇》。
04 《咏史》(见拙著《李商隐诗选注》)。

> 我有三宝，宝而持之：一曰慈，二曰俭，三曰不敢为天下先。慈故能勇，俭故能广，不敢为天下先故能成器长。今舍慈且勇，舍俭且广，舍后且先，死矣。（《老子》第六十七章）

"且"，宋代林希逸训作"用也"。[01] 老子所说的"三宝"，是其劝导当政人君，应当把此"三宝"作为治国安邦的法"宝"，否则，将会误国害民，亡国败德。西汉河上公诠释此章的"俭"宝时，与老子一样如同面对当政人君，要其："赋敛，若以之于己也。"诠释"俭故能广"曰："天子身能节俭，故民日用广矣。"诠释"舍俭且广"：是"舍其节俭，但为奢泰。"[02] "但为奢泰"，即意为将为黎民百姓造祸患。因此，老子大声疾呼，劝导人君务必要"去甚、去奢、去泰"（《老子》第二十九章）"泰"，舒泰也。河上公诠释曰："甚，谓贪淫声色。""泰，谓宫室台榭。"林希逸谓"甚"、"奢"、"泰"三者，为"皆过当之名"。所谓"过当"，即贪多求大，贪图豪华美观、舒泰。

老子郑重地向当政者指出，应当认识到节俭是国家存亡的大事，是国家的"长生久视之道"。老子曰：

> 治人事天莫若啬。夫惟啬，是以早复。早复，谓之重积德。重积德则无不克，无不克则莫知其极，莫知其极可以有国。有国之母，可以长久。是谓深根固柢、长生久视之道。（《老子》第五十九章）

"啬"，河上公诠释曰："啬，爱惜也。治国者当爱惜民财，不为奢泰。治身者当爱惜精气，不为放逸。"林希逸诠释曰："啬者，有馀不尽用之意。"总之，他们皆释"啬"为节俭不奢也。老子倡导节俭为政，把节俭视为国家"长生久视之道"；并且他认为，只有"重积德"、"治国爱民"的人君，方能如此。由此说明，老子真不愧为伟大的哲学家。

在节俭治国，反对奢侈、浪费民财民力方面，孔子与老子有其共识，也有自己的卓越建树。孔子周游列国，宣传儒家学说和治国理念。他在齐国时，当齐景公向其问政时，他说："政在节财。"[03] "节财"，即节约民财，不事奢侈。他认为，当政者治国理政，首先就应当重视"节财"。而且，他认为，当政者只有爱惜民财，也才能

---

01 《老子鬳斋口义》。

02 《老子道德经章句》。

03 《史记·孔子世家》。

爱民。所以，孔子曰：

> 道千乘之国，敬事而信，节用而爱人，使民以时。[01]

意思是说：治理有千辆兵车的国家，要严肃认真地为民做事，诚信无欺，节约财力而爱人民，要按照时节役使百姓。他认为，当政者应当把节财爱民放在首位。

孔子主张节俭，反对奢侈。但是，他也反对骄傲自满，他认为骄傲自满者，是不会长久的。然而，二者相比较，他更重视节俭、反对奢侈。故孔子曰：

> 奢则不孙，俭则固；与其不孙，宁固。[02]

意思是说：奢侈就显得豪华而不谦逊，节俭朴素就显得鄙陋。与其不谦逊，宁可鄙陋。

众所周知，孔子是很重视丧礼的。即使如此，他认为办丧事也不应当奢靡。据《论语·八佾篇》记载：鲁国人林放去向孔子"问礼之本"，意谓问礼的本质。孔子曰：

> 大哉问！礼，与其奢也，宁俭；丧，与其易也，宁戚。

意思是说：你问的问题太大了！就一般礼仪而言，与其奢侈铺张，宁可俭朴些；就丧礼而言，与其繁文缛节，宁可过度悲哀为好。《礼记·檀弓上》有则故事，就可以印证孔子主张办丧事必须节俭而反对奢靡的思想。此则故事曰：

> 昔者，夫子居于宋，见桓司马自为石椁，三年而不成。夫子曰："若是其靡也，死不如速朽之愈也。"

孔子说：桓司马自制石椁，竟然花费三年的时间尚未完成，如此奢靡，死不如速朽更好些！由此也可以说明，孔子大力提倡节俭、坚决批判奢靡败德的行为。

综上所述，孔子与老子在主张节俭、反对奢侈方面的共识，由此亦可见一斑。

委曲求全

孔子与老子，在"委曲求全"的问题上，有其共识、共鸣。下面，即予以简略论说。

---

01 《论语·学而篇》。
02 《论语·述而篇》。

老子曰："胜人者有力，自胜者强。"（《老子》第三十三章）意思是说：能战胜对方的人是有力量的人，而能战胜自我者是有坚强意志的人。老子所说的能"自胜者"，大都是能忍辱负重、"委曲求全"、不患得患失，以成大业的强人。近代著名学者王国维《人间词话》卷一曰：

> 古今之成大事业、大学问者，必须经过三种之境界："昨夜西风凋碧树。独上高楼，望断天涯路。"[01]此第一境也。"衣带渐宽终不悔，为伊消得人憔悴。"[02]此第二境也。"众里寻他千百度，回头蓦见（原作"蓦然回首"），那人正（原作"却"）在灯火阑珊处。"[03]此第三境也。

王国维是用宋代词人词句，生动形象地作比喻和象征，来说明能忍耐寂寞，不断求索，方能成大事业、大学问的三种境界，其中蕴含有很深的哲理，耐人寻味。这三种境界，表达了同一种内涵，亦可视为成大事业、大学问者的同一种境界。老子和孔子是用富有哲理的语言，来阐明忍辱负重、"委曲求全"，以成大业的深邃哲理。

老子为了阐明"委曲求全"，以成大业的哲理，他是用以下三种不同的思想境界来表现的。

其一，谦让，不伐其功，不矜其能，为老子"委曲求全"的第一境界。《老子》第二十二章即在论说此种"委曲求全"的思想境界。此章曰：

> 曲则全，枉则直，窪则盈，敝则新，少则多，多则惑。是以圣人抱一为天下式。不自见，故明；不自是，故彰；不自伐，故有功；不自矜，故长……古之民谓曲则全者，岂虚言哉，诚全而归之。

宋代林希逸对老子此章本义的诠释比较准确，可借来用之。其《老子鬳斋口义》曰：

> 能曲而后能全，能枉而后能直，能洼而后能盈，能敝而后能新，能少而后能多。此皆能不足而后能馀，能真空而后实有之意……一者，虚也，无也，不足也。圣人所抱只这一件道理，所以为天下法式。不自见、不自是、不自伐、不自矜，皆是不有其有之意……"曲"、"洼"、"敝"四句，皆是设喻，以发明下面之意而已。

---

01 晏殊《蝶恋花》。

02 柳永《凤栖梧》，或谓欧阳修词。

03 辛弃疾《青玉案》。

林氏对老子谦让、不伐其功、不矜其能之"不有其有"——"委曲求全"的人生哲理的此等境界,已经阐释得十分清楚,无须再作分析。从另一个角度而言,这也是老子颂扬谦让美德,反对骄傲自满、自以为是的人生哲理。

其二,为而不有,不敢为天下先,是老子"委曲求全"的人生哲学的第二境界。东汉史学家班固,把《老子》之书,视为"君人南面之术",是有一定道理的。《汉书·艺文志》曰:

> 道家者流,盖出于史官,历记成败、存亡、祸福、古今之道,然后知秉要执本,清虚以自守,卑弱以自持,此君人南面之术也。合于《尧》之克攘、《易》之嗛嗛,一谦四益,此其所长也。

老子劝导治国理政之"君人",尽管做出惊人的事业,也不能自我占有、自恃其能、自伐其功;而要"生而不有、为而不恃,功成而不居。夫惟不居,是以不去。"(《老子》第二章)这就是老子主张"委曲求全"的辩证学说。

老子所谓人生"三宝"之一,即为"不敢为天下先"。《老子》第六十七章曰:"不敢为天下先,故能成器长。"这里的"器",是指人民而言,非指"器物"之"器"。老子进一步指出,当政之"君人":"舍后且先,死矣!"(同上)林希逸诠释曰:"舍其后而用先,此非保身之道也,故曰'死矣'。"其实,老子所谓"舍后且先,死矣",并非仅仅指"保身之道"。老子的意思,是劝导当政之"君人",必明白:"后其身而身先,外其身而身存。非其无私邪,故能成其私。"(《老子》第七章)这就是老子"委曲求全",成其大业的真谛所在。"能成其私"之"私"字,即身也,并非公私之"私"。指事业而言。

其三,以柔克刚,是老子"委曲求全"人生哲学的第三种境界。老子曰:"弱之以胜强,柔之以胜刚,天下莫不知,莫能行。"(《老子》第七十八章)老子以柔克刚的"委曲求全"的哲学,具体包含那些内容呢?《老子》第二十八章曰:"知其雄,守其雌,为天下谿。""知其白,守其黑,为天下式。""知其荣,守其辱,为天下谷。"何谓也?林希逸诠释曰:"知雄守雌,不求胜也。知白守黑,不分别也。知荣守辱,无敢艳也。知守有能为而不为之意。谿谷在下,水所归也,言如此则天下归之也。式,天下以为式也。"(同上)式,即法则也。有能为而不为,而为谿谷,则天下归之。这即老子以柔克刚、以柔制胜的法宝。

老子这种"委曲求全"、忍辱负重的人生哲学,并不是消极的甘居下游,而是以退为进的积极人生哲学，是不争而天下莫能与之争的大智慧的表现。《老子》第六十六章正是论说此等深邃的人生哲理。此章曰：

> 江海所以能为百谷王者，以其善下之，故能为百谷王。是以圣人欲上民，必以言下之；欲先民，必以身后之。是以圣人处上而民不重，处前而民不害。是以天下乐推而不厌。以其不争，故天下莫能与之争。

老子在这里，以江海作比喻，生动形象地说明江海之所以能成为百谷之王，正是由于地处于下方，众豀归之所致。而作为治国理政的君人，欲得人民拥护，就必须礼贤下士，爱民如父母。惟有如此，方能受到人民的爱戴，"乐推而不厌"。

老子认为，作为"人君"，也只有忍辱负重、"委曲求全"，方能成为天下乐推之主。因此，《老子》第七十八章便明确地告诉当政"君人"曰："故圣人云：'受国之垢，是谓社稷主；受国之不祥，是谓天下王。'"林希逸对此的诠释，非常精辟，他说："故古之圣人常有言曰：'能受一国之垢者，方可为社稷主；能受一国之不祥者，方可为天下王。'此即'知其荣，守其辱'之意。不祥者，不美之名也。盖位至高者，不可与天下求胜，须能忍辱，则可居人之上。垢与不祥，不可受之受也。"（同上）

无论是平民百姓，还是处于高位的高官或"君人"，都应当从老子忍辱负重、"委曲求全"的人生哲学中汲取营养，以成大业。

孔子作为思想家和教育家，在伦理道德和教育方面论说较多，在"委曲求全"方面谈论较少，但他在"委曲求全"问题上，也有精辟的名言传世。孔子曰："巧言乱德。小不忍，则乱大谋。"[01] 意思是说：花言巧语，能够败坏道德。小事不忍，就会败坏大事。基于此，孔子认为："人无远虑，必有近忧。"又曰："君子不可小知，而可大受；小人不可大受，而可小知。"[02] 意谓能成大事业的君子，不必用小事考验他，而可让其承担大事；而小人不能让其承担大事，而可以用小事考验他。何也？孔子认为不能成大事之"小人"，是不能重用的。孔子说"鄙夫"小人："未得之也，患得之。既得之，患失之。苟患失之，无所不至矣！"[03] 意谓小人患得患失，当其患失时，就会无所不用其极。这是孔子从"小不忍，则乱大谋"的思想生发出的一种看法。

---

01 《论语·卫灵公篇》。

02 同上。

03 《论语·阳货篇》。

综上所述，不难看出，孔子与老子在忍辱负重、"委曲求全"的人生哲学问题上，是有其共识共鸣的。

司马迁是非常推崇黄老思想的，他在《史记·淮阴侯列传》里记载淮阴侯韩信成败的典型历史故事，就是对老子"委曲求全"人生哲学最生动形象、最精彩的阐释。这并不是我们一厢情愿地把淮阴侯韩信与老子"委曲求全"的人生哲学扯在一起，而是司马迁很自然地把此二者联系在一起的。

据《史记·淮阴侯列传》记载，韩信为淮阴人，始为布衣，家贫无行，未能推择为吏，又不能从事生产和商贾，常寄食人下，人多厌之。因寄食淮阴侯下乡南昌亭长家，数月，亭长妻患之，"晨炊蓐食"，不为具食。信知其意，怒，绝去。信去下乡，垂钓于淮水。击絮漂母，见信饥，饭信数日。信喜，谓漂母曰："吾必有，以重报母。"母怒曰："大丈夫不能自食，吾哀王孙而进食，岂望报乎？"

淮阴屠中少年，有侮信者，曰："若虽长大，好带剑，中情怯耳。"（当）众辱之曰："信能死，刺我；不能死，出我袴（胯）下。"信孰视之，俯出胯下，蒲伏。一市人皆笑信，以为怯。

楚汉战争中，信初在项羽麾下，不受重用，去投刘邦，屡立战功，打败项羽，辅佐刘邦统一天下。刘邦封韩信为楚王，都下邳。韩信是个颇守诚信的英雄。去下乡，报恩漂母，赐千金。下乡南昌亭长，赐百钱，并曰："公，小人也，为德不卒。"又召辱其出胯下之少年，为楚中尉。并告诉诸将相曰："此壮士也。方辱我时，我宁不能杀之邪？杀之无名，故忍而就于此。"所谓"忍而就于此"，即谓当初，能"委曲求全"、忍辱出其胯下，方能成就今日之大业。

但是，韩信并未能慎始慎终。韩信知刘邦畏恶其能，常称病不朝从，日夜怨望，羞与绛侯勃、灌侯婴等列，又不屑与樊哙为伍。当刘邦与其谈论诸将相"能不，各有差"时，问曰："如我能将几何？"信曰："陛下不过能将十万。"刘邦曰："于君何如？"信曰："臣多多益善耳！"竟然不知"谦让"若此！

由于韩信富贵而骄，不满足自己的地位，欲与大将陈豨造反，图谋天下。最后，吕后诈称陈豨已死，骗信入贺，将其斩杀于长乐钟室，夷灭三族。

对此，太史公十分惋惜地说："吾如淮阴，淮阴人为余言：韩信虽为布衣时，其志与众异。其母死，贫无以葬，然行营高敞地，令其旁可置万家。余视其母冢，良然。假令韩信学道谦让，不伐其功，不矜其能，则庶几哉，于汉家勋，可以比周、召、太公之徒，后世血食矣。不务出此，天下已集，乃谋叛逆，夷灭宗族，不亦宜乎！"

今天，我们重温淮阴侯韩信成败的历史故事，不仅能总结历史"委曲求全"的经验与教训，也能让世人从淮阴侯韩信的成败中汲取文化营养，加强自我修养，把事业做得更好，给自己在历史上留下光辉的一页。

《管锥编·〈老子〉王弼注》八题

钱锺书先生学贯中西，博古通今。《老子》之书，深奥玄通，微妙难识。钱先生的《管锥编》对《老子》诸多问题的研究，旁征博引，贯串古今中外，诠释非常清晰，论述极为透彻。不仅对后学研读《老子》很有裨益，而所谈有关问题，对广大读者亦有良多启迪。钱先生研究《老子》凡二十则，今仅概括如下八则。

一、对《老子》不同版本的鉴别

钱先生研究《老子》，采用的是魏王弼《老子》注本，并参用唐中宗景龙二年易州龙兴观碑本。他说王弼《老子》注本："词乞邕舒，文理最佳，行世亦最广。"而认为："晋、唐注家于马迁所谓'言道德之意五千餘言'者，各逞私意，阴为笔削。欲洗铅华而对真质，浣脂粉出以素面，吾病未能。"[01]

对此问题，我与钱先生颇有共识。我也认为，诸多行世《老子》注本，仍以王弼《老子》注本为佳，汉代河上公《老子道德经章句》次之。尤其是，1973年湖南长沙马王堆出土的帛书《老子》（甲、乙两种版本）、1993年湖北荆门郭店出土的战国时代楚简《老子》（不足两千字简抄本），皆错讹残缺甚多，更不足为据，只能作为订正《老子》版本的参考。我认为，至今行世的《老子》，皆为手抄本，真本《老子》，到目前，我们尚未看到。请参看拙文《为老子〈道德经〉正名》[02]，恕不赘言。

二、对老子"道"与"名"的诠释和评议

老子曰："道可道，非常道。名可名，非常名。"王弼注曰："可道之道，可名之名，指事造形，非其常也；故不可道，不可名也。"钱先生说：《韩非子·解老》解首二句，略谓物之存亡、死生、盛衰者，"不可谓常"，常者，"无攸易，无定理，是以不可道"。王注亦其意，特未逐字诂释耳。

---

01 《管锥编》第二册《〈老子〉王弼注》。
02 见本书第12—14页。

钱先生特别指出，俞正燮《癸巳存稿》卷一二云："《老子》此二语'道'、'名'，与他语'道'、'名'异。此云'道'者，言词也；'名'者，文字也。"他认为，俞氏所谓"名者，文字也"，是不正确的。他说："名皆字也，而字非皆名也，亦非即名也。《春秋繁露·深察名号》篇曰：'鸣而施命谓之名；名之为言，鸣与命也。'其言何简而隽耶！俞氏等'名'于字，盖见有'鸣'而不见有'命'也。曰'字'，谓声出于唇吻、形著于简牍也；曰'名'，谓字之指事称物，即'命'也。"又曰："《道德经》称老子，白叟亦称老子，名之所举大异，而书文道字同也。呼老子曰'李耳'，或曰'犹龙氏'，或曰'太上道德真君'，名之所举指一也，而文字则三者迥异也……'名'之与'字'，殊功异趣，岂可混为一谈耶？"钱先生对"名"与"字"的辨证，真是泾渭分明，清除了《老子》学史上的浮尘杂音。

钱先生说："道可道，非常道。"第一、三两"道"字，为道理之"道"；第二"道"字，为道白之"道"，如《诗·墙有茨》"不可道也"之"道"，即文字语言。钱先生说老子之"道"，不可说，无能名。即意谓只可意会，不能言传也。他又用"谈艺时每萌此感"予以说明。他说："听乐、读画、睹好色胜景，神会魂与，而欲明何故，则已大难；即欲道何如，亦类贾生赋中鹏鸟之有臆无词。柏拉图早谓言语文字薄劣，故不堪载道，名皆非常，几可以译注《老子》也。"其实，庄子亦早就阐明老子"道不可道"，只可意会而不能言传的道理。庄子曰："大道不称，大辨不言。"（《庄子·齐物论》）尤其《庄子·天道》篇说得更加明白："世之所贵者，书也。书不过语，语有贵也。语之所贵者意也，意有所随（按寓也）。意之所随者，不可以言传也，而世因贵言传书。世虽贵之，我犹不足贵也，为其贵非其贵也。故视而不见者，形与色也；听而不闻者，名与声也。悲夫！世人以形色名声为足以得彼之情。夫形色名声，果不足以得彼之情，则知者不言，言者不知，而世岂识之哉？"庄子惟恐世人不懂此理，他又用"轮扁斫轮"的寓言故事，生动形象地阐明个中道理。

钱先生说：老子"名可名，非常名"两句，申说"可道"。第二十五章云："吾不知其名，字之曰道"；第三十二章云："道常无名"；第四十八章云："道隐无名"，可以移解。"名"，名道也。"非常名"，不能常以某名名之也。"无名，天地之始"，复初守静，则道体浑然莫可名者也。"有名万物之母"，显迹赋形，则道用粲然而各具也。第十四章云："视之不见名曰夷，听之不闻名曰希，搏之不得名曰微。"第二十五章云："强之名曰'大'，'大'曰'逝'，'逝'曰'远'，'远'曰'反'。"此乃"非常名"之示例。钱先生最后又概括说："道之全体大用，非片言只语所能名言；多方拟议，但得梗概之略，迹象之粗，不足为其定名，亦即'非常名'，故'常无名'。"

《老子》开篇"道可道，非常道；名可名，非常名"四句，为解读《老子》的最大难点，注家众说纷纭，莫衷一是，经过钱锺书先生如此诠释和论述，便让读者豁然开朗，迎刃而解。

三、对老子"无为"之道的诠评

老子主张"道法自然"、"无为"而治，也是老子著书立说之纲。诸如：老子曰："圣人处无为之事，行不言之教。"（《老子》第二章）"道常无为而无不为，侯王若能守之，万物将自化。"（《老子》第三十六章）"不言之教，无为之益，天下希及之。"（《老子》第四十三章）"是以圣人不行而知，不见而名，不为而成。"（《老子》第四十七章）"为学日益，为道日损，损之又损，以至无为，无为而无不为。取天下常以无事，及其有事，不足以取天下。"（《老子》第四十八章）"圣人无常心，以百姓心为心。"（《老子》第四十九章）"我无为而民自化，我好静而民自正，我无事而民自富，我无欲而民自朴。"（《老子》第五十七章）等等。因此，世人皆知："清净（同静）无为，老子之学也。"[01] 由于老子之书深奥玄通，微妙难识，以致使世人对老子所谓"无为"而治的内涵，却不够知晓，甚至还作了错误的诠释或误读。

在20世纪五六十年代，当时讨论问题，研究学术，皆以阶级斗争为纲。基于此，一般读者或学人，只是肤浅地从表面上看到老子说"我无为而民自化"和"圣人无为，故无败；无执，故无失"（《老子》第六十四章）等类似的话，就认为老子"无为"而治的思想是完全消极的。其实，并非如此。钱锺书先生对老子"无为"而治的深邃哲理，即给予了明确的诠释和论述。钱先生在上世纪70年代末出版的《管锥编》（第一册）评议《史记·老子韩非列传》时，就对"老子所贵道，虚无因应，变化于无为"的内涵，作了极其正确的阐述。钱先生说："'因应'者，因物而应之也。"他并征引司马迁之父司马谈《论六家要指》曰："道家无为，又曰无不为……其术以虚无为本，以因循为用，无成势，无常形，故能究万物之情……有法无法，因时为业；有度无度，因物与合……虚者，道之常也；因者，君之纲也。"亦正符合王弼注《老子》"不为而成"所谓："明物之性，因之而已，故虽不为而使成之矣。"河上公对老子"以至于无为……取天下常以无事，及其有事，不足以取天下"几句

01　清李景星《史记·评议》。

的诠释亦曰:"当恬淡如婴儿,无所造为。取,治也。治天下,常当以无事,不当烦劳也。及其好有事,则政教烦,民不安,故不足以治天下也。"《广雅·释诂三》曰:"取,为也。"奚侗《老子集解》亦曰:"为","治也";"无事",犹云"无为"。《庄子·天道》篇曰:"帝王之德,以无为为常。无为也,则用天下而有馀;有为也,则为天下用而不足。"可见,老子所谓的"无为",即"无所造为",不要妄为也。所以,老子的"无为"而治,即顺应自然;"无所造为","因循为用",是符合自然发展规律的,蕴含有积极的内涵。

钱先生唯恐读者还有所困惑,他又征之《老子》之书来论述这一问题。诸如:《老子》第二十七章曰:"善行无辙迹,善言无瑕谪,善数不用筹策,善闭无关楗而不可开,善结无绳约而不可解。"王弼注:"顺自然而行,不造不始……顺物之性,不别不析……因物自然,不设不施。"《老子》第三十七章曰:"道常无为而无不为。"王弼注曰:"顺自然也。"《老子》第四十九章曰:"圣人无常心,以百姓心为心。"王弼注曰:"动常因也。"等等。把老子"虚无因应,变化无为"的思想,用以老注老,并加上王弼之注的方式,诠释和论述得明白如画。

同时,钱先生指出,"非道家者流,亦每标'因'为要指。"诸如,《孙子·虚实》篇曰:"因形而错胜于众。"曹操注曰:"因敌形而立胜。"《史记·孙子、吴起列传》孙膑曰:"善战者,因其势而利导之。"《吕氏春秋·决胜》篇曰:"凡兵贵其因也。因也者,因敌之险以为己固,因敌之谋以为己事,能审而加,胜则不可穷矣。"《吕氏春秋·贵因》篇曰:"故因则功,专则拙,因者无敌。"《管子·心术》篇曰:"因也者,舍己而以物为法者也。"尤其《文子·自然》篇曰:"所谓无为者……循理而举事,因资而成功,推自然之势。"行其所无事即无为之也。钱先生旁征搏引,左说右说,把老子"无为"而治的哲学思想,辨析论证得淋漓尽致。

庄子作为老子的后学,正如司马迁所说:"其学无所不窥,然其要本归于老子之言。"[01]钱先生又列举《庄子·齐物论》曰:"是以圣人不由而照之于天,亦因是也。""无适焉,因是己。""圣人从事于务。"《庄子·养生主》庖丁解牛曰:"臣之好者,道也,进乎技……依乎天理……固其自然。"等等,皆说明"舍己法物"、"服从自然"之旨。并说,十六七世纪的英国哲学家培根亦有名言曰:"非服从自然,而不能使令自然。"谓"服从",即顺也,因也。即把老子为"道法自然"鼻祖的赫然地位,牢固地彪炳青史。

---

01 《史记·老子韩非列传》。

四、对老子"反者道之动"的诠评

《老子》第四十章曰:"反者,道之动。"王弼注曰:"高以下为基,贵以贱为本,有以无为用,此其反也。"钱先生说:《老子》第十六章曰:"夫物云云,各归其根。"王弼注曰:"各返其所始也。"第二十五章曰:"字之曰道,强之名曰大,大曰逝,逝曰远,远曰反。"王弼注曰:"不随于适,其体独立,故曰反。"第三十章曰:"其事好还。"王弼注曰:"有道者,务欲还反无为。"第六十五章曰:"玄德深矣远矣,与物反矣,然后乃至大顺。"王弼注曰:"反其真也。"钱先生认为《文子·道原》虽曰"反者,道之常也",不似《老子》之重言申明。他认为王弼以上所注:"语皆肤略,未窥徼妙"。他说《老子》所用"反"字,"乃背出分训之同时合训"。"反"有两义:一者,正反之反,违反也;二者,往反(返)之反,回反(返)也。("回"亦有逆与还两义,常作还义)。《老子》之"反",融贯两义,即正、反而合,观"逝曰远,远曰反"可知。与黑格尔所谓"否定之否定",理无二致也。老子"反者,道之动"此五字约辩证之理。《孟子·尽心》曰"无耻之耻,无耻矣",为七言示辩证之例,皆简括弘深也。把老子所用"反"字,阐述得十分清晰。

老子之所谓"道",并非是固定不变的,而是在运动之中向相反方向变化的。故《老子》之书,开篇首章即开宗明义地说:"道可道,非常道;名可名,非常名。"亦正是因为"反者,道之动"之故。显而易见,老子所谓"反者,道之动",其中蕴含有深邃的哲学规律,即"矛盾对立统一"的规律。

五、对老子"正反相成,盈缺相生"辩证哲理的阐述

《老子》第二十二章曰:"曲则全,枉则直,洼则盈,敝则新。"《老子》第四十二章曰:"故物,或损之而益,或益之而损。"《老子》第五十八章曰:"祸兮,福之所倚;福兮,祸之所伏。"凡此等等,钱先生认为,《老子》这些文字,蕴含有辩证的哲理,即申述了"正反相成,盈缺相生"之旨。[01]

钱锺书先生对《老子》书中此等文字,所总结归纳出的"正反相成,盈缺相生"的辩证哲学思想,正是哲学的"矛盾相互转化"的规律。之所以过去学术界没有将这种"矛盾相互转化"的规律归功于老子,大抵原因有二:一是因为《老子》深奥玄通,微妙难识,世人"不识庐山真面目"之故;二是好像东家有佳丽,藏在"深闺"人不知。其实,在我国文学或哲学领域,并不乏其例。有的理论,并非是舶来品,我国早即有之。例如,关于文学的现实主义和浪漫主义问题,王

---

01 《管锥编》第一册《周易正义·系辞》。

国维在其《人间词话》里就论述过。王国维说:"自然中之物,互相关系,互相限制。然其写之于文学及美术中也,必遗其关系、限制之处。故虽写实家,亦理想家也。又虽如何虚构之境,其材料必求于自然,而其构造,亦必从自然之法则。故虽理想家,亦写实家也。"王国维所谓"写实家",即所谓"现实主义";其所谓"理想家",即所谓"浪漫主义",只是说法不同而已。这里,我仅举此一例,目的是向读者提个醒,不要把专利让给别人。

六、对老子"正言若反"的评议

《老子》第七十八章曰:"天下莫柔弱于水,而攻坚强者,莫之能胜。以其无以易之。弱之胜强,柔之胜刚,天下莫不知,莫能行。是以圣人云:'受国之垢,是谓社稷主;受国不祥,是谓天下王。'正言若反。"清代高延第《老子证义》评议"正言若反"曰:"此语并发明上、下篇立言之旨。凡篇中所谓致虚守静、曲则全、枉则直、洼则盈、敝则新、柔弱胜刚强、不益生则久生、无为则有为、不争莫与之争、知不言、言不知、损而益、益而损,言相反而理相成,皆正言也。"[01]应当说,高延第能够总结出老子"正言若反"其中蕴含有"言相反而理相成,皆正言也"的深邃哲理内涵,是功不可没的。不过,高氏的评议,还是显得有些抽象。对此,还是钱锺书先生评议得比较详尽而清晰。钱先生评议老子"受国之垢,是谓社稷主;受国不祥,是谓天下王。正言若反。"说:"'正言若反',乃老子立言之方,《五千言》触处弥望,即修词所谓'翻案语'(paradox)与'冤亲词'(oxymoion),固神秘家言之句势语式耳。"他山之石,可以攻玉。钱先生用外国修词所谓"翻案语"与"冤亲词"来评议老子"正言相反",亦能一语中的。钱先生又用《老子》中原话,来说明"翻案语"。《老子》第四十五章曰:"大成若缺,大直若屈。"钱先生说:"世人皆以为其意相违相反,而'成'与'缺',或'直'与'屈',翻案语中则违者谐而反者合也。"

钱锺书先生仍惟恐读者不能明白以上所说之意,他又对老子"正言若反"之语,作了更为具体而详尽的分析。他说:"正言若反之'正',乃反以成正之正,即第六十五章'与物反矣,然后乃至大顺',第七章云:'以其不自生,故能长生……非以其私耶?故能成其私。'夫'自生',正也;'不自生',反也;'故长生',反之反而得正也;'私',正也;'无私',反也;'故能成其私',反之反而得也。他若曲全枉直、善行无辙、祸兮福倚、欲歙固张等等,莫非反乃至顺之理,发为冤亲翻案之词。"以中为体,洋为中用,中外比较研究,则把问题论述得更加明白清晰。

---

01 奚侗《老子集解》。

七、对老子"有身"与"无身"人生哲学的探究

老子"有身"与"无身"的人生哲学,出自《老子》第十三章,钱先生只就其中"吾所以有大患者,为吾有身;及吾无身,吾何有患"四句,予以探讨。因为此章四句,与其全章有关联,故将全章援引如下:

> 宠辱若惊,贵身若大患。何谓宠辱若惊?宠为上,辱为下,得之若惊,失之若惊。何谓贵身若大患?吾所以有大患者,为吾有身;及我无身,吾有何患?故贵以身为天下,若可寄天下;爱以身为天下,若可以托天下。

据考,王弼本"贵大患若身",为"贵身若大患"之倒文。"宠为下"句,为"宠为上,辱为下"。[01]

"吾所以有大患者"四句,意谓我所以会遭遇大祸,是因为我不能忘身;若我能忘身,我哪里会有祸患?钱先生认为此四句,蕴含有"超越凡人,脱离尘网"之微言大意。具体地说,他认为其中蕴含有三层人生哲理。

其一,欲"吾有身"而又无"患"。老子如此"贵身"、"爱身",又怎能无害呢?言外之意,即要重"养生"。钱先生说,庄子于"养生","不以害其生",即"略标旨趣"。他认为,唐代诗人白居易似乎亦窥见老子个中"养生"之信息曰:"何况玄元圣祖五千言,不言药,不言仙,不言白日昇青天。"[02]

其二,谓"于吾身损之又损,减有而使近无,则吾鲜患而或无所患"。钱先生说:《庄子·山木》曰:"少君之费,寡君之欲,虽无粮而乃足。"禁欲苦行,都本此旨。心为形役,性与物移,故明心保性者,以身为入道进德大障。憎厌形骸,甚于桎梏,克欲遏情,庶几解脱。他又援引《庄子·在宥》篇说"长生"曰:"目无所见,耳无所闻,心无所知,慎汝内,闭汝外。"又《老子》第三章曰:"不见可欲,使民心不乱。"《老子》第十二章曰:"五色令人目盲,五音令人耳聋,五味令人口爽。"《庄子·胠箧》篇曰:绝竽瑟、灭文章、塞瞽旷之耳、膠离朱之目等等,皆是此旨。

笔者认为,后来,孔子又用鲁桓公庙中欹器:虚则欹(倾也),中则正,满则覆,"明君以为至诫",来说明"损之又损之道"。孔子曰:"聪明睿智,守之以愚;功被天下,守之以让;勇力振世,守之以怯;富有四海,守之以谦。此所谓损之又

---

01 吴侗《老子集解》。
02 《海漫漫》。

损之之道也。"[01]显然，孔子这种人生哲学，是从老子"损之又损之之道"的谦卑退让思想脱化而来。

其三，谓"虽有身而不足为吾患，能为吾患者心也，身亦外物而已"。笔者认为，此乃正是老子"贵以身为天下"、"爱以身为天下"，"若可寄天下"，"若可托天下"，"虽有身而不足为吾患"的真谛所在。老子主张"无为而无不为"。所谓"无为"，即顺应自然，不违背自然规律而妄为。后来，庄子为老子"贵身"、"爱身"而又能"寄天下"、"不足为吾患"的辩证人生哲学，作了非常圆满的诠释。《庄子·在宥》篇曰："故君子不得已而临莅天下，莫若无为，无为也，而后安其性命之情。故贵以身于天下，则可以托天下；爱以身于天下，可以寄天下。"

《老子》第七章曰："天长地久。天地所以能长且久者，以其不自生，故能长生。是以圣人后其身而身先，外其身而身存。非以其无私邪？故能成其私。"此章亦蕴含有"损之又损之之道"的辩证人生哲学。

八、说他书与《老子》"不期而同者"，"未必出于蹈迹承响"

钱锺书先生说：《老子》第二十八章曰："知其雄，守其雌，为天下谿……知其荣，守其辱，为天下谷。"与其《老子》第六十一章曰："大国者下流。"第六十六章曰："江海所以能为百谷王者，以其善下之。"第七十八章曰："受国之垢，是谓社稷主。"均同斯旨。"知其雄"六句，河上公诠释得比较准确，他说："雄以喻尊，雌以喻卑。人虽自知其尊显，当复守之以卑微，去雄之强梁，就雌之柔和，如是，天下归之，如水流入深谿也……荣以喻尊贵，辱以喻污浊，人能自知己之有荣贵，当复守之以污浊，如是，则天下归之，如水流入深谷也。"[02]"大国者下流"，王弼注曰："江海居大而处下，是百川流入；大国居大而处下，则天下流之。"而"江海所以能为百谷王者"，亦正如王弼上边所诠释然也。"受国之垢，是谓社稷主；受国不祥，是谓天下王"者，垢，污浊也；"不祥"，谓不祥之殃也。谓，叫也，或释为"为"也。河上公诠释这两句曰："人君能受国之污浊者，若江海不逆小流，则能长保其社稷，为一国君主也；人君能引过自与，代民受不祥之殃，则可以王天下。"（同上）所以，奚侗《老子集解》曰："《庄子·则阳》篇：'古之君人者，以得为在民，以失为己；以正为在民，以枉为己'。皆此所谓'受国之垢'与'不祥'也。能受垢与不祥，而后可以为'社稷主'、为'天下王'。"

---

01 《孔子家语》卷二，《三恕》第九。
02 《老子道德经章句》。

钱先生认为，其他书中与以上所引老子所说意思相同者，并非承袭老子之言，是"不期而同者"。诸如，他列举《左传》鲁宣公十一年伯宗谏晋侯所云："谚曰'高下在心，川泽纳汙，山薮藏疾，瑾瑜匿瑕'；国君含垢，天之道也。"使伯宗不言为"谚"，说者殆将以伯宗为老氏之徒欤？又举《老子》第五十八章曰："祸兮福之所倚，福兮祸之所伏。"而谓《荀子·大略》曰："祸与福为邻，莫知其门。"《战国策·楚策》四或谓楚王曰："祸与福相贯，生与亡为邻。"钱先生说："苟说《老子》者留意及此，将谓韩非之《解老》、《喻老》，盖演其师荀卿之绪，且纵横之学亦出道德，不独刑名耳。"据此文献史实，钱先生说："一家学术开宗明义以前，每有暗与其理合，隐导其说先者，特散钱未串，引弓不满，乏条贯统纪耳。群言歧出，彼此是非，各挟争心而执己见，然亦每有事理同，思路同，所见遂复不期而同者，又未必出于蹈迹承响也。"

接着，钱先生又用史实，并以生动形象的比喻，阐明不能把"归趣偶同"，则即谓"渊源所自"的道理。他说："倘以归趣偶同，便谓渊源所自，则类《魏书·释老志》载世祖诏、《新唐书·李蔚传·赞》等谓佛经乃窃老、庄之馀绪而附益，或清季学者谓西洋之宗教、科学胥本诸《墨子》，而其政典国制尽出于《周官》。乍睹形貌之肖，武断骨肉之亲，与以猫为虎舅、象为豕甥、而鸵鸟为骆驼苗裔，何以异乎？"出于对学界同仁或晚辈的爱护，钱先生发自肺腑的一席话语，的确值得晚辈学者引以为诫，以避免发生误会或误伤。

不过，在当今信息网络化和文化全球化的时代，的确有些学者不能严以律己，学风不端，沽名钓誉，急功近利，不择手段，剽窃他人学术成果的现象时有发生。这已经远远超出钱先生所说"归趣偶同"的范围，那就应当予以揭露和批评了。

（本文收入《钱锺书先生百年诞辰纪念文集》，生活、读书、新知三联书店2012年11月版）

老子的地位及其影响

众所周知，在我国春秋战国时代，学术空气异常活跃，先秦诸子，道、儒、墨、法、名、阴阳诸家，著书立说，畅所欲言，出现了百家争鸣的繁荣景象。在这诸家之中，道，儒、法尤为突出。

从道家学派发展的过程来看，老子及其《道德经》的产生并不是偶然的，有其内部产生的必然成因。道家学派的人物有长沮桀溺、楚狂接舆、荷蒉者、荷莜丈人、太史儋、老莱子、关尹等。黄帝只是传说中道家的鼻祖，老子才是道家中颇有影响的承前启后的代表人物，是道家学说的集大成者。

道家学派的产生，自然也有其社会根源。春秋战国时代，奴隶制逐渐解体，封建制逐渐建立起来。随着时代的演变，一批奴隶主贵族便转变成新兴地主阶级，有一批奴隶主贵族逆历史潮流而动，便成为顽固的保守派。其中也有些人，他们厌倦了尔虞我诈、互相争夺的社会现实和弱肉强食的战争，因而他们逃避现实斗争，主张清静自正，顺应自然，无为而治。在这种社会思潮下，道家学说便应运而生。

由于道家宣扬贵柔的哲学思想，因此，在春秋战国时代，未被新兴地主阶级所重视。法家学说，有利于新兴地主阶级加强统治，巩固既得利益，因而在诸子学说中得天独厚，颇受青睐。但道家作为一个学派，在春秋战国时代仍然具有一定的影响，譬如，韩非不仅在思想上受老子的熏陶，而且写有《解老》和《喻老》两篇著名的论著，来阐释《老子》的旨意。《吕氏春秋》也大量宣扬道家的思想。

到了汉代，道家的待遇曾经发生过很大变化。经过春秋战国时代连横合纵、你争我夺的混战局面，国力消耗殆尽，人民疲惫不堪，举国上下，皆渴望天下太平，休养生息。因此汉代初年，老子"无为而治"的思想，不仅受一般人民的欢迎，也颇符合统治阶级的需要。我们从汉代《河上公老子序》对老子思想的颂扬，对儒家思想的贬低，即可见一斑。《河上公老子序》最后有段文字说："……故用世之学，莫深于老氏。今儒者不务自治，而虚名之幻，内贪残而外仁义，处奢傲而治礼文，此乃忠信之薄而乱之首也。而老氏之所下也。"封建统治阶级对老子"无为而治"思想的具体看法怎样呢？司马迁在《史记·吕后本纪》里曾指出："孝惠皇帝、高后之时，黎民得离战国之苦，君臣俱欲休息乎无为，故惠帝垂拱，高后女主称制，政不出房户，天下晏然。刑罚罕用，罪人是希。民务稼穑，衣食滋殖。"在此期间，曹参继萧何后作了三年的相国："举事无所变更，一遵萧何约束"，清净极言合道，民为宁一，天下称其美（《史记·曹相国世家》）。司马迁盛赞这样"无为而治"的社会，一切官吏，只要"奉职循理"，"亦可以为治"，不必使用"法令"，以"威严"统治人民（《史记·循吏列传》）。他把这种"无为而治"的社会所达到的境界，视为最理想的境界。所以，他在《史记·酷吏列传》里说："汉兴破觚而为圜，斫雕而为朴，网漏于吞舟之鱼，而吏治烝烝，不至于奸，黎民艾安。"太史公所以竭力称道文、景之治，正是由于这两个朝代实行了"无为而治"的治国方针。

汉初封建统治阶级重视道家学说，儒、法等诸家学说受到冷遇，就在于当时把道家思想，看成是比较完美的治国思想。我们从司马迁父子《论六家要指》中即可以看出。据《论六家要指》说：阴阳之术，多忌讳，"使人拘而多所畏"，然而"序四时之大顺，不可失也"。儒家"博而寡要，劳而少功"，其事难尽从，但其"序君臣父子之礼，列夫妇长幼之别，不可易也"。墨者"俭而难遵"，"其事不可遍循"，但其"强本节用，不可废也"。法家"严而少恩"，但其"正君臣上下之分，不可改矣"。名家"使人俭而善失真，然其正名实不可不察也"。唯独只有道家，司马迁父子认为兼有诸家之长，却没有他们的短处，即是说，"道家使人精神专一，动合无形，赡足万物。其为术也，因阴阳之大顺，采儒、墨之善，撮名、法之要，与时迁移，应物变化，立俗施事，无所不宜，指约而易操，事少而功多"，可谓达到尽善尽美的程度。甚至在汉武帝刘彻初年，"窦太后好黄帝、老子言，帝及太子诸窦不得不读《黄帝》、《老子》，尊其术。"（《史记·外戚世家》）由于窦太后喜欢老子之言，厌恶儒术，为此她还借故把汉武帝重用的儒生赵绾、王臧下狱，以致他们自杀而死。就连汉武帝本人对道家之术用于治国，曾经也颇为称赞。譬如，汲黯做东海太守时，"学黄、老之言，治官理民，好清静"，"其治，责大指，不苛小"，"务在无为"，岁余，东海被治理得井井有条，各得其所。因此，汉武帝给汲黯加官晋级，任用他为主爵都尉，列于九卿。

但是，到建元六年（公元前135年），汉武帝重用了大儒董仲舒，便实行"罢黜百家，独尊儒术"的国策。从此，在相当长的一段历史时期内，黄老诸家便销声匿迹，学术界也呈现出万马齐喑的局面。直到东汉初年汉明帝刘庄时代，黄老之术才重新抬起头来。据《后汉书·光武十王列传》楚王英传说："英少时好游侠，交通宾客，晚节更喜黄老，学为浮屠斋戒祭祀。"到汉桓帝刘志时代，黄老之术更加活跃起来。据《后汉书·郎顗襄楷列传》记载，延熹九年，襄楷上疏曾经指出："又闻宫中立黄老、浮屠之祠。此道清虚，贵尚无为，好生恶杀，省欲去奢。……或言老子入夷狄为浮屠。"又据（《后汉书·循吏列传》王涣传说："延熹中，桓帝事黄老道，悉毁诸房祀……"由此可见，东汉初年以来，黄老之术与外来佛教（浮屠）又结合起来，甚至与求仙的神仙之术也杂揉在一起。到魏晋时代，崇尚玄学，盛称老、庄，自此之后，老、庄之学影响更大。

《老子》的主要版本

《老子》的最早版本，是1993年在湖北省郭店出土的楚简《老子》（不足两千字）。此手抄本，篇章不完，错讹甚多。只可供订正版本和研究参考。其次是1973年在湖南省长沙马王堆汉墓出土的帛书《老子》的两种写本，一种是用隶、篆体抄写的称为甲本，一种是用隶书体抄写的称为乙本。据考，甲本不讳"邦"字，是汉高祖刘邦称帝前的抄本。乙本讳"邦"字，而不讳"盈"和"恒"字，是刘邦称帝后，汉惠帝刘盈和汉文帝刘恒称帝前的抄本。这两种写本，"德经"在前，"道经"在后，只分上下篇，不分章，但残缺和错别字甚多。据传在汉文帝时河上公注《老子》二卷，分章，每章下有题目，如"体道"第一，"养身"第二，"安民"第三，直至"显质"第八十一章。西汉末年隐士严遵著《老子指归》七卷，《老子》章次排列与众本不同，各章有题目，改章为篇，如卷一首篇为"上德不德篇"，次篇为"得一篇"，三篇为"上士闻道篇"等等，对《老子》的诠释亦与众不同。严遵原姓庄，名遵，字君平。班固《汉书》避汉明帝刘庄讳，改"庄"为"严"，故称严遵。三国时魏王弼注《老子》，亦分八十一章，无题目，是研究《老子》的重要版本。河上公本和王弼本，与后来的大多版本一样，皆"道经"在前，"德经"在后。这是符合老子本义的。宋代苏辙《老子道德真经注》，逐章训释，有助于理解老子书的深邃旨意，但有错误解说，应择善而从。他本亦然。林希逸《老子鬳斋口义》，诠释和讲解《老子》各章旨意，深入浅出，有独到见解。明代焦竑《老子翼》，辑韩非以来解《老子》者六十四家，采其精语，并附本人《笔乘》研讨之文字。清代魏源的《老子本义》，有《论老子》一篇。

近现代有几种较好的《老子》注本：一是丁福保的《老子道德经笺注》，旁征博引，诠释详尽，且每章有题解，简明扼发。最后还附有《老子道德经书目》。二是奚侗的《老子集解》，每章用河上公本题名，各章训释简明扼要，并注音韵。三是杨树达《老子古义》，编者对《老子》章旨不作训释，只援引解说《老子》的古书，以作为解说和印证。所引古书有韩非的《解老》和《喻老》、《庄子》、《吕氏春秋》、《史记》、《文子》、《淮南子》、《汉书》、《后汉书》、《潜夫论》等，资料较丰富。

朱谦之的《老子校释》，以唐代景龙二年易州龙兴"观道德"经碑文为主，参考百馀种版本从事校勘，考订，又引有清代以来老子研究学者所得。卷末附《老子韵例》一篇。高亨的《老子注译》，旁征博引，采纳颇丰。每章皆有注释、考证、今译和分析文字。并有《关于老子的几个问题》一篇。颇有学术价值，是研究《老子》的重要著作。

中编 庄子编

庄子其人其书

庄子其人。

庄子的事迹，历史记载甚少，他的生卒年，均不可考。我国最早记载庄子事迹的历史文献，是司马迁的《史记》。《史记》记载说："庄子者，蒙人也，名周。周尝为蒙漆园吏，与梁惠王、齐宣王同时。"又说："楚威王闻庄周贤，使使厚币迎之，许以为相。"庄周推而不受，并说："我宁游戏污渎之中自快，无为有国者所羁，终身不仕，以快吾志焉。"[01]从司马迁的记载，可知庄周是我国战国早期宋国蒙（在今河南省商邱县东北）人，与魏惠王、齐宣王、楚威王同时。当时，周王朝已经名存实亡，全国形成秦、齐、楚、韩、赵、魏、燕七雄争霸天下的局面。连横合纵之风甚盛，弱肉强食，烽火连年，社会动荡不安。这对庄周思想的形成，无疑曾有着很大的影响。

庄子曾经做过蒙县的小官，因对社会不满，不愿与统治者合作，便辞官归隐。《庄子》书里，有几处写到庄周不愿做官，宁愿过着贫困的生活。《秋水》篇说："庄

---
01 《史记·老子韩非列传》。

子钓于濮水，楚王使大夫二人往先焉，曰：'愿以境内累矣。'庄子持竿不顾，曰：'吾闻楚有神龟，死亦三千岁矣，王巾笥而藏之庙堂之上，此龟者，宁其死为留骨而贵乎？宁其生而曳尾于涂中乎？二大夫曰：'宁生而曳尾涂中。'庄子曰：'往矣，吾将曳尾于涂中。'"《外物》篇说："庄周家贫，故往贷粟于监河侯。"《山木》篇说："庄子衣大布而补之，正廮系履而过魏（惠）王。"等等。这些关于庄周不愿做官，宁愿闲居，过着贫困不堪生活的说法，可以作为《史记》有关庄周生平事迹记载的补充和印证。

老子是春秋末年人，与孔子同时稍早。庄子是战国前期人，是老子的后学。这在《史记》里，已有明确的记载。司马迁说，庄子"其学无所不窥，然其要本归于老子之言"。因此，那种说老子是庄子的后学[01]，显然是缺乏历史根据的。有人还说："颇疑庄与杨为叠韵，周与朱为双声，庄周即《孟子》七篇中所谓杨朱。"又说："庄周即不必为杨朱，而其学则杨氏为我之学也。"[02] 从论者忽而这样说，又忽而自我否定的文字中，便可以看出这种说法，是主观臆断之词。

庄子其书。

关于庄子的书，据司马迁记载说："其著书十余万言，大抵率寓言也。作《渔父》、《盗跖》、《胠箧》，以诋讹孔子之徒，以明老子之术。《畏累虚》、《亢桑子》之属，皆空语无事实。"（同上）他明确指出，庄子作《渔父》、《盗跖》、《胠箧》三篇，"以诋讹孔子之徒"。这说明司马迁当时已看到《庄子》书里，有《渔父》、《盗跖》、《胠箧》、《亢桑子》（即《庚桑子》）等篇，而且，他相信这几篇的确为庄子所作。

司马迁在《史记》里，并没有记载《庄子》有多少篇。据《汉书·艺文志》记载，《庄子》有五十二篇。到晋代郭象注《庄子》时，只选三十三篇，即内篇七，外篇十五，杂篇十一。流传至今的三十三篇《庄子》，即是郭注本。

至于《庄子》篇章的真伪问题，宋以前并无人郑重提出。直到苏轼才明确提出这个问题。他在《庄子祠堂记》一文里说："余以为庄子，盖助孔子者。"基于此种思想，他对《盗跖》、《渔父》篇提出怀疑。他说："余尝疑《盗跖》、《渔父》真诋孔子者。"又说："至于《让王》、《说剑》皆浅陋不入于道。"因此，他主张将以上四篇，从《庄子》里删去。苏轼的这种主张，像宋代王柏要删去《诗经》描写爱情婚姻的诗一样，是极其武断的。

01　杨荣国《中国古代思想史》，人民出版社1973年版。
02　严复《庄子评点》。

明代万历年间大释憨山（德清），对《庄子》的研究颇深，他说："一部全书三十三篇，只内七篇已尽其意，其外篇皆蔓衍之说耳。"[01]但他没有谈《庄子》书的真伪问题。与憨山同时代的陈荣选，在其《南华经句解》书中，对《盗跖》篇提出怀疑。他说："此篇讥侮列圣，戏剧夫子，盖效颦庄老而为之者，恐非庄子真笔。"陆方壶则同意苏轼的看法，认为《渔父》、《盗跖》、《说剑》、《让王》四篇为赝品[02]。

到了清代，对《庄子》书的真伪问题，争论又突然热闹起来。王夫之在《庄子解》中指出，只有内篇七篇，加上《庚桑楚》、《寓言》、《天下》三篇，共十篇，出自庄子的手笔，其余二十三篇皆为庄子后学所作。但清代学者对《庄子》真伪的看法，分歧颇大，王夫之之说，仅仅是其中的一种意见。清代学者，大都同意苏轼的看法，认为除《渔父》、《盗跖》、《说剑》、《让王》四篇外，其余二十九篇基本上出自庄子的手笔。譬如，宣颖、林云铭、陆树芝、胡文英、刘鸿典、刘凤苞等[03]，他们皆沿袭苏轼的看法。在具体看法上，他们也并非完全相同。对内篇、外篇、杂篇的不同，宣颖说："庄子真精神，止作得内七篇文字，外篇为之羽翼，杂篇除《天下》一篇外，止是平日随手存记之文。"又说："内七篇都是特立题目，后做文字。""外篇十五首，各因一时有感而作，其命题但取篇首两字，非若内篇之特立一个题目也。""谓之杂者，不是于道有庞杂之言，止是随手错叙，虽各段自有文法，不曾给撰成篇耳。"[04]苏轼说："凡分章名篇，皆出于世俗，非庄子本意。"（《庄子祠堂记》）宣颖不同意苏轼的此种看法。而林云铭还怀疑《天道》、《刻意》、《缮性》、《天下》四篇为伪作。并且，林云铭、刘凤苞等还举出许多章节，认为是后人窜入的赝品。譬如，林云铭说《天地》篇："如华封人，伯成子高，汉阴丈人数段，结构虽工，咀嚼无复余味，疑为好事者窜入。然非寝食于庄，亦不能辨也。"说《天运》篇："但其中孔子见老聃而语仁义一段，竟为赝手参入，遂使狗尾续貂，瑕瑜并见，识者憾焉。吾特拈而出之，所以驳庄而全庄也。"说《秋水》篇："但其中孔子游匡，公孙龙问魏牟二段，意颇浅肤，疑为赝作，姑拈而出之。"说《田子方》篇："惟鲁哀公、宋元公、臧丈人三段，语气不属，立义亦浅，非南华手笔无疑，余非过为指摘也。"等等。至于今人，则更有许多不同说法。

01　《庄子内篇注》总论。
02　《南华经副墨·自叙》。
03　宣颖《南华经解》，林云铭《庄子因》，陆树芝《庄子雪》，胡文英《庄子独见》，刘鸿典《庄子约解》，刘凤苞《南华雪心编》。
04　《南华经解·庄解小言》。

但是，到目前为止，许多认为《庄子》某篇某章某节是伪作的意见，无非是或说责怪其诋诎孔子，或说它"意浅词肤"、"不类漆园笔意"等等。凡此种种，都不能作为否定庄子作品的根据。庄子诋诎孔子，这是事实。苏轼以及后代一些学者，硬说"庄子盖助孔也"，因此便把《庄子》里诋诎孔子的篇章说成是伪作，这自然不能成立。至于说"意浅词肤"、"语气不属"等等，显然纯属主观想象。古人写文章，与今人大抵相同，有成功之作，也会有败笔，并不能因此肯定一部分是其真作，而说另一部分是其赝品。况且，《庄子》的散文多以寓言故事为主，"汪洋恣肆，语多隐怪"[01]，虚构成分较多，因而应着重从文学角度去研究。应当说，三十三篇《庄子》基本上是庄子所作。只有个别篇章，是庄子后学和后人的伪托之作。譬如，《说剑》篇写赵惠文王沉醉于剑术，不以国为重。而赵惠文王是战国中期人，晚于庄子，显而易见，此篇并非出自庄子的手笔，可以确定为其后学伪托。至于其他篇章，没有确凿史料佐证为后人伪托者，就不应当轻易地剥夺庄子的著作权。

---

01 《南华经副墨·叙》。

庄子故里新说

一

庄子生长在我国战国时代，是我国古代著名的哲学家、文学家、美学家和思想家，中外皆享有盛誉。庄子的生卒年不详。关于庄子的故里，司马迁在《史记》里有记载。司马迁说："庄子者，蒙人也，名周。周尝为蒙漆园吏，与梁惠王、齐宣王同时。"（《史记·老子韩非列传》）但是，司马迁说庄周为蒙漆园吏，并未说明蒙县在何国。于是后人便产生了不同的解释。如唐代司马贞《史记索隐》引班固《汉书·地理志》谓蒙县在梁国，又引刘向《别录》谓庄子为"宋之蒙人"。鉴于此，自古以来，学者们对庄子的故里即产生了不同的说法。不过，20世纪50年代以来，我国学者大都认为庄子的故里在"宋之蒙县"，即在今河南省商丘西北部的民权县。改革开放以来，道家颇受世人的青睐，甚至出现了老、庄世界热。由于受借历史名人发展地方经济的影响，关于庄子的故里便出现了五种不同的说法和争论。对于如此五种不同的说法及其争论，如若没有这方面的历史知识，即使你是其他方面的专家，一时也难辨真伪，更何况是一般的人呢？

那么，这五种不同的说法，究竟孰是孰非呢？

二

对于庄子故里的五种不同说法，为了让广大读者了解此情，笔者即把这五种不同的说法及其争论，作一简略的介绍。

一是庄子故里在河南民权县说。此说比较有影响，也具有普遍性。在古代，西晋杜预和北魏郦道元都认为庄周为宋国蒙人，古代的治庄学者，大都从其说。现当代，我国许多学者也就认同庄周为宋国蒙人（即今河南商丘西北部的民权县人），诸如著名学者郭沫若、杨宽等都持此说。而现在民权县为借历史名人发展本县经济的需要，便在此县建筑了庄子祠、庄子墓等，并成立了庄子研究所，绘制了庄子故里的蓝图，准备大力宣传。

二是庄子故里在安徽蒙城县说。此说的主要依据是宋代元丰元年（公元1078年），蒙城县知府王兢在县内建筑庄子祠，苏轼为其作了《庄子祠堂记》。为了争到庄子故里的桂冠，20世纪80年代，安徽蒙城还在该县召开了全国庄子学术讨论会，之后又生产了"庄子酒"，供应市场。

三是庄子故里在山东冠县说。《汉书·地理志》谓蒙县属梁国，宋裴骃《史记集解》、唐代司马贞《史记索隐》等，皆从其说。因冠县境内古代有蒙县，故部分学者便认为庄子故里在冠县。

四是庄子故里在山东东明县说。唐代张守节《史记正义》引《括地志》说："漆园故城，在曹州冤句县北十七里。"北宋初所编的《太平寰宇记》说："冤句县本汉旧县也……漆园城在县北五十里，庄周为吏之所，旧置监，今漆园城北有庄周钓台。"因此，东明县说庄周故里在本县。1995年11月，东明县举办了全国庄子学术研讨会，有全国大小60家报刊报道；之后，又出版了《庄子故里在东明》一书，并成立了庄子书画院。

五是庄子故里在山东菏泽说。唐代李吉甫所编的《元和郡县图志》说："宋州小蒙故城，县北二十二里，即庄周之故里。"据考，小蒙城在今山东菏泽境内，境内尚有漆园、庄子垂钓之濮水、钓台、庄子观等。

三

庄子故里的五种不同说法，孰是孰非，本文不作长篇考证和论述，只根据目前所看到的史料以及新近的考古发现，谈一点个人的看法。

先谈谈庄子故里在安徽蒙城说。据《元和郡县图志》记载，安徽蒙城，西汉至唐初并无此蒙城，至唐代天宝二年，方改称蒙城县，显然，此蒙城与庄周"为蒙漆园吏"之"蒙"，毫无关联。逮至宋代元丰元年，蒙城知府王兢心血来潮，在此蒙城建庄子祠，苏轼为之作《庄子祠堂记》，因此，有些学者便认为庄子故里在蒙城。其实不然。众所周知，苏轼作为豪放派词人，当年他被贬为湖北黄州（今黄冈市）团练副使时，写了名词《念奴娇·赤壁怀古》（"大江东去"）、散文名篇《赤壁赋》。苏轼在此词赋里所写三国时"赤壁之战"之赤壁，并不在黄州，而在湖北蒲圻县西北的长江南岸。由此也可作为佐证，说明苏轼的《庄子祠堂记》，并不能作为庄子故里在安徽蒙城的依据。所以，庄子故里在安徽蒙城说，只能被视为是空穴来风。

庄子故里在山东冠县说，也不能成立。班固的《汉书·地理志》说蒙县属梁国，但未说明蒙县的方位。梁国原称魏国，魏惠王将国都从安邑（今山西夏县）迁至大梁（今河南开封市），方改称梁国。冠县不产漆，也无漆园、庄子钓台等记载。仅因冠县古有蒙县，故部分学者便认为庄子故里在冠县。显而易见，此说是缺乏历史根据的。

庄子故里在山东菏泽说，具有比较可靠的历史根据。据考，古代菏泽境内有漆园城，有濮水流过，有庄子钓台、庄子观等。尤其近年来，在菏泽从地下挖出唐玄宗册封庄子为南华真人的石碑。唐玄宗信仰道教，酷爱《庄子》，封庄子为南华真人，称《庄子》之书为《南华真经》，不可能是随意妄为。据此，说庄子故里在菏泽，并非无稽之谈。

庄子是道家的集大成者，道家学说在战国时代已经成为"显学"。庄子这样一位名声显赫的大人物，其活动范围不可能只局限在菏泽境内。山东曹县与山东东明县和河南民权县相毗邻，庄子生活在菏泽，他可能也经常在东明县、民权县一带活动。由此看来，民权县和东明县留有庄子的遗迹，也就不足为奇了。依我看来，山东菏泽、东明县和河南民权县三地，可以联合成立庄子研究中心，共同研究庄子学说及其现实意义，没有必要再争庄子故里所在地了。

2005年8月1日

庄子散文的思想性

作为哲学著作，庄子之道"至博、至大、至深、至玄，而其指归则至约也"[01]。所谓"约"者，指"虚"而言，认为"惟虚而后无为，亦为虚而后能自然"（同上）。或者说："三十三篇之中，反覆十余万言，大旨不外明道德、轻仁义、一死生、齐是非、虚静恬淡、寂寞无为而已。"[02]《庄子》的哲学思想，与庄子的散文，是互为表里、相辅相成、相得益彰的。他的哲学思想，借助散文表现得更加玄虚；而他的散文，又借助其虚无之道，描写得更加超脱和缥缈。因此，在研究庄子散文的思想性时，就不可能不涉及到他的哲学思想。在认识论上，庄子有唯物论思想，但也有唯心论。

文学作品是时代的脉搏，是社会生活和时代精神在作家头脑里的折光反映。从庄子揭露社会矛盾方面来看，他继承了《诗经》反映现实的优良传统。庄子认为天下"沈浊"，"不可与庄语"（《天下》篇）。于是他便以"谬悠之说，荒唐之言，无端崖之词"（同上），来曲折地反映现实，表达他的思想。所以，古人曰："读《庄子》须把眼界放活，则抑扬进退，虚实反正，俱无定极。惟跟着神气之轻重伸缩寻觅将去，才能大叩大鸣，小叩小鸣。"[03] 意思是说，《庄子》反映社会生活的方式方法，与一般文学作品不同，嬉笑怒骂，皆成文章，因此应用特殊的眼光看待。

《庄子》的散文，反映社会生活面是非常广泛的，从国家大事，社会风气，到人民生活等各方面，它都作了不同的反映。社会上的大小人物，各色人等，它都涉及到了。在庄子笔下，有国君、丞相、官吏、士卒、忠臣、贤达、姬妾、奴仆、工人、农民、商贾、店员、知士、儒生、辩士、察士、勇夫、屠夫、匠石、巫祝、医生、美女、丑妇、隐士、法律之士、礼教之士、仁义之士、射手、钓者、畸形怪人

01　近人李大防《庄子王本率集注》内篇总论。
02　林云铭《庄子因》总论。
03　胡文英《庄子独见·读庄针度》。

等等，应有尽有，形成了不同阶级、不同阶层、不同面貌的各种人物形象的画廊，反映了社会生活的不同画面。

从大的方面来说，庄子散文的思想内容，及其批判现实的精神，有以下几个方面。

第一，揭露各诸侯国的最高统治者为满足自己穷奢极欲的生活，对外发动战争，兼并邻国土地，残酷地剥削和奴役广大人民。《徐无鬼》篇说魏武侯："君独为万乘之主，以苦一国之民，以养耳目鼻口。""杀人之士民，兼人之土地，以养吾私与吾神。"《则阳》篇借用辩士之口，讽刺统治者发动掠夺战争，就好像在蜗牛的左右角落里，"相与争地而战，伏尸数万"，以此控诉和讽刺不义战争对人民的危害。作者对统治者所谓"吾欲爱民而为义偃兵"（《徐无鬼》）的虚伪性，也给予了揭露，说他们："爱民，害民之始也；为义偃兵，造兵之本也。"戳穿了他们"爱民而适以害民，偃兵而适以造兵"[01]的欺骗人民的可耻伎俩。庄子反对不义战争，具有很大的进步性。他没有继承老子对待战争的和平主义的思想。

第二，对社会封建制度的黑暗和极端不合理，进行了猛烈的抨击。新兴地主阶级为了维护和巩固他们的统治，便对人民进行残酷的镇压。《在宥》篇指出："今世殊死者相枕也，桁杨者相推也，刑戮者相望也。"这里用"相枕"、"相推"、"相望"三个词，是形容被镇压和杀害的人民非常众多。《胠箧》篇则以犀利的笔触，揭露统治阶级是"窃国"大盗，说他们窃取整个国家，便成为诸侯。而人民为生活所迫，即使拿了一个钩子，也会被处以死刑。对于如此不合理的社会，作者以尖锐的笔调讽刺说："窃钩者诛，窃国者为诸侯，诸侯之门仁义存焉。"甚至，《山木》篇则破口大骂那些身居高位的统治者是"昏上乱相"。而且揭露"有道德不能行"，廉洁秉公、仗义执言之士遭受杀戮的黑暗现实。

作者还用颂古非今的笔法，歌颂古代"君人"，批判当世"君人"。《则阳》篇用柏矩哭齐之"罪人"的故事，批判了当今"君人"陷害人民的罪行。这则故事其中有一段文字写道：

> 古之君人者，以得为在民，以失为在己；以正为在民，以枉为在己。故一形有失其形者，退而自责。今则不然，匿为物，而愚不识；大为难，而罪不敢；重为任，而罪不胜；远其涂，而诛不至。民知力竭，则以伪继之。日出多

---

[01] 刘凤苞《南华雪心编》卷六。

> 伪，士民安取不伪？夫力不足则伪，知不足则欺，财不足则盗，盗窃之行，于谁责而可乎？

寓意极为深刻，爱憎极为分明。对当今"君人"匿物愚不识，为难罪不敢，重任罪不胜，远途诛不至等陷害人民的卑鄙伎俩，都一一公诸于众，暴露于光天化日之下。并明确指出，人民产生"伪"、"欺"、"盗"的责任，罪过在"君人"，而不在人民。在这里，作者对统治者给予了大胆的批判，给被压迫和被奴役的人民以很大的同情。

当然，在《庄子》里，同时也表现出轻视劳动人民和替统治者剥削人民出谋献策的思想。《在宥》篇说："贱而不可不任者，物也；卑而不可不因者，民也。"把人民与物相提并论，看成与物一样的卑贱。《则阳》篇有一则小故事，更能说明问题。这则小故事说：

> 长梧封人问子牢曰："君为政焉勿卤莽，治民焉勿灭裂。昔予为禾，耕而卤莽，则其实亦卤莽而报予；芸而灭裂之，其实亦灭裂而报予。予来年变齐，深其耕而熟耰之，其禾繁以滋，予终年厌飧。"

作者用"为禾之道"，来启迪统治者应当知道怎样来统治和剥削劳动人民。对于这种思想，应当给予批判。

第三，批判"仁义"，贬责"圣人"。庄子对儒、墨提倡"仁义"等进行了冲击，说他们企图以"仁义"止乱，"离跂攘臂"，谈得得意自豪，手足俱起，其实只不过是在"桎梏"之间呼号，是"无愧而不知耻也"（《在宥》篇）。《胠箧》篇说："圣人生而大盗起，掊击圣人，纵舍盗贼而天下始治矣。……圣人不死，大盗不止。"此等痛斥"圣人"、同情"盗贼"的胆量，真堪称"摇五岳笔，破鬼胆语"[01]。他把被统治阶级美化了的"圣人"和歪曲了的"盗贼"，重新颠倒过来。

庄子《天道》篇还用轮扁斫轮的生动故事蔑视"圣人"，说"圣人"之言，是"糟粕"。这则故事其中有一段写道：

> 桓公读书于堂上，轮扁斫轮于堂下，释椎凿而上，问桓公曰："敢问公之所读者何言邪？"公曰："圣人之言也。"曰："圣人在乎？"公曰："已死矣。"曰："然则君之所读者，古人之糟粕已夫。"

---

01 《南华雪心编》卷三眉批引陆注。

庄子不仅蔑视"圣人",甚至把三王五帝也看得一钱不值。譬如,《在宥》篇说黄帝是"佞人",并斥责他说:"自而治天下,云气不待族而雨,草木不待黄而落,日月之光,益以荒矣。"简直把黄帝看成万恶之源。《则阳》篇则用吹奏竹管与吹剑环小孔作比说:"夫吹筦也,犹有嗃也;吹剑首者,吷而已矣。尧、舜人之所誉也……譬犹一吷也。"[01]把尧、舜这两个古代帝王,说得微不足道。从这里可以看出,庄子蔑视贵权、瞧不起大人物的思想。所以古人曰:"自五帝三王而下,往往遭其戏剧"[02]。与孔子"畏大人,畏圣人之言"[03]的思想,迥然不同。

第四,对新兴地主阶级中不择手段、追逐名利和抹煞真理的人,给予了冷嘲热讽、无情的鞭挞,往往使他们原形毕露,丑态百出。《列御寇》篇写曹商使于秦,利用不可告人的手段,取得了秦王的欢心,得车百乘。因此,他竟以此夸耀于庄周。庄周毫不客气,有力地批判了他不以为耻,反以为荣的丑恶行径。这则故事写道:

> 宋人有曹商者,为宋王使秦。其往也,得车数乘。王说之,益车百乘。反于宋,见庄子曰:"夫处穷闾阨巷,困窘织屦,槁项黄馘者,商之所短也。一悟万乘之主,而从车百乘者,商之所长也。"庄子曰:"秦王有病召医,破痈溃痤者得车一乘;舐痔者得车五乘;所治愈下,得车愈多。子岂治其痔邪,何得之多也?子行矣。"

庄子把他奚落一通,最后把他逐走。这则故事的人物和情节,显然是虚构的。但它说明庄子对于不择手段向上爬的那般"小人",是深恶痛绝的。

《渔父》篇还谴责地主阶级结党营私、党同伐异的弊病。它指责统治者:"同于己则可,不同于己,虽善不善。"把是非、好坏的真理标准,则完全抹煞了。从以上这些揭露文字,也可以看出庄子敢于批判现实的精神。

第五,庄子散文也表现有有为即有害的思想。庄子有为即有害的思想,与其揭露和批判黑暗社会的思想,自然又形成了矛盾。庄子有为即有害的思想,在《大宗师》、《应帝王》、《马蹄》等篇里,也有明显的表现。《应帝王》篇写为"浑沌"凿窍的寓言,即异常生动地反映了这种思想。这则寓言说:

---

01 嗃,大声。吷,小声。
02 陆方壶《南华经副墨·叙》。
03 《论语·季氏篇》。

> 南海之帝为倏，北海之帝为忽，中央之帝为浑沌。倏与忽时相遇于浑沌之地，浑沌待之甚善。倏与忽谋报浑沌之德，曰："人皆有七窍以视听食息，此独无有，尝试凿之。"日凿一窍，七日而浑沌死。

"浑沌"无七窍，倏与忽欣然而为之凿窍，便将"浑沌"凿死。这里即反映了庄子有为即有害的思想。庄子认为有为即有害的思想，由可亦可见一斑。

庄子散文的艺术性

庄子的散文与诸子散文不同，它几乎都是以丰富多彩的寓言故事而构成的（其中尚有"重言"、"卮言"）。司马迁说："其著书十余万言，大抵率寓言也。"（《史记·老子韩非列传》）"寓言"包括一些神话式的幻想故事，亦包括通常所说的寓言。"重言"是指引证历史故事和古人的话而言，其中多是作者的假托之词。"卮言"是抽象的议论。就《庄子》中"寓言"和"重言"来说，它们的语言丰富，想象力极强，有很高的艺术性和审美价值。

庄子散文的艺术性，从大的方面说，有如下几点。

第一，它擅长讲述故事，叙事井井有条，说理娓娓动听。并且，它善于刻画人物形象，能把人物的言谈举止、容貌声色，栩栩如生地和盘托出。所以能引人入胜，给人留下难忘的印象。《在宥》篇写黄帝立为天子，问"至道"于广成子的故事，就写得层次清晰，结构严谨，文字优美，人物形象刻画得维妙维肖。广成子说黄帝为"佞人之心"，不足语"至道"。他斥责黄帝说："自而治天下，云气不待族而雨，草木不待黄而落，日月之光，益以荒矣！"文字之美，犹如散文诗一般。《盗跖》篇写孔子见盗跖的故事，可以说简直是一篇优秀的小说。它的篇幅较长，结构更加严谨，层次分明，说理性强，文笔犀利。盗跖痛斥孔子的鲜明形象，孔子卑躬屈膝的丑态，都刻画得活龙活现，跃然纸上。它的情节颇有戏剧性，所以能紧紧地吸引读者。这在诸子散文中，是难得的杰作。

甚至平淡无奇的小事，在《庄子》里都能写得有声有色，异趣横生。《外物》篇写庄周向监河侯借粮的故事，是说庄子家贫，去向监河侯借粮。监河侯不愿借给，却推托说："诺！我将得邑金，将贷子三百金，可乎？"庄子非常生气，他说："周昨来，有中道而呼者，周顾视车辙中有鲋鱼焉。周问之曰：'鲋鱼来，子何为者邪？'对曰：'我东海之波臣也，君岂有斗升之水而活我哉？'周曰：'诺！我且南游吴、越之王，激西江之水而迎子，可乎？'鲋鱼忿然作色曰：'吾失我常与，我无所处，吾得斗升之水然活耳,君乃言此,曾不如早索我于枯鱼之肆'。"写得生动活泼,令人爱读。故事用鲋鱼求斗升之水作比喻,很生动形象地烘托出监河侯悭啬的面孔。对这类吝啬鬼的刻画,可谓入木三分,即使与莫里哀的《悭吝人》相比,也不逊色。

《列御寇》篇写庄子将死,弟子欲厚葬的故事,篇幅虽短,却构思奇特,饶有兴味。这则故事写道:"庄子将死,弟子欲厚葬之。庄子曰:'吾以天地为棺椁,以日月为连璧,星辰为珠玑,万物为赍送,吾葬具岂不备邪,何以加此?'弟子曰:'吾恐乌鸢之食夫子也。'庄子曰:'在上为乌鸢食,在下为蝼蚁食,夺彼与此,何其偏也!'"语言生动幽默,想象丰富奇特,虽属小事,却能写得颇有情趣。所以古人曾称道说:"天地、日月星辰、万物,都把来作葬具,虚空作色,落想最奇。"[01]

《庄子》里还有的寓言故事含意深刻,耐人寻味,剔除其消极思想,往往能给人以新的启迪。《养生主》中庖丁解牛的寓言,写庖丁以"目无全牛"之道,掌握"彼(牛)节者有间,而刀刃者无厚,以无厚入有间","恢恢乎其于游刃必有余地"。解完牛后,又"善刀而藏之"。所以庖丁所用之刀十九年,解牛数千条,其"刀刃若新发于硎"。这则寓言的含意,主观上宣扬庄子顺应自然,有为即有害的思想。他认为人只有顺应自然,才能"尽终年"。这种"养生之道",客观上却能启发人们,认识掌握客观规律的重要性。

宋元君邀众史画图的寓言,也很有社会意义,它说明具有真才实学的画家,内足、神闲、意定,而不像许多假画家那样心虚神乱,手足无措。这则寓言说:"宋元君将画图,众史皆至,受,揖而立,舐笔和墨,在外者半。有一史后至者,儃儃然不趋,受,揖不立,因之舍。公使人视之,则解衣般礴,臝。君曰:'可矣,是真画者也。'"(《田子方》)"解衣般礴,臝",是说那位画家与众不同,他到了馆舍,便解衣裸体而坐。

《让王》中"舜以天下让善卷"的寓言,《应帝王》中"倏与忽为浑沌凿七窍"的寓言,《田子方》中"庄子见鲁哀公谈鲁儒"的故事等等,都写得含意深刻,能给人以无穷的余味。

第二,文笔辛辣,嬉笑怒骂,皆成文章。《庄子》里有一些寓言故事,以讽刺的笔触揭露了社会上某些"大人物"的丑态,"儒者"的卑鄙可耻,以及社会上的恶劣风气。从国家大事,到生活中细小的事件,庄子都能顺手捕捉而来,成为讽刺艺术的题材。《徐无鬼》篇单刀直入,一针见血地戳穿了魏武侯搜刮民脂民膏以供自己

---

01 刘凤苞《南华雪心编》卷七引宣注。

享乐，反美其名曰"爱民"、"为义偃兵"的虚伪性。笔锋犀利，凛若秋霜。《则阳》篇以辛辣的笔调，嘲笑封建诸侯王发动掠夺战争，屠杀人民，就好像在蜗牛左右角落里厮杀一样可笑。《秋水》篇写惠施相梁，庄子去看他的故事，以生动形象的比喻，讥笑惠施疑心庄子要同他争夺相位的阴暗心理。

庄子对儒、墨宣扬"仁义"的虚伪性，也给予无情的抨击。《外物》篇写"儒以诗礼发冢"的故事，把两个儒者盗墓时担惊受怕的紧张情绪，及其生怕损坏死人口中珠宝的心情，轻手轻脚的动作，都写得绘声绘色。给那些表面上大讲"礼义"的儒者，以有力的讽刺。

对于那种不择手段，阿谀逢迎，博得皇帝欢心，而获得高官厚禄、荣华富贵的无耻之徒，庄子也给予了辛辣的嘲弄。《列御寇》篇写宋人曹商出使秦国，得到秦王的欢心，得车百乘，于是他在庄子面前夸口的故事，就是对这种人的讽刺和鞭笞。

对于庄子散文的讽刺艺术，前人也曾作过肯定的评价。比如说："庄子嬉笑怒骂，皆成文章，举世悠悠，借此以消遣岁月，真浇尽胸中块垒矣！"[01]《庄子》里的寓言故事，能够采用讽刺艺术，对社会上的种种弊端和庸俗不堪之风，给予辛辣的冷嘲热讽，这在诸子散文中具有突出的特色，可谓是战国时代文艺园地里一枝鲜艳的奇葩。

第三，气势雄伟，意境开阔。这是庄子散文的又一显著特色。《逍遥游》篇对鲲鹏展翅九万里的描写，就写得浩渺壮阔，气象宏伟。它说鲲之大，鹏之背，有几千里；说鹏怒而飞，其翼若垂天之云。鹏徙于南冥，能击水三千里，扶摇而上九万里。此等极度夸张的描写，自然取材于神话传说。《秋水》篇写"秋水时至，百川灌河，泾流之大，两涘渚崖之间，不辨牛马……顺流而东，至于北海……不见水端"，因而引来河伯的望洋兴叹。把秋雨到来，沟满河平，百川奔流，浩浩荡荡，流入大海的浩旷景象，写得气势磅礴，一泻千里。

庄子还善于描写惊险的场面，使人看了之后，感到惊心动魄，毛骨悚然。《田子方》篇"列御寇为伯昏无人射"的寓言，写列御寇善于射箭，他张弓拉箭，箭尚未射出时，在其肘上放一杯水，箭射出后，而杯中水不会倾出，表示他射箭平稳，射技高超。列御寇射箭时的形象，毫无表情，呆若土木之人。对于列御寇的射箭表演，伯昏无人则说他"是射之射，非不射之射"，意思是说他是有心于射，不是无心于射。于是伯昏无人就问列御寇说："尝与汝登高山，履危石，临百仞之渊，若能射

01　刘凤苞《南华雪心编》。

乎？"接着他就"登高山，履危石，临百仞之渊，背逡巡，足二分垂在外，揖御寇而进之。御寇伏地，汗流至踵"。御寇怕伯昏无人从悬崖上摔下来，吓得冷汗满身，哪里还有心射箭呢？针对列御寇这种胆怯的心情，伯昏无人说："夫至人者，上窥青天，下潜黄泉，挥斥八极，神气不变。"意思是说，列御寇还没有达到忘我的境界。这种惊险镜头的描写，峻极壮阔气象的绘制，可以说，这在诸子散文中是绝无仅有之笔。所以前人评论说："警辟奇险，绝迹飞行，妙有真气贯注其间，故能使正义分外醒透，非故作可惊可喜之笔，逞其笔锋舌巧也。"[01]意谓此则"警辟奇险"的描写，真实自然，并非故作惊人之笔。

《外物》篇写"任公子为大钩巨缁"，《达生》篇写"孔子观于吕梁"的故事，更是写得波澜壮阔，惮赫千里。特别是"任公子为大钩巨缁"，是采用极度夸张的手法而写，故事写道："任公子为大钩巨缁，五十犗以为饵，蹲乎会稽，投竿东海，旦旦而钓，期年不得鱼。已而大鱼食之，牵巨钩锱没而下，骛扬而奋鬐，白波若山，海水震荡，声侔鬼神，惮赫千里。任公子得若鱼，离而腊之。自制河以东，苍梧以北，莫不厌若鱼者。"故事充满了浪漫主义色彩，想象力颇为丰富。

第四，笔法多种多样，行文千变万化，往往使人眼花瞭乱，应接不暇。清代吴世尚《庄子解》在评论内篇文法时说：有空写，有实写；有顺写，有反写；有淡写，有浓写；有近写，有远写；有半写，有全写；有加倍写，有分帮写等笔法。如空写和远写，有《逍遥游》篇，它借"鲲鹏图南"的寓言，即把逍遥无为的旨意，表现得淋漓尽致。而且写得意远、理足、力厚、味腴，在用字上"无不高新警变"。外篇、杂篇的笔法，则更有许多变化，言外立言，意中出意，层层相生，段段回顾，忽而羊肠鸟道，忽而叠嶂重峦。文法变化，如行云流水，天马行空。譬如，《胠箧》篇用种种比喻、种种说法，最后得出"圣人之利天下也少，而害天下也多"的结论。文中变化，"奇峰陡起，若神龙变化，无处觅其首尾。"[02]《天地》篇"尧之师曰许由"一段，抑而又扬，扬而又抑，文笔变化，转换无穷。而且连用"方且"七个排比叠句，如天花飞落，令人心目俱眩。

即使在同一篇之中，庄子为了表达一种特定的思想，他所用的笔法，也是多种多样的。《大宗师》即如此，它为了反复阐述以"大道"为师的旨意，先是议论，后用寓言故事，其中的笔法，又有许多变化。正如胡文英所说，它用"正赞、反赞，

---

01 刘凤苞《南华雪心编》。
02 胡文英《庄子独见》。

分赞、合赞、借赞、陪赞、明赞、暗赞，浚发不穷，面面各异。赞真人所以赞道，赞道即励真人。"[01]此篇除开头议论部分外，还有七则寓言故事，即是："南伯子葵"、"子祀子舆"、"子桑户"、"孟孙才"、"意而子"、"颜回"、"子舆与子桑友"等。这七则寓言故事，"脉络本来井井，第以离合控纵，出没奇幻，故使读者迷于常径。"[02]而且，在这七则寓言故事中，"伸缩变化，全在首尾，若隐若显，令人不可捉摸"[03]。尤其最后"子舆与子桑友"一则，写得更加出色，它写予桑贫病交加，呼号父母，呼号天人，若歌若哭，忽而鼓琴，忽而举诗，"文法脱化入神，正如岭云欲起，忽被横风吹断，痕迹俱泯。"[04]

按照表达内容、抒发感情的需要，庄子往往运用多种文体穿插其间。譬如《逍遥游》篇，就运用叙事、引证、议论、比喻等不同形式。林云铭曾评论此篇说："篇中忽而叙事，忽而引证，忽而譬喻，忽而议论。以为断而非断，以为续而非续，以为复而非复。只见云气空濛，往反纸上，顷刻之间，顿成异观。"[05]纵观全书，庄子忽而用小品冷嘲热讽，忽而用政论严厉喝斥，忽而歌，忽而诗，忽而以寓言故事寄语深远，忽而以优美的笔触描写山川鸟兽、各色人等，余音袅袅，韵味无穷。不同文体，种种笔法，交替使用，层出不穷。在诸子散文中，唯有庄子独具此等特色。

第五，善于比喻，富于变化，含蓄蕴藉，生动活泼。譬如，《大宗师》写"子来有病"一段，使用了三个比喻："父母于子"一喻，"铸金"一喻，"寐觉"一喻。前两喻，中间夹一段正论，如层峰起伏。后一喻两句陡住，如峭壁斩然。《天运》篇写"孔子西游于卫"一段，接连使用"古今非水陆"、"周鲁非舟车"、"桔槔俯仰"、"柤梨桔柚可口"、"猨狙衣周公之服"、"西施病心而矉其里"六个比喻，作六层转换，愈转愈活。由于运用六个比喻，便生动形象地说明了"礼义法度"必须"应时而变"的道理。《马蹄》篇开篇陡用伯乐"善治马"，陶者"善治埴"，匠人"善治木"三个比喻，就使此段文字如"风驰雨骤，飘忽非常"[06]。

庄子不仅善于使用比喻，而且比喻多种多样，千姿百态，变化莫测。《庚桑楚》篇写："奔蜂不能化藿蜗，越鸡不能伏鹄卵，鲁鸡固能矣。"前两句用的是排句，加

01　胡文英《庄子独见》。
02　同上。
03　刘凤苞《南华雪心编》。
04　同上。
05　《庄子因》。
06　刘凤苞《南华雪心编》。

上"鲁鸡"一句，就使这三句具有跌宕之美。《在宥》篇有段文字说：

> 汝慎无撄人心，人心排下而进上，上下囚杀，淖约柔乎刚强，廉刿雕琢。其热焦火，其寒凝冰，其疾俯仰之间，而再抚四海之外，其居也渊而静，其动也县而天……

这里使用一连串排喻，"焦火"喻其躁，"凝冰"喻其坚，"俯仰四海"喻其速，"渊静县天"喻其动静各殊，皆以比人心之不可撄扰。还有明喻，暗喻，"骇喻切喻，微妙警策，毛寒骨竦！"[01]

对于庄子散文善于比喻，具有变化层出不穷的特点，前人曾评论说："庄子之文，长于譬喻，其玄映空明，解脱变化，有水月镜花之妙。且喻后出喻，喻中设喻，不啻峡云层起，海市幻生，从来无人及得。"[02]由于庄子之文长于比喻，因此就使得他的文章言有尽而意无穷，给人留下咀嚼不尽的余味。

第六，庄子是中国文学史上著名的语言大师，他的语言丰富多彩，生动形象，表达力强，富有创造性，具有强烈的艺术效果和很高的美学价值。在先秦诸子中，庄子的语言作为成语流传至今为数最多，譬如，大有径庭，不近人情，广漠之野，不夭斤斧，鹏翼垂天，朝三暮四，溢美之言，唇竭齿寒，望洋兴叹，用管窥天，用锥指地，吐故纳新，薪尽火传，望似木鸡，亦步亦趋，每况愈下，鸡鸣狗吠，得意忘言，得意忘筌，摇唇鼓舌，相濡以沫，善始善终，天无私覆，地无私载，若歌若哭，外重内拙，至美至乐，至大无外，至小无内，井底之蛙，运斤成风，应时而变，目如明星，多辞谬说，不耕而食，不织而衣，擅生是非，美好无双，声如乳虎，齿如齐贝，以众暴寡，以强凌弱，矫言伪行，勇悍果敢，学步邯郸，螳螂捕蝉，君子之交淡若水，夏虫不可语冰，等等，语言精炼，概括力强，具有永久的生命力。庄子的散文两千多年以来之所以具有吸引人的魅力，令人喜闻乐见，与其具有富赡的语言和高度的表达能力，也有着密切的关系。

此外，庄子的散文在抒情写性、直抒胸怀方面，也显示出与其他诸子散文的不同特色。譬如，在《盗跖》篇里，庄子把他对现实的许多不满和牢骚，都通过盗跖对孔子的责骂，淋漓尽致地倾泄了出来。

---

01 宣颖《南华经解》。

02 同上。

庄子是中国文学"四祖"

在我国先秦诸子散文中,庄子的散文写得最生动、最优美、最富有个性化的特征,具有强烈的艺术感染力,因而历来一直颇受人们的青睐和津津乐道。《庄子》一书,除个别篇章外,可称为一部杰出的寓言故事集,具有鲜明的文学艺术特色。具体地说,庄子文学的艺术特色可分为这样四个问题来论述:(一)庄子散文的浪漫主义特色;(二)庄子散文的讽刺艺术;(三)庄子寓言的艺术特色;(四)庄子小说的奇趣怪味。由于庄子在此四方面都有超常而卓越的建树,即足以说明庄子是中国文学的杰出"四祖"。

庄子散文的浪漫主义特色

现实主义和浪漫主义,是我国文学的两种主要的不同流派。文学的浪漫主义和现实主义,并非舶来品,王国维在其《人间词话》(卷一)中就谈论了这个问题。王国维说:

> 自然中之物,互相关系,互相限制。然其写之于文学及美术中也,必遗其关系,限制之处。故虽写实家,亦理想家也。又虽如何虚构之境,其材料必于之自然,而其构造,亦必从自然之法则。故虽理想家,亦写实家也。

王国维所谓的"理想家"和"写实家",即我们所说的浪漫主义和现实主义,只是说法不同而已。王国维认为,理想家和写实家的文学和美术作品,其取材皆来自于"自然"(即现实社会和自然界)。所以,他认为理想家,亦写实家;写实家,亦理想家也。当然,二者在其主要倾向上还是有所不同的。

但是,我们必须明白,浪漫主义并不是创作方法,它是一种创作情绪或谓为精神。高尔基曾明确地指出:"浪漫主义不是一种关于人对世界的态度的严整理论,它也不是一种文学创作理论……浪漫主义乃是一种情绪……它的基调是对新事物的期待。"[01]高尔基的看法是正确的。同时，我们也应当看到，高尔基对积极浪漫主义和消极浪漫主义的论说，并不适宜用来评价庄子的散文。上世纪80年代初，我用高尔基关于积极浪漫主义和消极浪漫主义的论说，来评价庄子的散文，而认为庄子的散文是消极浪漫主义，这是错误的。后来，我在文章中已经纠正了过去的错误看法。

庄子散文的浪漫主义艺术特色，拟于从以下三方面予以探讨，即（一）雄奇怪诞的艺术意境，（二）出乎寻常的夸张比喻手法，（三）炽热动人的诗气质。

雄奇怪诞的艺术意境

先秦诸子散文是中国文学的源头，一般说来，就其文字大都写得古朴笃实、简洁省净，其中也有惊人的奇妙结构，但与庄子散文相比，却显得大为逊色。庄子散文雄奇怪诞的艺术意境，在中国文学史上独树一帜，占有显著的地位。对于庄子散文雄奇怪诞的艺术意境，为了论述的方便，姑且从其雄奇、险僻、怪诞三点来分析。

庄子散文雄奇宏伟，气势磅礴，充满浪漫主义精神，给人留下深刻的印象。《庄子》开篇《逍遥游》写鲲鹏展翅九万里的寓言，古往今来，曾博得不少评论家的高度赞赏。晋代阮修，曾作《大鹏赞》曰："苍苍大鹏，诞自北溟。假精灵鳞，神化以生。如云之翼，如山之形。海运水击，扶摇上征。翕然层举，背负太清。志存天地，不屑雷霆。鸴鸠仰笑，尺鹖所轻。超然高逝，莫知其情。"[02]把庄子描写鲲鹏其大无比，击水三千里，扶摇直上九万里，"志存天地，不屑雷霆"，气势磅礴，势不可当，逼真地再现出来。这种雄奇壮阔的意境、宏伟浩瀚的景象，是南华老仙匠心独运的卓然建树，为后人留下难得的艺术享受。尽管庄子用此寓言，旨在表现鲲鹏逍遥无为的思想，但在客观上，却能"令人拓展胸次"，给人一种"海阔从鱼跃、天空任鸟飞"[03]的感受。

所以，取师于庄子的唐代伟大浪漫主义诗人李白，他曾情不自禁地赞叹说："南华老仙发天机于漆园，吐峥嵘之高论，开浩荡之奇言，征至（志）怪于齐谐，谈北溟之有鱼……五岳为之震荡，百川为之崩奔……吾亦不测其神怪之若比，盖乃造化

---

01 《俄国文学史》。
02 《晋书·阮修传》。
03 陆西星《南华经副墨》。

之所为。"[01] 所谓"吐峥蝾之高论，开浩荡之奇言"，即高度评价这篇雄文所取得的浪漫主义成就。庄子在战国时代，竟能以非凡的才智和气魄，创作出如此高不可攀的艺术佳作，真是前无古人，后无来者。难怪李白对南华老仙赞叹不已，惊怪其不知为何，竟然能创作出此等峥蝾、浩荡之奇言。

清代评论家刘熙载，又用"能飞"来评论庄子峥蝾浩荡的"神妙"之笔。刘氏说："文之神妙，莫过子能飞。庄子之言鹏，曰'怒而飞'，今观其文，无端而来，无端而去，殆得'飞'之机者。"[02] 庄子笔法，变化莫测，"无端而来，无端而去"，神奇雄伟，豪放洒脱。李白、苏轼、辛弃疾等豪放派诗人，大多得力于庄子，从庄子那里汲取丰富的营养，方使他们在诗词文赋方面取得伟大的艺术成就。苏轼对于庄子，佩服得五体投地。据史书记载，当苏轼读《庄子》书时，曾赞叹说："吾昔有见，口未能言，今见是书，得吾心矣。"[03] 辛弃疾也深受庄子的影响，他在诗词中常常征引庄子的语言。他说："案上数编书，非《庄子》即《老》。"（《感皇恩·读〈庄子〉，闻朱晦菴即世》）[04] 从这些事实。亦可间接地透露出庄子对后代浪漫主义文学起了积极的哺育作用。

在庄子笔下，出现许多雄奇壮观的景象，的确令人大饱眼福。雄奇壮观的景象，在自然界是多有所见的，不足为奇。然而，在庄子笔下出现的雄奇壮观景象，又不同于自然界所呈现的，它纯属作者丰富的奇特想象，是凭空虚构的奇人奇事奇怪之物。因而《庄子》也就成为天下罕见的奇书。如《人间世》篇，写齐地有一棵栎社树，其大能遮数千条牛，径宽百围，临山十仞而后有枝，枝大能为舟十数。此等奇树怪木，的确，世上绝无仅有。《外物》篇写任公子为大钩巨缁，以五十条牛为钓饵，蹲在会稽山上，投竿东海，旦旦而钓。一年之内，并未得鱼。后来，大鱼上钓，牵动巨缁，潜入海水，惊扬奋鬐，白波若山，海水震荡，声侔鬼神，惮赫千里。任公子得此大鱼，离而腊之，大半个中国，都饱食此鱼。此等雄奇壮观景象，又是世上罕见。读者看到此等波澜壮阔的宏伟气象，真是大开眼界，叹为观止。如若不是作者具有如此博大气度、广阔胸襟，是难能孕育出这等气势宏伟的篇章的。相比之下，这对于先秦儒家学派的作家来说，只能是望洋兴叹、望尘莫及。庄子写出此

---

01 《大鹏赋》。李白还有《古诗第三十三首》描写"北冥有巨鱼，身长数千里"的赞美诗。
02 《艺概·文概》。
03 《宋史·苏轼传》。
04 《稼轩词编年笺注》。

则荒诞不经、耸人听闻的寓言，究竟有何意义呢？难道他纯属是胡言乱语、云山雾罩的"侃大山"[01]吗？否！刘熙载对庄子的寓言，曾有过精辟的见解。他说："庄子文看似胡说乱说，骨里却尽有分数。"（《艺概·文概》）此言可谓一语中的。古代有人认为，庄子此则寓言意义遥深，说："任氏钓鱼，明经世者，志于大成，而不期近效。"[02]

庄子性格开朗，爱好广泛，有很高的艺术鉴赏能力。他不仅欣赏宏伟壮观的大自然景象，同时，他对"警辟奇险"的绝技表演，也有深刻的艺术感受。《达生》篇，写孔子观于吕梁，悬水三十仞，流沫四十里，鼋鼍鱼鳖不能游。看见一丈人，跳进悬水急流。孔子以为此人，有苦欲死，便让其弟子，并流拯救。弟子浮游三百步，只见那人，被发行歌，游到水塘之下。看到此情，孔子一场虚惊，方才释去。如果给予评分，那"丈人"跳水潜游的技能，即使与当今世界体坛跳水名将相比，恐怕也不逊色吧？《田子方》篇，写列御寇为伯昏无人表演射箭，他引弓搭箭，置杯水在其肘上，箭射出后，肘上杯水点滴不覆。列氏此等高超射技，亦可谓出类拔萃。但伯昏无人却认为，列氏射箭时，神情犹如"象人"（木偶），"是射之射，非不射之射"（意谓是有心之射，并非无心之射）。为考验列氏射箭技术，伯昏无人"登高山，履危石，临百仞之渊；背逡巡，足二分，垂在外，揖御寇而进之"，让列氏射他。然而，列氏看到此等惊险境况，已经惊恐万状，吓得伏卧在地，汗流至踵，哪里还有心射箭呢？我们看到伯昏无人此种峻极惊险的镜头，就好像身临其境，观看一场精彩的杂技表演，获得一次惊心动魄的审美享受。所以，刘凤苞评论此则寓言说："警辟奇险，绝迹飞行，妙有真气贯注其间，故能使正义分外醒透，非故作可惊可喜之笔，逞其笔锋舌巧也。"[03]

庄子笔下，描写了社会上许多大小人物，各色人等，尤其奇人怪人的形象，更能使人铭记在心，历历在目。但是，他笔下的奇人怪人，虽然形象令人可怖，而他们都是得道之人，才智德行超过常人，是道家所谓"至人"的化身。如《人间世》篇，写一个名叫支离疏的残疾丑人，其颐颊隐于脐间，肩高于顶，髻高指天，两腿挛缩几乎为臂，五脏在上。此人依靠缝衣洗浣糊口，鼓筴播精，可养活十人。国家征招武士，支离疏充数应征。可是，国家发给病员的粮饷，支离疏只领受三钟，十

---

01 北京方言，意谓神聊。
02 刘凤苞《南华雪心编·外物》夹注引语。
03 《南华雪心编》。

束薪。作者认为他是个有德行的残疾丑人，字里行间，都流出赞美之情。《德充符》篇，则好像是一篇怪人奇人列传，竟然虚构六个残丑奇怪之人。其一，写鲁国的兀者（受刑断足之人）王骀，弟子甚多，与孔子相等。其奇怪之处是："立不教，坐不议，虚而往，实而归。""有不言之教，无形而心成。"生死不能与之变；天地覆坠，不能与之遗。孔子称其为"圣人"，拜他为师。其二，是申屠嘉兀者，与郑子产同师于伯昏无人。此人虽受刑断足，却能"知不可奈何而安之若命"。作者认为"唯有德者能之"。其三，写鲁国兀者叔山无趾，此人藐视孔子，认为孔子只知追求谀诡幻怪而大出风头，不知，"至人"（得道之人）却把他当做桎梏。老聃让叔山无趾劝说孔子，"以死生为一条，以可不可为一贯"，解其桎梏。叔山无趾认为孔子是"天形之"，无法解其"桎梏"。其四，写卫国奇丑之人哀骀它，其人虽奇丑无比，以丑恶骇天下，却能惹人爱戴："丈夫与之处者，思而不能去也，妇人见之，请于父母曰：'与为人妻，宁为夫子妾'者，十数而未止也"。鲁国无宰，鲁哀公竟以国授之。他虽无君人之位，能救人于死地；虽无聚禄，却能饱人之腹。其五，写闉跂支离无脤，无嘴唇，曲体跂行，其胫（颈）肩肩（细竦貌），丑陋不堪。说卫灵君，卫灵君悦之，视若全人。其六，写甕㼜大瘿，颈瘤之大，犹如甕㼜，其胫肩肩，说齐桓公，齐桓公喜爱非常，视若全人。庄子笔下这六个"以丑骇天下"的丑人奇人，却都是得道的超人，都有非凡的才能，受到社会的特殊敬重和爱戴。显而易见，庄子在这些奇人丑人身上，寄寓了道家的理想，他们都是道家的化身。我们看了这些奇人怪人，真能新人耳目，长人识见。对于庄子塑造的这些奇人怪人，其旨意所在，古人早就有评价。宣颖说："庄子雅尚德充，而特叙列残丑，以破夫规规者与！"[01]说明庄子塑造残丑怪人，其目的是在破除陈腐的道德规范。其实，从艺术思想而言，庄子"意出尘外，怪生笔端"，[02]具有浓厚的浪漫主义思想特色，在其塑造残丑怪人形象上，即生动形象地说明了这个问题。刘凤苞在评论《德充符》时说："凭空撰出几个形体不全之人，如傀儡登场，怪状错落，几于以文为戏，却都说得高不可攀，见解全超乎形骸之外。"[03]高度评价了庄子散文在塑造奇人怪人方面所取得的伟大艺术成就。

---

01 《南华经解》。
02 刘熙载《艺概·文概》。
03 《南华雪心编》。

出乎寻常的夸张比喻手法

夸张和比喻，是文学作品常见的手法。先秦文学作品都具有这个特色，所以人们对夸张比喻手法，并不感到有什么新奇。但是，庄子散文所使用的夸张比喻手法，出人意料，新颖奇特，与众不同。如《逍遥游》写北冥有鱼，其名为鲲，其大数千里，不知究竟有多长。又说有鸟名鹏，背若泰山，翼若垂天之云，扶摇直上九万里。说楚国的南方有冥灵之树，以五百岁为春，五百岁为秋。上古有棵大椿树，以八千岁为春，八千岁为秋。《达生》篇写孔子观于吕梁，悬水三十仞，流沫（浪花）四十里。《外物》篇写任公子钓鱼，为大钩巨缁，以五十条牛为饵，蹲在会稽山，投竿于东海。《列御寇》篇写庄子将死，说庄子以天地为棺椁，以日月为连璧，星辰为珠玑，万物为赍送等等，这种新奇怪诞的夸张手法，往往都注入神话和传奇的色彩，令人惊叹，令人倾倒。

庄子散文善于比喻，富于变化，含蓄蕴藉，生动活泼，比其他先秦诸子散文，又具有突出的特色。如《大宗师》篇写"子来有病"一段，使用了三个比喻："父母于子"一喻，"铸金"一喻，"寐觉"一喻。前两喻中间夹一段证议，如层峰起伏。后一喻两句陡住，如峭壁斩然。《天运》篇写"孔子西游于卫"一段，接连使用"古今非水陆"、"周公非舟车"、"桔槔俯仰"、"柤梨桔柚可口"、"猨狙衣周公之服"、"西施病心而矉其里"六个比喻，作六层转换，愈转愈活。此段由于运用六个比喻，便更加生动地说明"礼义法度"，必须"应时而变"的道理。《马蹄》篇开篇陡用伯乐"善治马"，陶者"善治埴"，匠人"善治木"三个比喻，就使此段文字如"风驰雨骤，飘忽非常"[01]。以上是说，庄子善于使用比喻的特点。

同时，还应看到，庄子使用比喻，还有千姿百态，变化莫测的特点。如《在宥》篇说："汝慎无撄人心，人心排下而进上，上下囚杀，淖约柔乎刚强，廉刿雕琢。其热焦火，其寒凝冰，其疾俯仰之间，而再抚四海之外，其居也渊而静，其动也悬而天……"这里使用了一连串的排喻，"焦火"喻其躁，"凝冰"喻其坚，"俯仰四海"喻其速，"渊静悬天"喻其动静各殊，皆用来比喻人心不可撄。还有明喻、暗喻、"骇喻切喻，微妙警策，毛寒骨辣"[02]。对于庄子比喻这种变化莫测、层出不穷的特点，宣颖曾评论说："庄子之文，长子譬喻，其玄映空明，解脱变化，有水月镜花

01　刘凤苞《南华雪心编》。

02　宣颖《南华经解》。

之妙。且喻后出喻，喻中设喻，不啻峡云层起，海市幻生，从来无人及得。"[01] 所以，庄子散文言有尽而意无穷，给人留下咀嚼不尽的余味。

庄子散文的浪漫主义特色，古人曾有高度评价，宋代高似孙说："极天之荒，穷人之伪，放肆迤演，如长江大河，滚滚灌注，泛滥于天下；又如万籁怒号、澎湃汹涌，声沉影灭，不可控搏。"[02] 但是，庄子散文固然对后代有积极的影响，同时也有一定的消极影响。对待这个问题，长期以来都没有能够给予正确的评价，曾经产生过忽左忽右的现象。必须看到，中国古典文学遗产，是封建社会的产物，其中必然会存在民主性的精华和封建性的糟粕。我们对待古代文化遗产，必须坚持批判继承、古为今用的原则，不能兼蓄并收。这才是唯一正确的态度。并不能因为历史的发展，时代的前进，意识形态的变化，而抛弃这个基本原则。对于庄子散文的思想内容及其艺术风格，我们也必须本着这样的原则，吸收其有益的精华，剔除其消极颓废的糟粕，为弘扬祖国文化优良传统、繁荣和发展社会主义文艺，作出积极的贡献。

炽热动人的诗人气质

一般说来，浪漫主义文学家对人生大都允满幻想，对生活具有执着追求的欲望，对黑暗腐朽社会疾恶如仇，具有深沉的忧患意识和大胆揭露的批判精神。可以说，在中国文学史上，庄子是最典型最富有个性特征的浪漫主义文学家，说他最典型，就是因为他既具有一般浪漫主义文学家的共性，也有其与众不同的特殊个性。他的与众不同的特殊个性主要表现之一，就在于他具有炽热动人的诗人气质。庄子的这个特点，可以从这样三方面来论述：（一）炽热动人的诗人感情和丰富奇特的想象力；（二）执着的追求精神；（三）强烈的诗的语言节奏和韵味。

尽管庄子有时对人生有些冷漠，他似乎看破了红尘，失去生活的信心，往往表现出消极遁世的思想。正如上面所说，从庄子一生中，我们不难发现，他并没有真正消极遁世。他对黑暗社会，是大胆揭露和批判的；对邪恶势力，是冷嘲热讽、嬉笑怒骂的；对美好事物，是热情赞美和歌颂的。庄子怀有一颗炽热激动的心，在为正义不遗余力地呼唤着，奋斗着。当他看到封建统治阶级标榜"仁义"，进行罪恶活动的时侯，他竟是那样无比愤怒，揭露他们说："彼窃钩者诛，窃国者为诸侯，诸侯之门而仁义存焉！"（《胠箧》篇）他认为，世上之所以会出现"盗贼"，就是那

---

[01] 宣颖《南华经解》。
[02] 《子略》。

些自称为"圣人"、"圣智"的统治者自己造成的。庄子气愤地说:"圣人生而大盗起","圣人已死,则大盗不起,天下平而无故矣"(同上)。庄子是在"痛驳仁义圣知,不足以防患止乱",[01]适足成为"巨盗"的行窃之资。战国时代,各诸侯国不断发动掠夺战争,弱肉强食,残害人民。庄子谴责他们"时相与争地而战","伏尸数万"(《则阳》篇),屠杀无辜的罪行。庄子对那些邪恶势力,也是大加鞭笞的,正如上面所说,这里不再赘述。同时,我们也看到,庄子对美好事物,总是给予满腔热情的颂扬。他不仅歌颂残疾怪人的高尚情操,他对所有有德之人,也给予了高度的评价。他赞美"德人"说:"德人者,居无思,行无虑,不藏是非美恶。"(《天地》篇)至于世上有无此等"德人",这里姑且不论。庄生老人,有一颗善良的心,他惩恶劝善,苦口婆心。他一方面批评邪恶,另一方面又在规劝"骄矜",改旧图新。《山木》篇有则寓言,说宋地某旅店主有妾二人,一人美,一人丑,丑者贵而美者贱。所以会如此,原因即在于,"其美者自美",店主却不以为美;"其恶者自恶",店主却不以为丑。此作的主旨告诉人们:"行贤而去自贤之行,安往而不爱哉!"庄子对那些骄傲自满、自以为是的人,"痛下针砭,而示以处世免患之道"(同上),用心可谓良苦。宣颖对庄叟之用心,评论则更为清楚,他说:"有一我见,横在胸中,涉世皆面墙矣。庄子反复致警,盖为普天下最深病根只在于此。此根未除,种种恶习生发,种种祸机踏动矣。"[02]南华老人劝戒世人的一片赤诚之心,真是炽热动人,沁人肺腑。

南华老人饱经沧桑,对社会生活和自然变化都有着深刻的体验,因而他具有超出常人的丰富奇特的想象力。《庄子》之书之所以会被誉为奇书,自然也就不奇怪了。庄子自谓其著书:"以谬悠之说,荒唐之言,无端崖之辞,时恣纵而不傥,不以觭奇见之也。以天下为沈浊,不可与庄语。""独与天地精神往来"。(《天下》篇)也就是说,他认为天下溷浊,不能用庄重的语言来论说,只能用悠远、广大、不着边际的言词和话语,无拘无束、自由地抒发感情。他的寓言故事的取材范畴,是相当广泛的。有的是猎取平常生活中的素材;有的则纯属杜撰而成;有的是借助史料而改写,赋予新的血液和生命;有的是利用神话作为题材而写。这就使《庄子》之书,成为想象奇特、富丽堂煌、丰富多彩的杰作。犹如万紫千红的花苑,奇花异草,争奇斗妍,经久不衰。所以,我们阅读《庄子》之书,就好像游览大千世界,令人

---

01 刘凤苞《南华雪心编》。
02 《南华经解》。

目不暇给，获益甚夥。此其一。

其二，谈到庄子的平生理想，如若不仔细研讨，就很难找到答案。只要经过反复研究，就会发现，庄子一生是在孜孜不倦地追求着自己的理想。儒家的代表人物孔子和孟子，他们追求的理想是实行"仁政"。道家学派的老子和庄子，他们追求的理想，是"以自然为宗"、恬淡无为。近人李大防曾经说，庄子之道"至博、至大、至深、至玄，而其指归则至约也"，所谓"约"者，指"虚"而言，认为"惟虚而后无为，亦为虚而能自然"。[01] 林云铭说："三十三篇之中，反复十余万言，大旨不外明道德、轻仁义、一死生、齐是非、虚静恬淡、寂寞无为而已。"[02] 他们的看法，有一个共同点，即庄子追求的最终理想是：虚静恬淡、寂寞无为、安时处顺、复归自然。这种"以自然为宗"的理想境界，庄子锲而不舍，梦寐以求，至死不悔。

庄子执着追求"以自然为宗"的理想境界，包括下面三个方面的内涵。

第一，恬淡无为，顺应自然。《田子方》篇说："夫水之于汋也，无为而才自然矣。"意谓水自然涌出，不受任何约束，言外之意，说明人亦应如此。《天地》篇说："明白入素，无为复朴，休性抱神，以游世俗之间者……"成玄英诠释说："夫心智明白，会于质素之本；无为虚淡，复于淳朴之原。"[03] 陆西星比成氏诠释得更加清晰，他说《庄子》"篇篇皆以自然为宗，以复归于朴为主。"[04] 庄子所谓"入素"，"复朴"，是在宣扬"无为虚淡"、复归自然的思想，并非今天学术界有人所说是庄子"崇尚自然美"。庄子宣扬"无为虚淡"、复归自然的思想，具体表现，即在其主张顺应自然，反对有为，认为有为即有害。这种思想，在《庄子》中，彼彼皆是。如《大宗师》篇说："死生，命也；其有旦夜之常，天也。人之有所不得与，皆物之情也。"成玄英说："夫旦明夜暗，天之常道，死生来去，人之分命。天不能无昼夜，人焉能无死生？故任变随流，我将于何系哉？……而流俗之徒，逆于造化，不能安时处顺，与变俱往，而欣生恶死，哀乐存怀，斯乃凡物之滞情，岂是真人之通智也。"刘凤苞说："究之天，亦纯任自然，而非有造作安排之迹。"[05] 他们所谓"任变随流"、"安时处顺"、"纯任自然"云云，都是诠释庄子"以自然为宗"的思想。庄子还经常谈到"能天"。所谓"能天"，亦是"以自然为宗"的意思。

---

01 《庄子王本集注》内篇总论。
02 《庄子因》总论。
03 郭庆藩《庄子集释》。
04 《南华经副墨》。
05 《南华雪心编》。

《庚桑楚》篇说："唯虫能虫，唯虫能天。"这里所谓的"天"，亦是无为虚淡，顺应自然的意思。何谓"天"？庄子自己曾经明确地说"无为为之谓之天"（《天地》篇）。对于这个问题，钱澄之曾经指出："庄子以自然为宗……因其自然，惟变所适，而《易》之道在是矣。"[01]钱氏之见，不同凡响，把一般学者难以解决的问题，竟寥寥数语，就讲得非常明白。

第二，反对约束，恢复本性。庄子主张纯任自然，自由地发展和生存，反对人为地约束性灵的一切桎梏。庄子说："夫鹄不日浴而白，乌不日黔而黑，黑白之朴，不足以为辩。"（《天运》篇）又说："牛马四足，是谓天。落马首，穿牛鼻，是谓人。"（《秋水》篇）鹄白乌黑，出自本性，天生而成。牛与马天生四足，是其本性，落马首，穿牛鼻，是人为之，失其自然，损其本性，妨碍自然发展。显而易见，庄子是以禽鸟和动物比喻人类。反对用人为的桎梏，约束人的本性，妨碍人类自由发展。《骈拇》篇就对用礼乐仁义等削性害生的罪过，大加鞭笞。《渔父》篇，更加明确讽刺孔子提倡"仁义"，是对人的"真性"的危害。说孔"仁则仁矣……苦心劳形，以危其真"。所谓"真者"，庄子自己曾解释说："真者，所以受于天也，自然不可易也。故圣人法天贵真，不拘于俗。"（同上）《天地》篇继承和发展老子五色、五声、五臭、五味，以及"趣舍"使人"失性"的思想，认为此五者"皆生之害也"，"为天性之桎梏"[02]。从庄子有关这方面的表述中，我们不难看到，庄子的目的是在猛烈地抨击儒、墨之徒所设制礼乐仁义等陈腐教条，窒息人们的思想，损害性灵，妨碍人们个性自然发展。

第三，向往原始社会和"混茫"世界。所谓"建德之国"，即是庄子向往的理想王国。按照庄子的描述，这个国度，"其民愚而朴，少私而寡欲，知作而不知藏，与而不求其报，不知义之所适，不知礼之所将，猖狂妄行，乃蹈乎大方。其生可乐，其死可葬。"（《山木》篇）不言而喻，此等社会，是不知礼义的愚昧无知的原始社会。对这种古老的原始"混茫"世界的状况，除上面描述的情景外，在《庄子》里，还有几处具体的描写，如《缮性》篇说："古之人在混芒之中，与一世而得淡漠焉。当是时也，阴阳和静，鬼神不扰，四时得节，万物不伤，群生不夭。人虽有知，无所用之，此之谓至一。当是时也，莫知为而常自然。"宣颖说"混芒之中"，

---

01 《庄·屈合诂自序》。
02 宣颖《南华经解》。

是谓"元气未离";"至一"是说"无知无欲"[01]。这种淡漠无为，与万物群生，不伤不夭，同生同长，无知无欲的社会，按照恩格斯《家庭·私有制和国家的起源》的论述，还是处在人类没有开化的最低级的蒙昧时代。《马蹄》篇，所谓的"至德之世"，与"建德之国"是同样的蒙昧社会，只是描绘的具体境况有所不同罢了。庄子所说的"至德之世"的情景是："山无蹊隧，泽无舟梁，万物群生，连属其乡，禽兽成群，草木遂长。是故禽兽可系羁而游，鸟鹊之巢可攀援而窥。夫至德之世，同与禽兽居，族与万物并，恶乎知君子小人哉！同乎无知，是德不离。同乎无欲，是谓素朴。素朴而民性得矣。"可想而知，庄子崇尚的这种"民性素朴"的原始社会，是愚昧无知的人类个性绝对自由的社会。我们必须看到，庄子所追求的个性自由发展，反对人为的约束，有其正确的方面；但其中也有其消极的落后性。社会在发展，历史在前进，不管庄子出于什么目的，他主张社会倒退，挽回已经前进了的人们的耳目，只能是逆历史潮流而动的倒退行为。如果庄子企图以此来表现对当时黑暗社会的否定，这也是非常消极的。这即暴露出庄子作为一个知识分子所具有的诗人气质的明显弱点。

其三，庄子散文具有强烈的诗的语言节奏和韵味。在先秦诸子中，《老子》是具有哲理性的散文诗，文句简短，颇有韵味。《论语》只是一种语录体文字，文字呆板，缺乏诗意。《孟子》篇幅较长，长于叙事，善于雄辩，言辞丰富，笔锋犀利，作为先秦散文，已经蔚为大观。庄周与孟轲，同为战国早期人，孟子是儒家的代表人物，庄子是道家的代表人物。

庄子无论在气质和个性方面，都与孟子迥然不同。严格地说，孟子书生气很重，只是个典型的知识分子。庄子富于幻想，胸怀坦荡，直言不讳，具有炽热的诗人气质，是一个富有反抗精神的典型的知识分子。因此，庄子的散文，并非是一般的散文，而具有诗歌的节奏和韵律，生动抒情，轻快、活泼，令人喜爱，富有无穷的韵味。如《逍遥游》篇："藐姑射之山，有神人居焉。肌肤若冰雪，淖约若处子；不食五谷，吸风饮露；乘云气，御飞龙，而游乎四海之外；其神凝，使物不疵疠而年谷熟。"《在宥》篇写广成子斥责黄帝说："自而治天下，云气不待族而雨，草木不待黄而落，日月之光益以荒矣，而佞人之心翦翦者，又奚足以语至道？"《天地》篇："荡荡乎！忽然出，勃然动，而万物从之乎！此谓王德之人。视乎冥冥、听乎无声。冥冥之中，独见晓焉；无声之中，独闻和焉。故深之又深而能物焉，神之又神

---

01 《南华经解》。

而能精焉。故其与万物接也，至无而供其求，时骋而要其宿，大小，长短，修远。"凡此等等，真是如诗如画。作者经常以诗人的笔触，用高度概括和凝炼的语言，用长短句对称的笔法，用音乐的旋律和节奏，抒发其炽热的情怀，唱出悦耳动人的歌声。其中，意蕴深邃，饱含着富赡的哲理性，又令人索解不尽。

综上所述，足以说明庄子是中国浪漫主义文学之祖。

庄子文学的讽刺艺术

文如其人。庄子为人正直不阿，不媚权贵，不屈于势利。他对社会上存在的许多丑恶现象，都能够使用辛辣冷峭的文字，给予无情的揭露和抨击。前人说庄文，嬉笑怒骂，皆成文章。把它视为庄子散文的一种鲜明的艺术特色，这样的评价是比较公允的。在《庄子》中，说庄子宁愿过贫困生活，也不愿做官，不与统治阶级合作。《秋水》篇说："庄子钓于濮水，楚王使大夫二人往先焉，曰：'愿以境内累矣。'庄子持竿不顾，曰：'吾闻楚有神龟，死亦三千岁矣，王巾笥而藏之庙堂之上，此龟者，宁其死为留骨而贵乎？宁其生而曳尾于涂中乎？'二大夫曰：'宁生而曳尾涂中。'庄子曰：'往矣！吾将曳尾于涂中。'"这虽然是以寓言形式表达出来的，但却生动地说明了庄子宁愿过着贫困生活，也不与统治阶级合作的态度。《至乐》篇有则寓言，写庄子见梦于髑髅，髑髅说："死，无君于上，无臣于下，亦无四时之事，从然以天地为春秋，虽南面王乐不能过也。"它生动形象地说明，庄子追求自由、渴望无拘无束的生活。然而，他的朋友惠施，做了梁惠王的相，由于小人从中作梗，说庄子要去夺取惠施的相位，惠施便在大梁都城搜查三天三夜，表现出非常不友好的态度。庄子得知此事，颇为生气，在他会见惠施时，便向惠施讲述一则寓言说："南方有鸟，其名为鹓鶵，子知之乎？夫鹓鶵发于南海而飞于北海，非梧桐不止，非练实不食，非醴泉不饮。于是鸱得腐鼠，鹓鶵过之，仰而视之曰：'吓！'今子欲以子之梁国而吓我邪？"（《秋水》篇）惠施是否会有此等举动，这是不必深究的。庄子只不过是借用此则寓言，发泄自己的牢愁而已。对此，刘凤苞曾透过现象，看到问题的实质。他说："惠子非真有此事，特庄子寓言以醒世耳。""腐鼠一喻，极隽极毒，所谓嬉笑怒骂，皆成文章也。"[01]的确，庄子通过此则寓言，把世间那种以小人之心度君子之腹的"鄙夫"的阴暗心理，揭露得淋漓尽致，讽刺何其辛辣！陆西星

---

01 《南华雪心编》。

评论说："世道交情，观此可发一长笑。庄生直为千古写出鄙夫鄙悰之态"。[01]这则寓言的主旨，正在于此。

基于不逐势利，不愿做官，甘愿过贫困生活的思想，庄子对那种不择手段，阿谀奉承，而取得高官厚禄、荣华富贵的小人，是深恶痛绝的。《列御寇》篇，写宋国曹商，出使秦国，阿谀奉迎，大悦秦王之心，得车百乘。他以此夸口于庄子说："夫处穷闾陋巷，困窘织屦，槁项黄馘者，商之所短也。一悟万乘之主，而从百乘者，商之所长也。"他这番话，一则讽刺庄子无能，只能身居穷闾陋巷，困窘织屦为生；二则自我吹嘘，说自己有一悟万乘之主，取得荣华富贵的才能。这种贬低别人，抬高自己的拙劣表演，真堪称古今"鄙夫"的典型。对待此等小人，庄子并未施以仁慈，他以牙还牙，予以有力的还击。他说："秦王有病召医，破痈溃痤者得车一乘；舐痔者得车五乘；所治愈下，得车愈多。子岂治其痔邪，何得车之多也？"庄子以辛辣冷峭的深刻语言，讽刺曹商给秦王舐痔，所以才窃得荣华富贵。庄子借用此类小人，"以比今之阿谀苟容、窃取权势者"[02]，显然具有深刻的社会意义。

道不同，不相为谋。道家学说与儒家学说，在许多问题上，都是相互抵捂的。司马迁曾经指出，庄子"善属书离辞，指事类情，用剽剥儒、墨，虽当世宿学不能自解免也。"[03]苏轼以来，明清学者，出于维护孔子的地位，强说庄子是尊孔的，这除了制造混乱，并不能说明什么问题。庄子对儒家标榜仁义，欺世盗名，是极为憎恶的。《外物》篇"儒以诗礼发冢"的寓言，对那些以诗礼为名，挂羊头卖狗肉，欺世盗名的伪儒，给予了尖刻辛辣的批判。陆西星说："儒以诗礼名家，而所以教其弟子者，不过日夜剽窃古人之余绪，斯不谓之盗儒乎？"刘凤苞说："诗礼是儒者之所务，发冢乃盗贼之所为。托名诗礼，而济其盗贼之行，奇事奇文，读之使人失笑。"陆、刘的评论可谓是颇有见地的，道出了这则寓言的真谛所在。《盗跖》篇，写庄子痛斥孔子摇唇鼓舌，欺世盗名，蛊惑人心，竟使孔子无地自容，连连下拜。真是极尽讽刺挖苦之能事，堪称讽刺文学一绝！纵观中国文学史，可以说庄子对后代讽刺文学的成长和发展起了积极的作用。在《庄子》中，我们通过类似这样的寓言故事，不难看到，南华老人不仅没有脱离现实社会，他对现实社会还是十分关注的。胡文英对庄子的研究有独到见解，他说："庄子眼极冷，心肠极热……心肠热，故感慨万

01　《南华经副墨》。

02　《南华经副墨》。

03　《史记·老子韩非列传》。

端。"[01]说明庄子虽有消极遁世思想，事实上，他并没有完全脱离现实社会，过着不食人间烟火的隐士生活。相反，他对社会上许多丑恶现象，往往都是愤愤不平，疾恶如仇的。庄子这种对待政治的态度，恰恰又促进他散文风格的形成。所以说思想和文风的形成，是相辅相成的，二者不能截然分开。另一方面，通过一些生活和生死问题，我们也能看到庄子的人生态度及其鲜明的艺术特点。人世社会，五花八门，三教九流，纷纷扬扬，热闹非常，冷暖炎热，酸甜苦辣，悲欢离合，真善美丑，应有尽有。人们究竟怎样才能应付这种繁复杂乱的社会现实，度过艰难的人生呢？的确，这是一门颇深的学问。庄子对待人生和社会问题，与众不同，他应对如流，总是以谈笑风生，幽默诙谐的态度，轻松愉快地予以对待。庄子在寓言故事中，表现这方面主题的作品并不在个别篇章。《外物》篇写庄周家贫，去向监河侯贷粟，监河侯是个吝啬鬼，不愿借给，还戏弄庄周说："诺！我将得邑金，将贷子三百金，可乎？"庄周颇为生气，并以幽默诙谐的语言，以谈笑风生讲故事的方式，来讽刺监河侯其为人。庄子忿然作色说："周昨来，有中道而呼者。周顾视车辙中，有鲋鱼焉。周问之曰：'鲋鱼来，子何为者邪？'对曰：'我，东海之波臣也。君岂有斗升之水而活我哉？'周曰：'喏！我且南游吴越之王，激西江之水而迎子，可乎？'鲋鱼忿然作色曰：'吾失我常与，我无所处。我得斗升之水然活耳。君乃言此，曾不如早索我于枯鱼之肆！'"写得很生动，饶有情趣。揭示出朋友之间，平日侃侃而谈，似乎亲如手足，而一旦遇到危难，却冷若冰霜。陆西星对此则寓言故事，曾经评论说："生事萧疏，穷途仗友，仁者当亟赒之。乃为此纡缓不急之谈，友道之薄，莫甚于此。"这对于势利之交，不讲情谊之徒，无疑将是有力的讽刺。由此说明庄子堪称中国讽刺文学之祖。

新人耳目的寓言故事

《庄子》之书，大都是寓言故事，虚构成分居多。寓言故事，一般都具有寓意深刻、含蓄蕴藉、生动形象、娓娓动听的特点。庄子的寓言故事，还有其独特的与众不同的个性特征，即具有新人耳目的特点。庄子把它的书，分为寓言、重言、卮言三类，其实这三类是一类。胡远濬就说："庄子自别其言，有寓、重、卮三者，其

---

01 《庄子独见·庄子论略》。

实重言皆卮言也,亦即寓言也。"[01]此话颇有道理。庄子的寓言故事,究竟有哪些与众不同的特点,应当从哪几方面去探讨呢?我认为,应当从以下三方面:(一)辛辣冷峭的讽刺艺术;(二)幽默诙谐的人生态度;(三)神秘玄虚的道艺物化观念。

庄子寓言的讽刺艺术,已在前面论述,故在此略而不谈。虽在此不谈,而此点也是庄子寓言的突出特色。

南华老人秉性旷达,所以能视生死如春秋代谢,潇洒超脱。《庄子》中的许多寓言和议论文字,即足以表现庄子旷达超脱的个性及其幽默诙谐的艺术风格。《至乐》篇写庄子妻死,庄子不哭。惠子去吊丧,看见庄子"方箕踞鼓盆而歌",感到异常奇怪,于是就问庄子说:"与人居,长子,老,身死,不哭亦足矣,又鼓盆而歌,不亦甚乎?"其实则不然。庄子妻刚死,他本来也很悲伤。后来,他悟出生生死死的道理,就变悲伤为快乐了。所以,他答惠子说:"不然。是其始死也,我独何能无慨然?察其始,而本无生;非徒无生也,而本无形;非徒无形也,而本无气。杂乎芒芴之间,变而有气,气变而有形,形变而有生,今又变而之死,是相与为春秋冬夏四时行也。人且偃然寝于巨室,而我噭噭然,随而哭之,自以为不通乎命,故止也。"所谓"不通乎命",即不懂得人的生死规律。庄子所谓人生的规律,也就是上面所说的那番道理。在一般人看来,南华老人此等言行举止,似乎近于滑稽,不近人情。晋代的孙楚就曾经指责庄子说:"妻死不哭,亦何而欢?慢吊鼓缶,放此诞言。殆矫其情,近失自然。"[02]明代陈荣选表示不同意孙楚的看法。他说:"庄子鼓盆,似不近人情,不知此种无情学问,究竟性命者紧要,得力正在于此。"[03]应当说,陈荣选别具慧眼,识破了南华老人的天机,真正体会到"庄子妻死"寓言的旨趣所在。明代徐文长说:"庄周轻死生,旷达占无比。"[04]则更是拨开千古迷障,还原庄子超脱旷达的人生态度。

即使庄子自己将要死去,他也仍然是谈笑风生,置生死于度外,表现出幽默诙谐的态度。《列御寇》篇写庄子将死,弟子想为他举行厚葬之礼。庄子反对弟子这种想法。他说:"吾以天地为棺椁,以日月为连璧,星辰为珠玑,万物为赍送,吾葬具,岂不备乎?何以加此?"弟子说:"吾恐乌鸢之食夫子也。"庄子说:"在上为乌鸢

---

01 《庄子诠诂·序》。
02 《庄子赞》。
03 《南华经句解·至乐》眉批。
04 《读〈庄子〉》。

食，在下为蝼蚁食，夺彼与此，何其偏也？"在这里，庄子在临死之前，没有丝毫贪生怕死的念头，能够这样谈笑自如，口出奇言，幽默非常，这种豪放旷达的浪漫精神，真是"天地万物中，赫赫然有此一人在！"[01]不愧为是中国文学豪放派的鼻祖。

谈到庄子其人，人们总感到他是个神秘而难于捉摸的人物；谈到庄子其书，人们总感到太复杂，比较费解。这究竟是什么原因呢？我认为《庄子》书中神秘玄虚的道艺物化观念，也是人们产生这种看法的主要原因之一。《庄子》书中这种神秘玄虚的道艺物化观念，又构成庄文比较突出的浪漫主义风格。正因为如此，人们一方面感到《庄子》之书神秘玄虚，一方面又爱不释手，感到其中有令人咀嚼的浓郁芳香。要深究这个问题，必然就要涉及老子和庄子尊崇的"大道"。他们尊崇的"大道"究竟是何物？说来，这也是个难以论述而带有严重神秘色彩的问题。从本质上而言，老子和庄子都认为"道"是物质的东西。老子说："道之为物，惟恍惟惚；惚兮恍兮，其中有象；恍兮惚兮，其中有物。"（《老子》第二十一章）"道"不仅是物质的东西，老子还认为"道"是看不见、听不到、摸不着、不可名状的东西。庄子继承和发展了老子的大"道"观念，认为"道"无所不在，在蝼蚁、梯稗、瓦甓、屎溺等一切物质中。而且，认为此"道"只可意会，不可言传。老、庄所谓的"道"，其神秘玄虚性，由此亦昭然若揭了。在庄文中，就浸透了这种神秘玄虚色彩，因此，它也就孕育了庄子文学的浪漫主义风格。

《天道》篇轮扁斫轮的寓言故事，是众所周知的。轮扁斫轮，技艺虽然高超，但不能传授。轮扁声称其斫轮技艺："臣不能以喻臣之子，臣之子亦不能受之于臣。"其妙就妙在，只能体会，不能言传。宣颖说此则寓言，正说明"道之在虚也、静也、无为也"[02]林云铭说："说此一喻，正见意非言所能传也。求道者，当于不传处通之，则几矣。"[03]宣、林二氏，皆说明庄文的神秘玄虚色彩。"庖丁解牛"（《养生主》篇）、"吕梁丈夫蹈水"（《达生》篇）、"梓庄削木为鐻"（同上）和"捶钩者"（《知北游》篇）、"匠石运斤成风"（《徐无鬼》篇）等等所表现出来的出众技艺，表面上看，在具体操作上与轮扁斫轮不同，实际上它们却有异曲同工之妙，其旨趣基本是相同的。

庄子散文中所表现出来的"物化"观念，实际上又是其"大道"观念的另一种

01　胡文英《庄子独见》。

02　宣颖《南华经解·天道》。

03　《庄子因》。

表现。可以说，庄子的"物化"观念，从不同的角度，又给庄子散文的浪漫主义特征，增添了许多"弦外之音"和光怪陆离的异彩。《齐物论》中庄周梦蝶的寓言，古来即为人们所津津乐道，并成为不少文人骚客创作的题材。庄周梦为蝴蝶，栩栩然蝴蝶也。此时，庄子已经进入"物化"境界。他感到舒适愉快，竟然忘记自己是现实存在着的庄周。可是，当他忽然觉醒时，又感到自己还是庄周，因此，便惊疑万状，不得其解，发出"不知周之梦为胡蝶与？胡蝶之梦为周与"的感叹。事实上，"周与胡蝶必有分矣，此之谓物化。"所谓"物化"，按照庄子的观点，这就叫"大道"时而化庄周，时而化为胡蝶，万物齐一的"物化"现象。《至乐》篇写滑介叔左肘生柳（瘤）的寓言故事，与庄周化为蝴蝶，同样都是"物化"现象。死生同状，万物为一，即庄子《齐物论》的基本思想。宣颖说："周可为蝶，蝶可为周，可见一天下无复彼物此物之迹，归于化而已。"[01] 林云铭惊叹，庄生老人想象奇特，认为"除是天仙，断不能寄想到此，""意愈超脱，文愈缥缈，"[02] 洋溢着浪漫主义的浓厚感情。直至当代，庄周梦蝶的"物化"现象，为今天作家创作时传神入化，又提供了借鉴。

刘熙载曰："庄子寓真于诞，寓实于玄，于此见寓言之妙。"[03] 由此亦说明庄子是中国寓言之祖。

论庄子小说的奇趣怪味

本文探讨三个问题：一是为庄子是中国小说之祖正名，二是庄子小说的奇趣怪味，三是庄子作为哲人道人之作非同凡响。

一、庄子是中国小说之祖

中国对于小说的概念的界说，自古以来就含混不清。因而对小说的源头的认识，自然也就产生了不同的看法。中国学者撰写中国小说史论著，这也只是近代以来的事。然而，对中国小说源头的认识，似乎已经形成了固定的传统看法，即认为中国魏晋南北朝小说是中国小说的源头。其实，此种传统的观念及其认识，未必就是正确的，理由有三点，这里只作一些简要的论述。

关于小说的概念，汉代学者即有界说。东汉桓谭就曾对小说的概念和社会功能作过明确的阐述，他说："小说家合残丛小语。近取譬喻，以作短书，治身理家，有

---

01 《南华经解》。
02 《庄子因》。
03 《艺概·文概》。

可观之辞。"[01]并说:"庄周寓言,乃云尧问孔子,《淮南》云共工争帝,地维绝,亦皆为妄作。故世人多云短书不可用。"所谓"妄作",即杜撰之作。

稍后,班固对小说的概念和功能,似乎又作了"权威"性的阐释。他说:"小说家者流,盖出于稗官。街谈巷语,道听途说者之所造也。孔子曰:'虽小道,必有可观者焉,致远恐泥。'是以君子弗为也,然亦弗灭也。闾里小知者所及,亦使缀而不忘,如或一言可采,此亦刍荛狂夫之议也。"[02]并列《师旷》六篇等十五家。且不论他们对小说概念及其社会功能的阐释和认识是否正确,起码可以说明,在汉代以前即有小说存在。此其一。

从桓谭和班固对小说概念和社会功能的阐释和认识,说明汉代学者是用儒家的观点来看待小说的,因此,他们的看法并非正确。直到唐代,魏征等在编撰《隋书·经籍志》时,方对小说的社会功能给予足够的重视。《隋书·经籍志》说:"《易》曰:'天下同归而殊途,一致而百虑'。儒、道、小说,圣人之教也,而有所偏……亦可以兴化致治者矣。"所谓"有所偏",是说儒、道、小说,都是"圣人"之教,皆可以"兴化致治",只是有所偏重不同罢了。应当说,魏征等人对小说社会功能的认识是正确的,汉代学者对小说概念的界说及其对小说社会功能的认识,是不足为据的,并不能作为衡量小说的圭臬。此其二。

对于中国小说之滥觞,中国古代不少学者早就有过许多精辟的见解。比如,明代小说大家冯梦龙在《古今小说·叙》中说:"史统散而小说兴,始乎周季,盛于唐,而浸淫于宋。韩非、列御寇诸人,小说之祖也。"胡应麟认为,《师旷御晋平公》、《晋治氏女徒》(《汲冢琐语》)为"古小说之祖"。[03]清代纪昀认为,《山海经》"侈谈神怪,百无一真",亦是"小说之祖"。[04]

清朝末年,天僇生(王钟麒)在其《中国历代小说史论》论文中指出:"自黄帝藏书于小酉之山,是为小说之起点。此后数千年,作者代兴,其体亦屡变。"[05]此说太遥远,似有"羚羊挂角,无迹可求"之感。然而,凡此等等,都说明我国古代不少学者并不认为魏晋南北朝小说为中国小说的滥觞。今人对中国小说的源头,亦有许多不同的看法。1958年,上海古籍出版社出版的《师旷》一书,封面即标明为

---

01 李善《文选》注引《新论》。
02 《汉书·艺文志》。
03 《少室山房笔丛》。
04 《四库全书简明目录》。
05 黄霖、韩同文编《中国历代小说论著选》下册,江西人民出版社1985年版。

"古小说辑佚"。《晏子春秋》，亦被视为"古典小说集"[01]。《燕丹子》，清代孙星衍认为此书作于史迁、刘向之前，被认为"是一部古小说"。[02] 最近几年出版的几种《中国历代小说选》，亦把汉代韩婴的《韩诗外传》、刘向的《列女传》、赵晔的《吴越春秋》、应劭的《风俗通义》等书中的一些作品，选入小说选本中。已故吴世昌和胡念贻两位先生，生前亦都写过探讨先秦小说的文章。方勇的《论先秦小说》[03]论文，对先秦小说的诸多问题，进行了比较科学的论述。根据上述情况，足以说明，古代和现代当代许多学者并不认为魏晋南北朝小说为中国小说的源头。此其三。

我认为，有充分的理由论断，中国小说的源头在先秦。《庄子》书中，小说佳作颇多，因此，庄子应当是中国小说之祖。我认为庄子是中国小说之祖，并非主观臆断，早在我国宋代，著名学者黄震就主此说。黄震说："庄子以不羁之才，肆跌宕之说，创为不必有之人，设为不必有之物，造为天下必无之事，用以眇末宇宙，戏薄圣人，走弄百出，茫无定踪，固千万世诙谐小说之祖也。"[04] 虚构人、物和事件以构成完整的故事，这正是小说区别于其他文学样式的主要标志。庄子作品中的人、物、事，大都是虚构的，故事完整，恣肆跌宕，茫无定踪，嬉笑怒骂，"戏薄圣人"，黄氏谓庄子为"千万世诙谐小说之祖"，并非戏言。遗憾的是，过去中国古典文学研究界，对黄氏的此种精辟见解，并没有引起重视，以致贻误了时机，影响了开拓中国小说研究的新领域。应当认识到，中国历史上有许多问题，还没有得到正确的认识；其中有些问题，并非是一朝一夕能够解决的，必须经过好几代人的反复认识、反复论证，才能得到解决。对于中国古代小说，也必须用新的观点、新的方法，从新的角度进行研究，才能拓宽研究的领域，给小说研究注入新的活力。说到这里，庄子是中国小说之祖的问题就解决了。

二、庄子小说的奇趣怪味

庄子小说取材较广，因而其小说种类亦较多。大致可分寓言小说、志怪小说、历史小说和社会小说四类。对此四类小说，本文不拟分别论述。庄子小说最为显著的特色，有四方面：一是历史人物，面貌一新；二是塑造形象，新颖奇特；三是故事生动，饶有情趣；四是宣扬道义，高深莫测。对此诸多问题下面分别予以论述。

---

01 吴则虞：《晏子春秋集解·序言》。
02 《燕丹子》（标点说明），中华书局1985年版。
03 《俞平伯先生纪念文集》，巴蜀书社1992年版。
04 《黄震日钞·读诸子·庄子》。

其一，历史人物，面貌一新。庄子小说中所描写的历史人物，并非保留历史人物的原貌，作者都按照自己的思想，对历史人物做一番脱胎换骨的改造，注入新的血液，赋予其崭新的面貌。如庄子小说中出现的黄帝、尧、舜、禹、老子、孔子、跖等历史人物，都与其原来的历史人物面貌迥然不同。黄帝是传说中的中国远古时代的五帝之一，教诲初民播种五谷草木，劳勤心力耳目，节用水火材物。黄帝又是传说中的道家的始祖。《汉书·艺文志》记载《黄帝君臣十篇》，注曰："起六国时，与《老子》相似。"汉代称道家为"黄老"[01]，即本于此。然而，庄子小说中的黄帝，却被描写成不懂"长生"之道，不晓"无为而治"的平庸之辈。庄子有两篇小说，即把黄帝塑造成此等人物。一篇是写黄帝问广成子以"至道"（《庄子·在宥》）的小说，说黄帝立为天子十九年，令行天下。黄帝听说广成子修身一千二百岁，住在空同之山，便去问他"至道之精"，"以佐五谷，以养民人"。广成子非常藐视黄帝，把他看成不懂"至道"的俗人，并批评黄帝说："自而治天下，云气不待族而雨，草木不待黄而落。日月之光日益荒矣！而佞人之心翦翦者，又奚足以语至道！"黄帝受到广成子的批评和奚落，便捐天下，筑室独居，席白茅，闲居三月，然后复往求教于广成子。当时，广成子南首而卧，黄帝顺下风，膝行而进，再拜稽首而问："治身，奈何而可以长久？"广成子听到黄帝改变"佐五谷、养民人"的治国初衷，而问"长生"之道，便蹶然而起曰："善哉问乎！"于是便告诉黄帝"至道之精"和"长生"之术。广成子说："至道之精，窈窈冥冥；至道之极，昏昏默默。无视无听，抱神以静，形将自正。必静必清，无劳女形，无摇女精，乃可以长生。目无所见，耳无所闻，心无所知，女神将守形，形乃长生……"活画出广成子是个道家的形象。广成子还告诉黄帝说："得吾道者，上为皇而下为王；失吾道者，上见光而下为土。"并声称："余将去女，入无穷之门，以游无极之野。吾与日月参光，吾与天地为常……人其尽死，而我独存乎！"广成子把"至道"说得虚无缥缈，神秘莫测；把自己说成与日月齐光、与天地为常的长生不死的神人。黄帝却成为渺小的凡夫俗子。刘凤苞评论此篇小说说："如此篇驳倒黄帝，真足令治天下者，嗒然自丧，不敢有所作为。"[02]

庄子另一篇写黄帝问牧马童子"为天下"之道（《庄子·徐无鬼》）的小说，亦

---

01 有学者认为，"黄老"为"黄老道"，与道有别为一道，此说非也。见本书《论道家的产生及其发展》。

02 清刘凤苞《南华雪心编》卷三。

把黄帝描写成不懂"无为而治"的庸人。牧马童子则是深谙"至道"的天师。牧马童子告诉黄帝:"夫为天下者,亦奚以异乎牧马哉!亦去其害马者而已矣!"意谓治天下,要顺应自然,"无为而治";否则,沉迷于强治天下,就会有害于天下。以牧马之道,来比喻治天下。由此可见,庄子小说中的黄帝,与史书上记载的黄帝形象判若两人。庄子小说中的黄帝,是小说家的再创造,自然不能同史书中的黄帝形象等量齐观。

讽刺儒士,奚落孔子,已成为庄子小说的一种鲜明主题。"道不同,不相为谋。世之学老子者则绌儒学,儒学亦绌老子。"[01]所以,庄子小说中孔子的形象,同历史上孔子的形象不同。则变成了另一种人格。庄子"戏薄圣人",即谓此。自然,我们不能以庄子小说中孔子的言行,去评价孔子。庄子小说中所描写的儒士,亦是虚构人物,并非历史真实。今人写历史小说讲究基本符合历史真实,庄子随心所欲,并不讲究这个。

"庄子与鲁哀公论鲁服"(《庄子·田子方》)的小说,具有深刻的讽刺意味。写庄子见鲁哀公,鲁哀公对庄子说:"鲁多儒士,少为先生方者。"意谓鲁国儒士甚多,没有什么人会去学习先生的道家学说。庄子却说:"鲁少儒。"哀公说:"举鲁国而儒服,何谓少乎?"庄子说:"周闻之:儒者冠圜冠者知天时,履句屦者知地形,缓佩玦者事至而断。君子有其道者,未必为其服;为其服者,未必知其道也。公固以为不然,何不号于国中曰:'无此道而为此服者,其罪死!'"于是哀公号之五日,而鲁国无敢儒服者。惟独有一丈夫,儒服而立于公门。哀公即召而问以国事,千转万变而不穷。庄子看到此情,便说:"以鲁国而儒服者一人耳,可谓多乎?"小说讽刺"儒士"虚伪者甚多,大都故作姿态,沽名钓誉,自欺欺人。刘凤苞评论此篇小说谓:"甚矣!真儒之少也,为鲁国慨叹。即以针砭天下后世之为儒者。李太白有《嘲鲁儒》诗,盖从此脱化而去。"[02]可见,小说批评儒士,是针对时弊而发,具有普遍的社会意义。从历史角度而言,鲁哀公去庄子二百余年,小说中的鲁哀公与历史上其人,亦殊不相同。小说中的鲁哀公经过庄子的改造,已经面貌一新,成为徒有其名的子虚乌有先生。

"盗跖教训孔子"(《庄子·盗跖》)的小说,可谓惊世骇俗,颇为引人瞩目。"盗跖",有的说他是黄帝时人,有的则说他为秦国人,总之,他与春秋末年的孔子,相

---

01 《史记·老子韩非列传》。
02 《南华雪心编》卷五。

距甚远，作者硬把他们扯在一起，让"盗跖"教训孔子，真是想入非非，令人叹为观止。小说写"盗跖"从卒九千人，横行天下，侵暴诸侯，穴室枢户，驱人牛马，娶人妇女；贪得忘亲，不顾父母兄弟，不祭先祖。所过之邑，大国守城，小国入保，万民苦之。把一个古代人民起义领袖，描绘成十恶不赦的大盗的形象，真是骇人听闻，令人毛骨悚然。就是盗跖此等人物，孔子竟然要去说服他改恶从善，悔过自新。孔子卑躬屈膝，求见盗跖。当时，盗跖方休卒大山之阳，脍人肝而馆之。谒者通报，孔子来见。盗跖闻之大怒，目如明星，发上指冠，指名痛斥孔子说："此夫鲁国巧伪人孔丘非邪？为我告之：尔作言造语，妄称文武，冠枝木之冠，带死牛之胁，多辞谬说，不耕而食，不织而衣，摇唇鼓舌，擅生是非，以迷天下之主；使天下学士不反其本，妄作孝弟，而侥幸于封侯富贵者也。子之罪大极重，疾走，归！不然，我将以子之肝益昼铺之膳。"而孔子仍然低声下气，再次求见盗跖。孔子趋而进，避席而走，拜见盗跖。盗跖两展其足，案剑瞋目，声如乳虎，曰："丘前来！若所言，顺吾意则生，逆吾意则死！"……孔子听完盗跖的教训，再拜趋走，出门上车，执辔三失，目茫然无所见，色若死灰。据轼低头，不能出气。小说写盗跖教训孔子，以及对盗跖和孔子形象的刻画描写，极为生动形象，精彩动人，扣人心扉，堪称小说家的绝妙之笔。[01]

庄子小说中的诸多历史人物，尽管姿态百出，人物各异，然而亦尽如作者塑造黄帝、孔子、盗跖的形象一样，皆赋予其新的思想，新的面貌，让他们在特定的历史舞台上，认真地表演，尽情地歌唱。而这诸多历史人物，毕竟是经过作者艺术化了的人物，与历史上的其人其事，是不能同日而语的。

其二，塑造人物，新颖奇特。刘熙载说庄子"意出尘外，怪生笔端"，[02]的确道出庄子小说异想天开、雄奇瑰丽、新颖奇特的特点。

庄子小说塑造的形形色色的不同人物，皆与儒家学派的人物大异其趣。庄子笔下的人物形象，无不深深打上道家思想的烙印，新颖奇特，走弄百出。庄子主张淡漠无为、安时处顺，认为有为即有害，或害一己，或害天下。在其反映此种思想的小说中，他所描写人物的言行举止、音容笑貌，与庄子的这种思想如出一辙。如"老聃死，秦失吊之"（《庄子·养生主》），写老子故去，友人秦失前往吊唁。号哭

---

01 宋苏轼认为《庄子》中《盗跖》、《说剑》、《渔父》等篇并非出自庄子手笔，以为是后人伪托之作，完全是主观臆断，不足为据。详见其《庄子祠堂记》。
02 《艺概·文概》。

三声而出。对他此种表现，其弟子深感惊讶，便问道："非夫子之友邪？"秦失说是他的朋友。弟子又问："然则吊焉若此，可乎？"秦失说可以。于是，他就把"号哭三声而出"的原因，告诉弟子。他说先前，以为老子是平常之人，现在看来，老子并非常人。刚才，去吊唁老子时，看见老者哭他，如哭其子；少者哭他，如哭其母。他们所以聚会到此吊唁老子，必然有不想吊唁而吊唁、不想哭而哭之。他们如此吊唁和哭老子，皆失去天性、违背真情。因为他们不知道，老子生时是应时而来；死时是顺时而去。"安时处顺，哀乐不能入"。在古代，这叫"悬解"（即天帝之桎梏被解除）。秦失说他吊唁老子，三号而出，正是这个原因。通过此篇小说，我们不难看到，秦失这种奇怪的形象及其反常表现，正是庄子安时处顺、哀乐不入的养生之道的曲折反映。对于一般并非精通庄学的人来说，像庄子笔下秦失此等奇人，是难以理解的。甚至古代有的著名治庄学者，由于一时疏忽，对于秦失的反常表现，亦百思不得其解。如清代治庄学者林云铭，他对庄子此篇小说的旨趣何在，就寻觅不出答案。因此，他说："本题（按指《养生主》）是养生，说及死，已为奇矣。乃吊而不哭，反怪夫人之哭，尤为奇也。及怪夫人之哭，因怪死者有以致其哭，吾不知其从何设想？大奇！大奇！"[01]从林氏惊乎秦失这个人物为"大奇"，"不知其从何设想"。亦正可说明庄子小说塑造人物新颖奇特的突出特点。

为了更加突出地表现淡漠无为、顺应自然的主题，庄子还塑造一些群体人物形象，以加重表现作品的主题思想。如子祀、子舆、子犁和子来四人为友（《庄子·大宗师》）的小说，其中所描写的这样四个人的离奇古怪、超出常人的表演，正是为了表现淡漠无为、顺应自然的旨趣。此等四人，谈吐非凡，设想离奇，相互谈话说："孰能以无为首，以生为脊，以死为尻；孰知生死存亡之一体者，吾与之友矣。"四人相视而笑，莫逆于心，遂相与为友。小说开头，就把他们描写成体道者的形象。接着，小说写过了不久，子舆有病，子祀前去慰问。子舆感叹地说："伟哉！夫造物者将以予为此拘拘（按：拘挛不直貌）也。"意思是说：造物者让他鸡胸驼背、头下垂而背拱，五脏脉管在上，面颊隐藏在肚脐里，肩高于头顶，颈椎指天，阴阳之气错乱不调。但其心地宽闲，若无其事。他蹒跚而行，鉴于井说："嗟乎！夫造物者又将以予为此拘拘也。"子祀问他："女恶之乎？"答曰："亡！"并且侃侃陈词说：假若把我左臂变为鸡，我就用来报晓；假若把我的右臂变为弹，我就用来打鸮鸟，烤肉吃；假若把我的尻骨变为车轮，把我的精神变为马，我就用来当车乘。接着，他

---

01 《庄子因》卷一。

又感叹地说:"且夫得者,时也;失者,顺也。安时而处顺,哀乐不能入也,此古之所谓悬解也……吾又何恶焉!"意谓他并不厌恶造物者把他变成此等丑恶形象。小说写又过了不久,子来有病,喘喘然将死,其妻环而哭泣。子犁前去慰问,便喝斥人们避开,不要惊恐子来的生死变化。他倚其户与其语说:"伟哉造化!又将奚以汝为?将奚以汝适?以汝为鼠肝乎?以汝为虫臂乎?"子犁的问话,不着边际,真是荒唐可笑。不过,通过子犁的奇怪问话,说明他认为子来的死去,如同大自然的变化一样。是不足惊怪的,也不值得悲伤。更加奇怪的是,子来的回答,更是令人微妙难识。他说:"父母于子,东西南北,唯命之从。阴阳于人,不翅于父母。彼近吾死而我不听,我则悍矣,彼何罪焉?"意思是说:阴阳(按:即道)要他死,他不听,真是凶顽不顺,大道是没有罪的。言外之意,是说他应当安时处顺,听从造物者的安排。在这里,我们不难看出,庄子小说的荒诞神奇,就在其小说中的人物新颖奇特、怪态百出。庄子就是通过小说中此等神奇的人物,"以谬悠之说,荒唐之言,无端崖之辞",出神入化的灵境,来反映他的淡漠无为、顺应自然的深邃哲理和道义的。刘凤苞赞赏此篇小说说:"不规一格,一似有意出奇!"又云:"抉天人之奥,破生死之关,爽若哀梨,快若并翦,几于辩才无碍,独擅其长……灵气往来,融成一片,正见四人之莫逆心也。后来著述家,惟有龙门子长有此神境。"[01]作为庄学大家,此种见解,的确颇具慧眼,不同凡响。但是,庄子小说中所虚构的荒诞神奇人物,亦并非凭空而来,都可以从自由旷达、不受约束的庄子的个性得到印证。庄子是个幽默诙谐、具有高深道义和丰富哲理的学者,他的小说所塑造的各种奇特人物,"不规一格",多如繁星,变幻莫测,层出不穷,犹如傀儡纷纷登场,令人目不暇接。也可以这样说,蒲松龄的《聊斋志异》,大都以鬼妖狐怪,翩翩起舞,而令人倾倒。而庄子的小说,却以奇人怪人纷纷登场作戏,而令人拍案叫绝。不仅《庄子·德充符》中神态各异的丑怪之人,令人目不暇接,能给人以美的享受,即使庄子用浪漫主义笔法创作的小说,其艺术成就与西洋小说拉伯雷的《巨人传》相比,亦有过之而无不及,能给人以无穷的乐趣。如"任公子为大钩巨缁"(《庄子·外物》)的小说,写任公子以五十头犍牛为钓饵,蹲在会稽山上,投竿东海,旦旦而钓,一年不得鱼。之后,大鱼食饵,牵动巨钩,铬没海水,鹜扬奋鬐,自波若山,海水震荡。声侔鬼神,惮赫千里。任公子把此鱼剖开晒干,浙江以东,九嶷山以北,人们皆能饱餐此鱼。作者创作此篇小说,其主旨是讽刺"饰小说以干县令,其于大达亦

---

01 《南华雪心编》卷一。

远矣"。其中深奥的思想，在此，我们姑且不去讨论。从艺术上而言，庄子以如此夸张笔法，写出如此惊天地、动鬼神的艺术杰构，此等奇人奇事，在世界文库中亦颇为罕见。可见，刘熙载说庄子"意出尘外，怪生笔端"，并非虚言。

其三，故事生动，饶有情趣。一般说来，作为小说而言，大都具有故事生动、饶有情趣的特点。若与庄子小说相比，而一般小说的此种特点就会顿然失色。我们说庄子小说故事生动、饶有情趣，是因为它的故事情节鲜明生动，人物形象活泼逼真，呼之欲出，跃然纸背，能扣人心扉，令人喜闻乐见，具有强烈的戏剧性和诱人的艺术魅力。"老聃死，秦失吊之"、"盗跖教训孔子"、"任公子为大钩巨缁"等是这样，庄子反映"绝圣弃智"而民自化，葆于常真而不失至变，守气全神而可以养生等小说，亦充分表现了作者此种非凡的艺术才能。

"宋元君夜半而梦人被发窥阿门"（《庄子·外物》），就写得趣味盎然，颇有戏剧性。小说开端即引人入胜，写宋元君夜半，梦见有人被发窥阿门。被梦之人，是何许人？并非是人。而却是一个"神龟"。神龟见梦，告诉宋元君：我来自宰路（渊名）之渊，作为清江的使者，被派往河伯之所办事，却被渔人余且捕捉。我来请求你拯救于我。翌日，宋元君会朝，令余且献龟。宋元君得五尺白龟，欣喜若狂，是杀之，是活之，举棋不定。占卜，卜者说："杀龟以卜吉"。遂杀白龟，用来占卜，七十二钻，无不灵验。小说的篇幅并不长，故事情节却生动曲折，颇有情致。白龟见梦，宋元君会朝，余且献龟，卜者说"杀龟以卜吉"，杀龟，占卜而无灵验等，故事情节波澜起伏，曲折动人，颇有戏剧性。作者惟恐读者窥视不到小说的旨趣所在，最后又让孔子登台表演，点明主旨说：智有所困，神亦有所不及；去小智而大智明，去善而自善。极其生动形象地反映了老庄"绝圣弃智"而民自化的思想。

庄子小说设制的故事情节和刻画的人物形象，都是经过作者匠心独运、精心设制和描写的，故事情节较为复杂，人物形象较为丰满，并不像先秦寓言和神话故事情节那样简单、人物形象那样干瘦。"孔子见老聃"（《庄子·田子方》）小说，把孔子求教于老子的形象，刻画得更加楚楚欲生、活灵活现。老子作为道家的化身，其形象刻画得越发逼真。他们师生却代表儒与道两派，道术不同，形象殊异，在庄子给他们设制的文艺舞台上，都作了充分的表演。小说写孔子去见老子，看见老子新沐，在披发而干，全神贯注，呆若木鸡，好似非人。孔子对自己看见的老子的此种形象，产生了怀疑，以为是自己眼花缭乱，老子并非真的就是此种形象。因此，便问老子："丘也眩与？其信然与？向者，先生形体掘若槁木，似遗物离人而立于独也。"老子说："吾游心于物之初。"小说开头把孔子同老子的简短交谈，及其对他们形象的描绘，就非同凡响，颇能扣人心弦，令人产生浓郁的悬念。接着，就写孔子向老子提出许多问题，诸如什么叫"游物之初"？怎样游虚无之道？以及游虚无之道的方法等。老子对于孔子提出的问题都作了回答。说明行小变不失大常，喜怒哀乐不入胸次；视四肢百体为尘垢，死生终始为昼夜；至人之德，无为而自然，若天之自高，地之自厚，日月之自明，不修而自能焉等，用道家思想教诲了孔子。孔子说："丘对于道，就好像醋中的蠛蠓，没有夫子的启迪，就不会知道天地之大全"。此篇小说之所以会使人产生浓厚的兴趣，就在于它反映了儒、道殊途，塑造了新奇怪诞的形象，体现了道体微妙难识的异境奇趣。刘凤苞说此篇小说："末句收到天地之'大全'二字极妙，天地是个囫囵的，而万物并包于其内。无物之象，有物之精，得其最初者，乃能超出于万物之外。得其大全者，乃能主宰乎万物之中。前后俱觑定一'真'字，其行文则大含元气。"[01]把一篇旨趣，说得最为透彻。

"桓公田于泽"（《庄子·达生》），写得生动活泼，妙趣横生，洋溢着乐观的精神，更能令人赏心悦目，在庄子小说中又是一格。小说写桓公田猎而见"鬼"，管仲御，公抚管仲手说："仲父何见？"管仲说："臣无所见。"桓公返，呻吟成病，数日不出。齐士皇子告敖告诉桓公说："公则自伤，鬼恶能伤公。"于是，就把桓公得病的原因讲述一番。皇子说桓公："忿滀之气，散而不反，则为不足；上而不下，则使人善怒；下而不上，则使人善忘；不上不下，中身当心，则为病。"桓公听完皇子的话，仍然追问："有鬼乎？"皇子明白桓公的心病，因而故意说有鬼，就把自己杜撰的各种怪物，如"泽有委蛇"等等，向桓公述说一遍。桓公问："委蛇之状何如？"皇子说："委蛇，其大如毂，其长如辕，紫衣而朱冠。其为物也，恶闻雷车之声则捧其首而立。见之者殆乎霸！"由于皇子此话，正符合桓公急于称霸的心理，所以桓公辴然而笑说："此寡人之所见者也！"于是正衣冠与皇子坐，"不终日而不知病之去也"。故事生动形象，滑稽可笑，颇有讽刺意味。总之，庄子小说的故事情节，大都有戏剧性，具有百读不厌的艺术效果。

其四，宣扬道义，高深莫测。我们可以看到，对于庄子来说，无论是志怪小说、历史小说、寓言小说，还是反映现实的社会小说，其中蕴含的深邃道义和哲理，皆费人索解、高深莫测。所以，在读庄子小说时，往往会感到犹如坠入十里云山，

---

01 《南华雪心编》卷五。

寻觅不到蹊径所在。若不深谙老庄之道,就很难识破庐山真面目。譬如,"盗跖教训孔子"此篇小说,其主旨并非在于批判儒道、戏弄"圣人",而是在宣扬养生之道。我们从盗跖教训孔子的一段话中,即可清晰地看到小说的主旨所在。盗跖说:"今吾告子以人情:目欲视色,耳欲听声,口欲察味,志气欲盈。人上寿百岁,中寿八十,下寿六十,除病瘦死丧忧患,其中开口而笑者,一月之中不过四五日而已矣。天与地无穷,人死者有时。操有时之具,而托于无穷之间,忽然无异骐骥之驰过隙也。不能说其志意,养其寿命者,皆非通道者也……子之道狂狂汲汲,诈巧虚伪事也,非可以全真也,奚足论哉!"显而易见,小说的主旨是在宣扬悦志意、养寿命,逍遥无为的"全真"思想。前面谈到的"桓公田于泽"那篇志怪小说,似乎表面是在说明精神作用,可以起死回生,其实它深蕴的主旨亦是在宣扬庄子的养生之道。清代的庄学大师们,早就看破它的庐山真面目。宣颖说:"神摇则病生,神释则病去。神之系于人也如是,使桓公知养神,鬼无能侵之。"[01] 刘凤苞说:"借证桓公之病,以明养生之道,在守气而全神。"[02] 所以,有人说:此篇小说的主旨是:"说明精神因素对人生命的作用,既可以致人于死地,也可以救死回生。[03] 这正是此篇小说的实质问题。

  庄子小说取材广泛,描写形式多种多样,因此,他宣扬道义和哲理的小说也变化多端,扑朔迷离。乍看起来,有时好像它的主旨在此,经过反复探究,就会发现它的主旨并不在此而却在彼。"郑有神巫曰季咸"(《庄子·应帝王》)此篇小说,颇令人有此之感。表面上看,它似乎是在说明作者不相信"相术"的唯物思想,实际上它深含的哲理和道义,是在宣扬庄子雕琢复朴、立于不测、游于无为的思想。我们仔细研读此篇小说,就不难看到它的旨趣所在。小说写号称"神巫"的季咸,精通相术,给人相面,能看出人的死生、存亡、祸福、寿夭,并能说出其年、月、旬、日期限,灵验如神。因此,郑人唯恐其言不吉,见到他,皆逃避而去。而列子见之心醉,想传其术,认为其为道术之最,其师壶子差之甚远。其实,壶子是道家大师,道术高深。壶子告诉列子说,我教授给你的只是道术的表面,还没有教授给你道术的实质。壶子根本不相信季咸的相术,便让列子把季咸引来给他相面,以破其术。壶子气功功夫颇深,见到季咸,先示之以"地文"——"萌乎不震不正",即似生而却不动不止,"将生机萌乎九地之下,若生而不生"。季咸大惊,以为看到壶子死相,

---

01 《南华经解》。
02 《南华雪心编》卷五。
03 曹础基:《庄子浅注》。

便对列子说:"嘻!子之先生死矣,弗活矣,不以旬数矣!"连用三个'矣'字,"术士口角如生,毛发俱动"[01]列子以为老师真的要死,悲伤异常,泣涕沾襟。此时,壶子又示之以"天壤"——名实不入,机发于踵,即"阳气蒸于九天之上",一念不杂,勃然生气,自踵而发。季咸见之,惊异地对列子说"幸矣!子先生遇我也,有瘳矣,全然有生矣!""术士惯用此副自赞话头,曲曲写出",真是传神写照之绝笔。壶子又示之以"太冲莫胜"——阴阳二气,合为一气,非动非静,阴阳俱浑[02]。季咸见之,对列子说:"子之先生不齐,吾无得相焉。试齐,且复相之。""不齐",宣颖说是"动静不定"。最后,壶子又示之以"未始出吾宗"——虚而委蛇,即心地虚寂,而随物化。季咸见之,"立未定,自失而走"。壶子让列子马上追赶,列子追之不及,而对壶子说:"已灭矣,已失矣,吾弗及矣!"季咸自欺欺人的相术败破,原形毕露,落荒而去。林云铭说季咸:"伎俩已尽,羞见郑人,连舍郑国而他往,踪影俱绝。此术士行径也,写得好笑。"[03]此时真相大白,列子感到惭愧,始悟未尝学到真道,便自归家:"三年不出,为其妻爨,食豕如食人,于事无与亲。雕琢复朴,块然独以其形立。纷而封哉,一以是终。"列子"去其雕琢之迹,以复还淳朴之天",[04]万象纷纭,一概封住,超然于尘埃之外,立于不测,游于无为,进入道之化境。小说以此终结,真是虚无缥缈,韵味无穷。尽管小说旨趣"微妙玄通,深不可识",[05]但予以点破,便会有柳岸花明、豁然开朗之感。

值得思考的是,庄子小说的旨趣。为何如此令人费解呢?庄子作为道家、哲学家兼文学家,与孟子、荀子、韩非等人不同。孟子等著作论说事理,虽然也使用不少比喻和寓言故事或小说,而从总体上说,他们主要还是用抽象思维来论说事理的。庄子则与其不同。庄子著作微妙玄通的道义,深奥难识的哲理,大都是用小说和寓言故事的形象思维来表达,把要说明的事理深蕴在朦胧恍惚的形象之中。庄子认为:"大道不称,大辩不言"(《齐物论》);"可以言传者,物之粗也;可以意致者,物之精也"(《秋水》);"语之所贵者意也,意有所随。意之所随者,不可以言传也"(《天道》)。所以,庄子直接用形象来表达"意"。在此点上,庄子与《周易》所谓"书

---

01 《南华雪心编》卷二眉批引语。

02 同上。

03 《庄子因》卷二。

04 《南华雪心编》卷三。

05 《老子》第十五章。

不尽言，言不尽意"，"圣人立象以尽意"[01]的思想是一致的。因而，庄子小说更令人难以索解，容易使人产生歧义。

三、哲人道人之作非同凡响

庄子作为哲人道人的小说，与一般文学家的小说有着明显的不同。哲学家观察事物、体验生活，比较深刻，富有哲理性。道家思想微妙玄通，虚无缥缈，正是此种原因，庄子小说就与先秦两汉和魏晋南北朝其他作家之作有很大的不同。其不同之处，我认为主要有两点：一是意境不同；二是艺术风格不同。其次，先秦两汉小说与魏晋南北朝小说之间出现的一些反差现象，也就更能显示出了庄子小说在中国文学史上的地位。

庄子小说意境浑厚，味浓意郁，蕴含悠深，具有丰富的哲理性和虚无缥缈的神秘色彩。先秦两汉和魏晋南北朝其他小说，虽然也不乏佳作，一般说来，都显得意境浅显，蕴含匪深，没有庄子小说那种特殊怪味。把庄子小说与《左传》、《战国策》、《晏子春秋》、《新序》、《说苑》、《吴越春秋》、《搜神记》、《世说新语》等著作中的小说相比较，就很容易看到此种情况。为了便于说明问题，我们还是研讨一些具体作品，便可从中窥视到此种情趣。庄子"轮扁斫轮"（《庄子·天道》）的小说，大家都是比较熟悉的，但对其中的字句，可能并不会记得很清楚。为了便于比较，现将小说的原文援引如下：

> 桓公读书于堂上，轮扁斫轮于堂下，释椎凿而上，问桓公曰："敢问公之所读者。何言邪？"公曰："圣人之言也。"曰："圣人在乎？"公曰："已死矣。"曰："然则君之所读者，古人之糟魄已夫！"桓公曰："寡人读书，轮人安得议乎！有说则可，无说则死！"轮扁曰："臣也以臣之事观之。斫轮，徐则甘而不固，疾则苦而不入。不徐不疾，得之于手而应于心，口不能言，有数存乎其间。臣不能以喻臣之子，臣之子亦不能受之于臣，是以得年七十而老斫轮。古之人与其不可传也死矣，然则君之所读者，古人之糟魄已夫！"[02]

与庄子此篇小说同样内容，西汉韩婴也写了一篇小说。韩婴此篇小说与庄子小说对照阅读，它们的优劣工拙，便会不言而喻。韩婴此篇小说如下：

---

01 《周易·系辞上》。
02 《淮南子·道应训》"轮扁斫轮"的小说，是改写庄子小说而成，其旨趣与意境，与庄子小说基本相同。

楚成王读书于殿上，而伦扁在下，作而问曰："不审主君所读何书也？"成王曰："先圣之书。"伦扁曰："此直先圣人之糟粕耳，非美者也。"成王曰："子何以言之？伦扁曰："以臣轮言之。夫以规为圆，矩为方，此其可传乎子孙者也。若夫合三木而为一，应乎心，动乎体，其不可得而传者也。则凡所传直糟粕耳。"故唐虞之法可得而考也，其喻人心不可及矣。《诗》曰："上天之载，无声无臭。"其孰能及之？"[01]

在这篇小说中，作者把"桓公"改成"楚成王"，"轮扁"改为"伦扁"，其中的意境亦与庄子小说大不相同。庄子小说是在说明轮扁斫轮的技艺甚为微妙，只可意会，不能言传，意境浑厚，音韵天成，耐人寻味。韩婴此篇，亦想说明伦扁斫轮的技艺，只能存乎人心，不得言传于人。然而，作者通过伦扁斫轮的故事，并不能说明这种旨趣。其中小说的关键文字写道："夫以规为圆、矩为方，此其可传乎子孙者也。若夫合三木而为一，应乎心，动乎体，其不可得而传者也。"显然，据此并不能说伦扁有什么不可言传的技艺可言。小说最后又加上"唐虞之法"、"《诗》曰"的议论文字，也与伦扁斫轮的故事风马牛不相及。可见，此篇小说主题混乱，缺乏意境，令人索然乏味。

庄子"桓公田于泽"而见鬼的小说，看来是根据《管子》中的小说改写而成。《风俗通义》引《管子》说："齐公出于泽，见衣紫衣，大如毂，长如辕，拱手而立。还归，寝疾。数月不出。有皇士者，见公语，惊曰：'物恶能伤公！公自伤也。此所谓泽神委蛇者，唯霸主乃得见之。'于是桓公欣然笑，不终日而病愈。"[02]此篇小说写得比较粗糙呆笨，意境浅显，故事情节不够完整。经过庄子改写，便大大丰富了小说的故事情节，蕴含更加深邃，人物形象刻画得更加鲜明。较之原故事。庄子增加了管仲为御，桓公抚管仲手，二人对话的情节；增加了齐士皇子告敖告诉桓公："公则自伤，鬼恶能伤公"，公是忿滀之气"不上不下，中身当心，则为病"的情节；增加了委蛇捧首而立，"见之者殆乎霸"，桓公辴然而笑曰："此寡人之所见者也。"于是正衣冠与之坐，"不终日而不知病之去也"的情节。经过庄子如此改写，就赋予小说一种新的内涵和崭新的面貌，把齐桓公急于称霸，利令智昏，丑态百出的形象，和盘托出。由于小说旨在说明守气全神的养生之道，使得小说更加具有出神入化的灵境。真可谓点铁成金也！

01　《韩诗外传》卷五。
02　王利器：《风俗通义校注》卷九。《管子》中无此故事。

同后代小说相比，也能看出优劣。庄子有一篇"惠子相梁"的小说，刘向也有一篇"惠子欲相梁"的小说。虽然二者在内容上不尽相同，但从作品意境上去分析，还是能够鉴别出它们的高低工拙的。庄子此篇小说全文是：'"惠子相梁，庄子往见之。或谓惠子曰：'庄子来，欲代子相。'于是惠子恐，搜于国中三日三夜。庄子往见之，曰：'南方有鸟，其名为鹓鶵，子知之乎？夫鹓鶵发于南海而飞于北海，非梧桐不止，非练实不食，非醴泉不饮。于是鸱得腐鼠，鹓鶵过之，仰而视之曰：'吓！'今子欲以子之梁国吓我邪？"（《庄子·秋水》）此篇是寓言小说，表现庄子"无以得殉名"的思想。作者把相位比做腐鼠，意境顿然生辉，表现了庄子高尚的情操。刘向此篇小说的境界如何呢？小说全文是："梁相死，惠子欲之梁，渡河而遽堕水中，船人救之。船人曰：'子欲何之而遽也？'曰：'梁无相，吾欲往相之。'船人曰：'子居船楫之间而困，无我则子死矣，子何能相梁乎？'惠子曰：'子居船楫之间，则吾不如子，至于安国家、全社稷，子之比我，蒙蒙如未见之狗耳。"[01]不难看出，此篇小说写得虽生动形象，但格调不高，意境浅陋，与庄子小说相比，大有径庭。

庄子小说的深远意境，言有尽而意无穷，犹如苍茫大海，无边无际，望不到尽头。这与庄子小说宣扬虚无缥缈的道义有着密切的内在联系。这是其一。

其二，哲人道人之作在艺术风格上较之一般作家的作品，亦有着显著的不同。庄子小说大都表现出恣肆汪洋、雄奇怪诞、虚无缥缈的特色，字里行间洋溢着浪漫主义精神。先秦两汉和魏晋南北朝其他作家的小说，相对而言，就显得有些朴实无华、板滞呆笃。庄子小说的此种艺术风格，在其许多小说中都有所表现。如"孔子观于吕梁"（《庄子·达生》）此篇小说，写吕梁丈夫水性超常，蹈水有术。悬水三十仞，流沫四十里，鼋鼍鱼鳖不敢游，吕梁丈夫却跳水而游。此人游数百步而出，披发行歌，游于塘下。孔子观看此等情景，目瞪口呆，以为是"鬼"。再如，"任公子为大钩巨缁"的浪漫主义手法，"列御寇为伯昏无人射"的警辟奇险镜头，"盗跖教训孔子"那戏弄"圣人"、出奇制胜的惊人场面，"庄子梦见空髑髅"（《庄子·至乐》）对人间之劳的感慨万千，凡此等等，都淋漓尽致地表现了庄子小说富有个性特征的艺术风貌。其他小说，如《晏子春秋》这部古典小说集，虽然具有鲜明的政治思想色彩，有些篇章亦不乏讽刺趣味。但总的看来，大都写得平实质朴，缺乏气势。再如《左传》中"介子推不言禄"、"蹇叔哭师"，《战国策》中"齐人有冯谖者"、"赵太后新用事"，《孟子》中"齐人有一妻一妾"，《列女传》中"齐相御妻"、

---

01 《说苑》卷十七。

"鲁漆室女"，《风俗通义》中"李君神"等，其中对许多人物形象的刻画描写，大都栩栩如生，有声有色。《吴越春秋》中"吴女紫玉传"，亦写得波澜起伏，曲折动人，颇有戏剧性。有些小说并不能说它们没有什么艺术风格，但它们都不像庄子小说那样雄奇瑰丽，幽默诙谐，形成了一种与众不同的独特风貌。庄子小说具有的此种奇趣怪味，其中就浸透着丰富的哲理情思和微妙玄通、虚无缥缈的道义。简而言之，庄子小说与其他作家小说在艺术风格上的不同，也可以说就在奇与正的不同。

如果我们对先秦两汉和魏晋南北朝的小说进行比较研究，就会发现先秦小说和魏晋南北朝小说之间，出现了一种反差现象。先秦小说在中国小说史上，属于小说早期的作品，因而就不可避免地存在一些稚气，即有些小说叙事较少，对话较多。如"庄子说服赵文王停止斗剑取乐"(《庄子·说剑》)、"渔父教训孔子"(《庄子·渔父》)等即是，但亦仍不失为上品。[01] 当然也不能一概而论，庄子有的小说叙事性就较强，有些小说叙事与对话间半，如"宋元君画图"、"任公子为大钩巨缁"、"列御寇为伯昏无人射"、"郑有神巫曰季咸"、"孔子观于吕梁"、"宋元君夜半梦人被发窥阿门"等小说，在艺术上都是属于比较优秀的作品。逮至两汉，尤其到后汉，小说的形式便逐渐臻于成熟，如应劭的《风俗通义》、赵晔的《吴越春秋》等著作中的有些小说，已经克服了先秦小说乃至汉初小说那种对话过多的弊端，在形式上更加完美，尽管不像唐传奇、宋代话本小说篇幅那样可观。

可是，令人奇怪的是，到了魏晋南北朝时期，随着历史的发展，社会的进步，小说这种文学形式，应当更加臻于完美。但是，这个时期有些小说，如干宝的志怪小说《搜神记》、刘义庆的志人小说《世说新语》等，无论在艺术形式还是在思想内容上，不但没有什么高言妙句，也没有什么审美价值，反而不如先秦两汉小说那样令人爱读，能给人一种审美享受。如《战国策》"齐人有冯谖者"、"赵太后新用事"，《孟子》"齐人有一妻一妾"，庄子的"轮扁斫轮"、"桓公田于泽"、"任公子为大钩巨缁"、"列御寇为伯昏无人射"等小说，与魏晋南北朝有些小说相比，显得更完美些。

---

01 袁振保认为，《德充符》、《应帝王》、《盗跖》、《渔父》、《说剑》等，"是中国小说之先河"；并称赞《渔父》篇，"直与小说无二"。见《东方论丛》第一辑《庄子思维方式与文学艺术》。

附注： 本文原发表于《河北大学学报》1993年第3期，收录本书时，作者又作了适当的修订。

庄子的哲学和美学思想概要

庄子是我国著名的文学家，同时也是我国著名的哲学和美学家，在中国哲学史和美学史上占有极其重要的地位。在这里，只简略地论说庄子在哲学和美学方面几个主要的卓越建树。

其一，庄子追求绝对思想自由。庄子所追求绝对自由的思想，在其代表作《逍遥游》篇，即有充分的表现。庄子认为，大鹏扶摇直上九万里，蜩与鸴鸠"决起而飞"，列子"御风而行"，都还是"有所待"，（即有所依赖），没有达到真正的绝对自由。只有做到"无己"、"无功"、"无名"，排除一切功利目的，"无所待"，方能"乘天地之正，而御六气之辩（变），以游无穷"。所谓"以游无穷"，即逍遥无为于绝对自由的境界。不难看出，庄子企图超越客观条件的制约，追求绝对的思想自由，也是不可能达到的。

其二，庄子继承了老子的基本思想，创立了"相对论"的学说。庄子认为，一切都是相对的。他说："物无非彼，物无非是。""彼出于是，是亦因彼。""是亦彼也，彼亦是也。""彼亦一是非，此亦一是非。"（《齐物论》）等等。庄子创立这一"相对论"学说，含有丰富的辩证思想，给人们观察自然和社会的许多现象提供了理论根据。事实证明，历史上和当今世界许多自然和社会问题，正符合庄子的此种"相对论"学说。不过，庄子否定认识相对真理的可能性，自然也是错误的。

其三，庄子提出齐生死、等万物的妙论。庄子认为，世界上一切矛盾对立的双方，诸如生与死、贵与贱、荣与辱、成与毁、大与小、然与不然、可与不可，等等，皆无差别（《齐物论》）。所谓"万物一府（即一样），死生同状"（《天地》），也是此意。事实上，世上的万事万物，都是有差别而不相同的。庄子的此种观点，从表面上看，显然是奇谈怪论，但骨子里却表现了他超脱旷达的思想。

其四，庄子提出要"法天贵真"、"复归于朴"，以"自然为宗"。庄子说"法天贵真，不拘于俗"（《渔父》），意思是说：遵守自然（天）法则，珍视纯真本性，不受世俗的人为约束。他所谓"复归于朴"（《山木》），即反朴归真之意。庄子的这种以"自然为宗"的思想，并不能认为就是"崇尚自然"的美学思想。但它对后世"崇尚自然"的美学思想的形成，却具有直接的影响，而又与之不同。庄子以"自然为宗"的思想，其中蕴含有三层意思：一是含有恬淡无为，安时处顺的思想；二是含有反对人为的约束，恢复纯真的自然本性的思想；三是含有向往原始社会的"混茫"世界的思想。这在《庄子》书中《骈拇》、《天地》、《天道》、《缮性》、《秋水》、《山木》、《渔父》等篇，皆有明显的表现。

其五，不相信生死由命，不迷信鬼神。在我国春秋战国时代，由于科学不够发达，有许多人相信天命和迷信鬼神。儒家的代表人物孔子和孟子，在一定程度上是相信命和天命的。墨家的墨翟不相信"命运"，而却相信"天命"和迷信鬼神，因此，他主张"尊天"、"明鬼"。庄子不相信生死由命，不迷信鬼神。《庄子》书中所讲到的"天"和"命"，往往都是从哲学意义上的自然规律而言。他书中有时为了表达某种思想，也曾使用"鬼"、"神"二字，只不过是借用而已。庄子对人的生与死的问题，就有精辟的见解。他说："人之生，气之聚也；聚则为生，散则为死。"（《庄子·知北游》）能够通乎性命之情，看透人的生死规律，具有超脱旷达的精神。所以，明代徐文长说："庄周轻死生，旷达古无比。"（《读〈庄子〉》）

《庄子》书中有两则破除迷信鬼神的寓言故事，给人留下了深刻的印象。一则是《应帝王》篇，写一个名叫壶子的道家术师，他利用气功，揭穿"神巫"季咸谎称能预见人的生死、存亡、祸福、寿夭的骗术。另一则是《达生》篇，写齐桓公田猎"见鬼"，气荡神摇而致病的寓言故事，生动而巧妙地说明，世上并无"鬼"，"鬼"不能伤人，是人"自伤"的道理。

其六，以丑怪内德为美。庄子认为，人的贵与贱，并不能以天子与匹夫来划分，应当以其行为"美丑"为划分标准。他在《盗跖》篇就明确地说："故势为天子，未必贵也；穷为匹夫，未必贱也。贵贱之分，在行之美丑。"

基于庄子的此种贵贱美丑观，他在《人间世》和《德充符》两篇中，分别塑造了七个形体残缺不全的丑陋奇人怪人，这些丑陋奇人怪人，虽然形象可怖，但他们的德行才智都超过了常人，是天下最受人欢迎和爱戴的人。又如，《山木》篇写宋地某店主，有妾二人，一人美，一人丑，丑者受宠，美者却受到冷落。何故？因为美者虽然自以为美，店主并不认为她美；丑者虽丑，她品德好，店主并不嫌其丑。此则寓言故事，其用意是在告诫人们："行贤而去自贤之行"，走到哪里都会受到爱戴。

不难看出，庄子通过以上寓言故事，其目的是要破除陈腐的道德观念，同时也表现了庄子以内德丑怪为美的美学思想。庄子的这种美学思想，无论在古代或今天，都曾经或正在产生积极的影响。

其七，只可意会、不可言传的美学思想。庄子继承了老子"道可道，非常道"，道体至虚，只可意会、不可言传的思想。庄子认为："大道不称，大辩不言"（《齐物论》）；"可以言传者，物之粗也；可以意致者，物之精也"（《秋水》）。庄子在《天道》篇中说：世俗之人所珍贵的大道，全靠书籍的记载。而书籍的记载不过语言而已。语言文字，有其可贵之处，然而语言文字的可贵，就在它深邃的外在含义。它的外在含义是难以表达的，是只可意会而"不可以言传"的。因此，老子和庄子都说："知者不言，言者不知。"意思是说，真正知晓大道的人，是不会用言语来说明大道的；而用言语说明大道的人，其实并不知晓大道是只可意会而不可言传的。庄子把此种"只可意会，不可言传"的思想，用在表现技艺上，就体现了他的"只可意会，不可言传"的美学思想。《天道》篇轮扁斫轮的寓言故事，就生动地说明了这个问题。轮扁"得手应心"的高超斫轮技艺，之所以不能传授给子孙，就是因为他的此种绝技，只可意会，不可言传，以致使他"行年七十"，总还是在斫轮。在庄子此种审美思想的哺育下，便直接促使了后代"书不尽言、言不尽意"（《周易·系辞上》）、"言外之意"、"弦外之音"、"言有尽而意无穷"的美学思想的形成。

论庄、骚并称的文化现象

中国古代的学者，往往以庄、屈合诂，或庄、骚并称，譬如，清代钱澄之的《庄屈合诂》、方人杰的《庄骚读本》等。他们作庄、屈合诂，或以庄、骚并称，从总的方面看，主要是从庄、屈相同的方面着眼的。今天，我们研究庄、骚并称的文化现象，不仅要看到庄、屈的相同点，同时也应看到他们的相异处。本文拟探讨这样三个问题：（一）庄、屈相同论；（二）庄、屈相异论；（三）庄、骚（或庄、屈）并称的文化现象的意义。

庄、屈相同论

庄子和屈原，都是我国战国时代楚国人。据司马迁记载："庄子者，蒙人也，名周。周尝为蒙漆园吏，与梁惠王、齐宣王同时。"又说："楚威王闻庄周贤，使使厚币迎之，许以为相。"[01] 由此可知，庄子生活在战国时代中后期，为宋之蒙（今山东省菏泽）人，与梁惠王、齐宣王、楚威王同时。据《史记·屈原贾生列传》记载，屈原名平，楚之同姓，为楚怀王左徒。这样说来，屈原只晚于庄子十几年。庄子和屈原都是楚国文化的著名巨人。《庄子》和《楚辞》是楚文化的两座丰碑。大约正是此种原因，古人才作庄、屈合诂，或以庄、骚并称的。论其原因，具体地说来，在于这样三方面：一是庄、屈在文学上皆有卓越的成就，是同一风格的奠基人；二是庄、屈人生坎坷，"哀怨"相同；三是他们情操高洁，正道直行，不与世俗同流合污，保持高尚的人格。

在中国春秋战国时代，诸侯力政，周天子名存实亡，国家在诸多方面都不统一，因此便形成南北文化的不同。具体地说，南方楚国文化与北方中原文化，就有许多明显的差异。关于北方中原文化的成因及其特点，这里不予赘述。关于楚文化的许多问题，这里也姑且不谈。只就南方楚国的地理环境、风土人情，对孕育庄子

---

01 《史记·老子韩非列传》。

和屈原浪漫主义文学的因果关系及其有关问题，简略地作一点探索。据《汉书·地理志下》记载，楚国有江汉川泽山林之饶，江南地广，民食鱼稻，以渔猎山伐为业，食物常足，"信巫鬼，重淫祀"。《国语·楚语下》亦云：楚国"民神杂糅，不可方物，夫人作享，家为巫史"，"烝享无度，民神同位"。楚国的地理自然环境，与北方中原苍茫无际的广阔平原迥异，尤其沅湘之际，"叠波旷宇，以荡遥情，而迫之崟嵚戌削之幽菀，故推宕无涯，而天采矞发，江山光怪之气，莫能掩抑"。[01]也就是说，楚国的江汉川泽山林，富有雄浑壮阔、妩媚多姿、幽冥神奇的境界，变化莫测，令人产生无穷的遐想。与北方重仁、义、礼、乐的教育不同，楚国"信巫鬼、重淫祀"的社会浪漫风俗，加上神奇的大自然，便孕育了许多杰出的文学艺术家、哲学家和思想家。自然，在他们的著作中，通过不同的形式，也都描绘和表现了孕育他们的丰富的社会和神奇的大自然。可谓"人杰地灵"[02]，相得益彰。庄子和屈原的著作所取得的伟大而特殊的成就，在一定意义上而言，即是对孕育他们的楚国社会和大地的反馈。庄子散文和屈原辞赋所独具的浪漫主义风格，即是南方楚文化的显著特色的表现。明代陈子龙谓庄子和屈原皆为楚贤人，"二子所著之书，用心恢奇，遣辞荒诞，其宏逸变幻，亦有相类"。[03]不难看出，陈氏已经窥视到庄子和屈原的作品所共同具有的浪漫主义风格，只是用词不同而已。由于时代的局限，他尚且没有能力论述庄、屈共同的恢奇荒诞、宏逸变幻的文风所形成的原因。直到近代，刘师培对于老子、庄子、列子和屈原之书所具有的共同文风及其形成的原因，他在《南北文学不同论》论文中，才给予明确的论述。他说："荆楚之地，僻处南方，故老子之书，其说杳冥深远。及庄、列之徒承之，其旨远，其义隐，其为之也，纵而后反，寓实于虚，肆以荒唐谲怪之词，渊乎其有思，茫乎其不可测矣。屈子之文，音涉哀思，矢耿介，慕灵修，芳草美人，托词喻物，志行芳洁，符于二南之比兴。而叙事记游，遗尘超物，荒唐谲怪，复与庄、列相同。"[04]应当说，陈子龙和刘师培的论述文字，对于我们深入地研究庄、屈异同问题，是有很大启迪的。尤其刘师培在《南北文学不同论》中，把南北文学的不同具体归结为两个原因，一是南北语言不同，中原为"北音"，称之为"夏声"；"南音"称之为"楚声"。二是南北风俗习惯相异，

---

01 王夫之《楚辞通释·序例》。
02 王勃《滕王阁序》。
03 《谭子庄骚二学序》。
04 《中国近代文论选》，人民文学出版社1959年版。

北方人"多尚实际",作文"不外是记事,析理二端"。南方人喜欢谈鬼祀神,作文"为言志、抒情体"。北方学者有"坚忍不拔之风";南方学者有"遗世特立之风"。刘氏的论述,是颇有见地的。从其论述中,亦可窥见庄、屈浪漫主义文学形成的一点信息。庄、屈浪漫主义文学的特色,具有这样几个共同的特点:(一)雄奇缥缈、荒诞谲怪的艺术意境;(二)新人耳目的神话寓言故事;(三)炽热动人的执着追求精神;(四)出乎寻常的夸张比喻手法。前文及拙著《论庄子散文的浪漫主义特色》[01]对庄子散文的浪漫主义特色,已作详尽论述。屈原作品的浪漫主义特色亦大抵如此,故不赘述。关于庄、屈相同论,这里只着眼于艺术风格方面,此其一。

其二,庄、屈"哀怨"相同论。清代学者胡文英曾说:"庄子最是深情,人第知三闾之哀怨,而不知漆园之哀怨有甚于三闾也。盖三闾之哀怨在一国,而漆园之哀怨在天下;三闾之哀怨在一时,而漆园之哀怨在万世。"[02]庄子并不是不食人间烟火的隐者,他也有一颗炽热的心,在密切地关注着人间的冷暖、世态的炎凉。过去,我们受一种错误思潮的影响,往往把庄子视为是不食人间烟火的隐士,这是对庄子片面的认识。清末李泰开认为庄子"踔厉孤行,藐然高寄"[03],意谓独往独来、逍遥遁世。并且说:"泰开幼读《逍遥游》、《养生主》、《马蹄》、《秋水》诸篇,慨然有遗世独立之想。"[04]此等简单化的看法,显然是比较表面和片面的,远远没有看到庄子对生活和社会的深刻体验。胡文英能够看到庄子有"哀怨"之心,说明他能够透过表面现象,洞察到问题的本质。值得指出的是,胡氏认为漆园之"哀怨"有甚于屈原,说屈原"哀怨"在一国、在一时,庄子"哀怨"在天下、在万世,此种说法,似乎失之欠当。实际上,庄子有庄子之"哀怨",屈原有屈原之"哀怨",是用不着这样评论和区分的。下面,分别来探索庄、屈的"哀怨"深情。

庄子不愿意做官,认为社会太黑暗,所以不愿与统治者合作。庄子对人生、对社会,有种种"哀怨",具体的说,有这样几种表现。

第一,深刻地揭露诸侯统治者穷奢极欲、发动不义战争、搜刮民脂民膏、兼并邻国土地的罪行。《庄子·徐无鬼篇》说魏武侯:"君独为万乘之主,以苦一国之民,以养耳目鼻口。""杀人之士民,兼人之土地,以养吾私与吾神。"庄子又借用辩士

---

01 《河北师院学报》1990 年第 4 期。
02 《庄子独见·庄子论略》。
03 《南华雪心编·叙》。
04 同上。

之口，讽刺统治者发动掠夺战争，就好像在蜗牛的左右角，"相与争地而战，伏尸数万"（《庄子·则阳篇》）。统治者虚伪地说"吾欲爱民而为义偃兵"（《庄子·徐无鬼篇》），庄子则一针见血地戳穿了他们骗人的伎俩，严正地指出，他们："爱民，害民之始也；为义偃兵，造兵之本也。"[01]也就是说，统治者所谓："爱民，适以害民；偃兵，适以造兵。"[02]他们实行的完全是非人道的。庄子能够不受统治者虚伪宣传的迷惑，深刻地揭示出问题的本质，亦可见他具有敏锐的政治嗅觉、清晰的洞察力。

第二，猛烈地抨击统治者残酷地镇压和奴役劳动人民。统治者为维护自己的统治、巩固他们的政权，便对反抗的人民进行残酷的镇压。庄子在《在宥篇》中曾揭露了这种现实："今世殊死者相枕也，桁杨者相推也，刑戮者相望也。""相枕"、"相推"、"相望"，是形容被镇压和杀害的善良人民非常众多。庄子甚至曾经毫无畏惧地指出，统治者口头宣讲仁义，实际上他们正是"窃国大盗"，把整个国家窃为己有。而人民拿了一个钩子，竟被处以死刑。社会是何等的黑暗！因此，庄子用犀利的笔触讽刺说："窃钩者诛，窃国者为诸侯，诸侯之门，仁义存焉！"（《庄子·胠箧篇》）庄子甚至还斥骂那些身居高位的统治者，并不是贤能之士，都是些"昏上乱相"（《庄子·山木篇》）。

作者还用颂古非今的笔法，歌颂古代"君人"，批判当世"君人"。《庄子·则阳篇》有一则柏矩哭齐之"罪人"的寓言故事，有力地批判当世"君人"陷害人民的罪恶行径。作者说："古之君人者，以得为在民，以失为在己；以正为在民，以枉为在己。故一形有失其形者，退而自责。"这是歌颂古代"君人"爱民责己的高尚品德。作者认为，当今"君人"与古代"君人"恰恰相反，他们："匿为物，而愚不识；大为难，而罪不敢；重为任，而罚不胜；远其途，而诛不至。"为镇压人民，设置了种种陷阱。结果，迫使人民不得不弄虚作假，以致起来造反。即是："民知力竭，则以伪继之。日出多伪，士民安取不伪？夫力不足则伪，知不足则欺，财不足则盗，盗窃之行，于谁责而可乎？"作者认为，君迫民反，产生伪、欺、盗的一切罪责，皆在"君人"。析理极为清晰，爱憎何等分明！谓庄子"哀怨"在天下，的确如此！

第三，反对压迫，追求自由。从上面第二条，即可看到，庄子反对压迫的思想。从《逍遥游》、《骈拇》、《渔父》等篇，亦不难看到，庄子追求逍遥自由的思想。特别值得指出，《至乐篇》写庄子梦见髑髅的寓言故事，是借髑髅之口，曲折地说明

---

01 《南华雪心编·叙》。
02 刘凤苞《南华雪心编》卷六。

人世间有许多"生人之累",诸如要受君臣关系的约束等。过去,我们在评论此则寓言故事时,则往往错误地认为,它是庄子悲观厌世、恶生乐死的消极思想的表现。其实,庄子利用此则寓言故事,寄寓其反对压迫和约束、向往自由的进步思想。从上述三点,即可说明庄子的思想具有许多"民主性的精华",是值得充分给予肯定的。

屈原之"哀怨",亦在国家和人民。屈原在楚怀王执政时任左徒(仅次于宰相的官),明于治乱,娴于辞令。"入则与王图议国事,以出号令;出则接遇宾客,应对诸侯。王甚任之。"[01] 同列上官大夫靳尚,与之争宠,心害其能。怀王使屈原造"宪令",属草稿,尚未定。靳尚欲夺为己有,屈原不予,便遭到谗毁。因此,屈原被疏、被流放。当时,战国"七雄"争霸天下,连横合纵局势趋于形成。楚怀王为纵长,联合齐、燕、韩、赵、魏,对抗秦国。"纵成楚王,横成秦帝"[02] 的形势,世人皆知。屈原为使楚国能富国强兵,联齐抗秦,忧心忡忡。然而,"党人"当道,屈原被疏,报国无门,满腹怨情,油然而生。正如司马迁所说:"屈平疾王听之不聪也,谗谄之蔽明也,邪曲之害公也,方正之不容也,故忧愁幽思而作《离骚》。……信而见疑,忠而被谤,能无怨乎?屈平之作《离骚》,盖自怨生也。"屈原"哀怨"之深,在《离骚》、《九章》等诗篇中,的确是溢于言表的。这是一方面,另一方面,尽管屈原被疏,离开郢都,他还是在为楚国的前途、怀王能否觉醒、人民的安危而忧虑。张仪为秦国,骗取楚国汉中等地,罪恶昭著,事后,张仪竟然敢于再到楚国,进行阴谋活动,对楚国来说,正是杀掉张仪,为楚国除害的机会。可是,怀王内惑于宠姬郑袖,外欺于张仪,却又把张仪释放。屈原听到此事,着急万分,劝谏怀王,杀掉张仪。但张仪已逃归秦国。屈原也只有暗自"哀怨"而已。对此,司马迁写出了屈原当时的心声。司马迁说:"(屈原)虽放流,眷顾楚国,系心怀王,不忘欲反,冀幸之一悟,俗之一改也。其存君兴国而欲反复之,一篇之中,三致志焉。然终无可奈何,故不可以反,卒以此见怀王终不悟也。"张仪得意洋洋,更加紧密谋,欲早日吞并楚国。阴谋秦楚通婚后,又密谋秦楚之会,邀怀王赴秦。怀王欲行,屈原谏曰:"秦虎狼之国,不可信,不如毋行。"怀王却听稚子子兰意见,入武关,被秦兵劫持,竟客死于秦而归葬。乘此之机,秦军大举入楚,后来攻占了郢都。楚国人民流离失所,置于水深火热之中。屈原"哀民生之多艰",叹楚国振兴无望,最后便投

---

01 《史记·屈原贾生列传》。
02 《战国策》。

汨罗而死,以身殉国。屈原之"哀怨",可谓千古难平!庄、屈之"哀怨",又怎能评判孰个深浅呢?

其三,庄、屈不与"小人"同流合污,保持情操高洁的人格。庄子认为社会太黑暗,所以不愿做官。司马迁说:"楚威王闻庄周贤,使使厚币迎之,许以为相。庄周笑谓楚使曰:'千金,重利,卿相,尊位也。子独不见郊祭之牺牛乎?养食之数岁,衣以文绣,以入大庙。当是之时,虽欲为孤豚,岂可得乎?子亟去,无污我。我宁游戏乎污渎之中自快,无为有国者所羁,终身不仕,以快吾志焉。"[01] 司马迁此段文字,是否是根据《庄子》书中的故事而改写,这都是无关紧要的。此段文字,即说明庄子不为金钱所惑,不为高官显位动心,不愿与统治者合作的高洁人格。庄子认为"天下沈浊","不可与庄语"(《庄子·天下篇》),只能用"谬悠之说,荒唐之言,无端崖之辞"(同上)来曲折地反映现实,表现对现实的不满。这是其一。其二,庄子最貌视那些溜须拍马、厚颜无耻、不择手段、奉迎主子,骗取高官厚禄的小人。《列御寇》篇写宋人曹商,为宋王使于秦,利用不可告人的手段,骗取秦王的欢心,得车百乘。他并不以此为耻,反以此为荣,便夸口于庄子曰:"夫处穷闾陋巷,困窘织屦,槁项黄馘者,商之所短也。一悟万乘之主,而从百乘者,商之所长也。"其实,曹商是在影射讽刺庄子无能,只能身居穷闾陋巷,困窘织屦为生。庄子对此等小人的挑衅,并未示弱,他针锋相对,以牙还牙。庄子说:"秦王有病召医,破痈溃痤者得车一乘;舐痔者得车五乘;所治愈下,得车愈多。子岂治其痔邪,何得车之多也?"给予曹商以迎头痛击,使其无还手之力。庄子正道直行,宁肯贫困终生,也不与小人混迹。庄子的人生哲学:恬淡虚静、顺应自然,无为而已。我们读《庄子》时,必须从不同角度,反复研讨,方能窥见庄子的真人所在。正如胡文英所说:读《庄子》要善用照法,正照之,斜照之,远照之,反照之。又说:"读《庄子》须把眼界放活,则抑扬进退,虚实反正,俱无定极。惟跟着神气轻重伸缩,寻觅将去,才能大叩大鸣,小叩小鸣。"[02] 胡氏研究《庄子》,的确颇得要领。对我们研究《庄子》,是有很大启迪的。屈原不愿与群小同流合污、孤芳自赏的高洁人格,与庄子是相同的。司马迁说:"屈平正道直行,竭忠尽智以事其君,谗人间之,可谓穷矣。"正因为如此,屈原对楚怀王偏听偏信、是非不分、忠奸不辨,是极为愤懑的。他在《离骚》中写道:"初既与

---

01 《史记·老子韩非列传》。
02 《庄子独见·读庄针度》。

余成言兮，后悔遁而有他。""荃不察余之中情兮，反信谗而齌怒。"谴责怀王相信谗言，看不到他忠君爱国的赤诚之心，改变了对自己的信任和许诺。诗人揭露群小嫉贤害能、排斥忠良说："众女嫉余之蛾眉兮，谣诼余以善淫。""世溷浊而嫉贤兮，好蔽美而称恶。"女媭爱护屈原，劝他改变初衷，与世沉浮。诗人执意不听，却说："伏清白以死直兮，固前圣之所厚。"女媭亦气忿地说："世并举而好朋兮，夫何茕独而不予听！"[01]屈原最后却被放逐于沅、湘之间。屈原行吟泽畔，颜色憔悴，形容枯槁。渔父见之，怜而问曰："子非三闾大夫与，何故至于斯？"屈原回答说："举世皆浊，我独清；众人皆醉，我独醒，是以见放。"屈原能够明察官场的溷浊、"众人"与世沉浮，所以能"浮游尘埃之外，不获世之滋垢"[02]。渔父劝他不要凝滞于物，与世推移，"何故深思高举，自令放为！"但屈原与渔父逃避现实的人生态度不同，他并不想当个隐士，因此便斩钉截铁地说："宁赴湘流，葬于江鱼之腹中，安能以皓皓之白，而蒙世俗之尘垢乎？"(《渔父》)诗人秉德无私，深固难徙，执着地吟唱着"朝饮木兰之坠露兮，夕餐秋菊之落英"(《离骚》)的诗句，表示坚决保持高洁的灵魂。诗人这种伟大高尚的人格，千秋万代，将会永远令人仰慕。由此可见，古代学者以庄、屈合诂，或庄、骚并称，是有其深刻的社会意义的。

庄、屈相异论

庄子和屈原有许多相同之处，正如前面所说；但他们也有许多明显的相异之点，龚自珍对此问题，看得颇为清晰，他说"庄、屈实二，不可以并"[03]。这是必须正视的问题。有人把屈原视为道家一派，值得商榷。

庄子继承和大大地发展了老子的思想，是道家思想的集大成者。庄子散文，千奇百怪、丰富多彩的寓言故事，在中国文学史上独树一帜。尤其他的带有合理内核的"相对论"的哲学思想，以自然为宗、以丑怪为美的美学思想，以及具有深刻内涵的政治社会思想，在中国哲学史、中国美学史和中国思想史上，都占有重要的地位。

屈原，尽管他有杰出的政治才能，有敏锐的思想和超常的洞察力，然而，他从政未成，以失败告终，他毕竟是以中国第一位伟大的诗人名世的。他创作的骚体文

---

01 《庄子独见·读庄针度》。
02 《史记·屈原贾生列传》。
03 《龚自珍全集·最录李白集》，上海人民出版社1975年版，第254页。

学——屈赋，是具有浓厚浪漫主义色彩的抒情诗，为中国辞赋和抒情诗的发展奠定了基础。屈赋，不仅在中国诗歌史上大放异彩，千古流芳，即使在世界诗歌史上也堪称瑰宝，是最优秀的抒写性灵的光辉诗篇。

对于庄子和屈原的相异问题，这里不想全面论述，只就其本质的不同方面，作一些简要的探讨。他们的最本质的不同，我认为就在于他们的人生理想追求的不同。

司马迁说："老子修道德，其学以自隐无名为务。"又说"李耳无为自化，清静自正"，"其修道而养寿也"。[01]对于庄子，司马迁说："其学无所不窥，然其要本归于老子之言。"尽管庄子与老子有许多不同，但我们从司马迁的这些简略论述中，对庄子的处世态度、人生理想追求，大抵已经能窥视出一点信息。

庄子主张无为、虚静、恬淡、寂寞、顺应自然。他说："夫虚静、恬淡、寂寞、无为者，万物之本也。"（《庄子·天道篇》）这种"万物之本"，即老子所谓的"有物混成，先天地生"[02]的"道"。"道"何谓"万物之本"呢？老子说："道生一，一生二，二生三，三生万物。"[03]老子认为，在宇宙之中，人的位置，并非是最高的。老子说："人法地，地法天，天法道，道法自然。"[04]看来，自然，在老庄哲学中是最高的境界。庄子认为，只有"无为"，方能达到"自然"的境界。庄子不愿做官，正是基于他"不以国伤生"的"无为"思想。他曾感叹地说："帝王之功，圣人之余事也，非所以完身养生也。今世俗之君子，多危身弃生以殉物，岂不悲哉！"（庄子·让王篇》）庄子在《应帝王篇》中，写倏与忽替浑沌凿七窍，日凿一窍，七日而浑沌死的寓言，则更加生动地说明有为即有害的思想。因此，庄子主张无为、顺应自然。他反对约束性灵，主张恢复人和动物的本性。他认为儒家提倡的仁、义、礼、乐，都是对人性的损削。他说："屈折礼乐，呴喻仁义，以慰天下之心者，此失其常然也。"（《庄子·骈拇篇》）他向往"天下诱（油）然皆生，而不知所以生；同焉皆得，而不知所得"（同上）的社会状态。他讽刺孔子说："仁则仁矣……苦心劳形，以危其真。"（《庄子·渔父篇》）对于"真"的内涵，庄子自己训释说："真者，所以受于天也，自然不可易也。故圣人法天贵真，不拘于俗。"[05]庄子的这种思想，显然，与屈原的思想是很不相同的。

---

01 《史记·老子韩非列传》。
02 《老子》第二十五章。
03 《老子》第四十二章。
04 《老子》第二十五章。
05 庄子这里所谓的"圣人"，与"真人"、"至人"、"神人"等皆为同义语，都是大道的化身。

庄子提倡养生之道。他在《养生主》篇中说：人生的时间是有限的，知识是无限的；以人生的有限时间而去追求无限的知识，那是非常危险的。所以，他为人生设制了养生的总则："为善无近名，为恶无近刑，缘督以为经，可以保身，可以全生，可以养亲，可以尽年。"意谓做好事，不要追求名誉；做不好的事，也不至于触犯刑律，把它作为遵守的中心准则，即可长生而终其天年。这就是庄子养生全身的基本宗旨。

庄子还提出"心斋"、"坐忘"的养生之道。所谓"心斋"，即是净化心志，恬淡至虚，庄子认为，要做到"心斋"，不能听之以耳，而要听之以心；不能听之以心，而要听之以气。"气也者，虚而待物者也。唯道集虚。虚者，心斋也。"（《庄子·人间世》篇）所谓"坐忘"，意谓坐而自忘，好像四肢与形体，聪明智慧，一切皆废。亦即庄子所谓身如槁木，心如死灰之意。用庄子自己的话说："堕肢体，黜聪明，离形去知，同于大通，此谓坐忘。"（《庄子·大宗师》篇）"同于大通"，即同于大道，庄子认为，唯有得道者，才能达到"心斋"、"坐忘"的境界。这是庄子排除杂念、净化思想，凭藉意念而进行的健身之术。对修身养性、除疾去病，达到强身目的，有积极的作用。但是，庄子又向唯心主义方向迈进了一步，他向往所谓"真人"达到的境界。真人、至人、神人和圣人[01]，对于庄子来说，有时都是同义语。对于"真人"，庄子说："古之真人，不逆寡，不雄成，不谟士。""过而弗悔，当而自得"，"登高不栗，入水不濡，入火不热"，"其寝不梦，其觉无忧，其食不甘，其息深深。真人之息以踵，众人之息以喉"（《庄子·大宗师篇》）云云，简直把"真人"神化了。老庄的这种长生仙化的唯心思想，后来被道教吸收，并且愈演愈烈。屈原在悲苦交集、对生活失去希望时，曾经一度受到庄子这种思想的影响，所以，在其《远游》诗篇中，写有这样的诗句："漠虚静以恬愉兮，澹无为而自得。闻赤松之清尘兮，愿承风乎遗则。贵真人之休德兮，美往世之登仙……超无为以至清兮，与泰初而为邻。"有人批评屈原有升仙思想，即指此而言。应当看到，这并非是屈原的主导思想，就在他吟唱"轩辕不可攀兮，吾将从王乔而娱戏"的诗句时，他也还在吟诵着"聊仿佯而逍遥兮，永历年而无成"（同上）的诗句，说明功业未就，壮志未酬，想逍遥无为，他是于心不安的。

在人生的理想追求上，庄子向往的是"小国寡民"和"至德之世"的社会。

---

01 庄子有时把"圣人"当做儒家崇拜的杰出人物来批判，如在《胠箧篇》中说："圣人不死，大盗不止。"有时，庄子又把"圣人"当做得了道家之道的人来歌颂。

"小国寡民"的社会形态,是老子首先设制出来的。老子说:"小国寡民,使有什伯之器而不用。使民重死而不远徙。虽有舟舆,无所乘之;虽有甲兵,无所陈之。使人复结绳而用之。甘其食,美其服,安其居,乐其俗。邻国相望,鸡犬之声相闻,民至老死不相往来。"[01]庄子不仅赞赏老子绘制的这种"小国寡民"的社会蓝图,甚至,他还主张社会应回到与鸟兽混杂同居的蒙昧时代。庄子向往的"至德之世",即是此种社会状态。他描绘的"至德之世"的社会蓝图是:"当是时也,山无蹊隧,泽无舟梁,万物群生,连属其乡,禽兽成群,草木遂长。是故禽兽可系羁而游,鸟鹊之巢可攀援而窥。夫至德之世,同与禽兽居,族与万物并,恶乎知君子、小人哉!同乎无知,其德不离;同乎无欲,是谓素朴。素朴而民性得矣。"(《庄子·马蹄篇》)庄子认为,这种混茫世界:"阴阳和静,鬼神不扰;四时得节,万物不伤,群生不夭。人虽有知,无所用之,此之谓至一。当是时也,莫知为而常自然。"(《庄子·缮性篇》)庄子为何向往此等蒙昧无知的社会?难道他真的不知此种"至德之世",是人类婴儿时代的蒙昧无知社会?庄子是个具有丰富渊博知识的哲人,自然,他对人类社会历史发展的进程,是了如指掌的。然而,他竟然发出此等耸人听闻的许多妙论,总是有其原因的。究其原因,是因为他认为社会太黑暗了,如前所述,他说社会"沉浊","不可与庄语",只有用"谬悠之说,荒唐之言,无端崖之辞",来表达思想,表示对现实的不满,唱出惊世骇俗的高调。钱澄之说:"庄子以自然为宗,而诋仁义,斥礼乐,訾毁先王之法者,此矫枉过正之言也。"[02]可谓道破了庄叟的天机。

屈原和庄子不同。屈原主要是受儒家思想的影响,他追求的理想是实现"美政",即尧、舜、禹、汤、周文王、武王的理想政治。钱澄之持庄、屈相同论,这正是他把庄、屈合诂的原因。他说:"庄子之性情于君父之间,非不深至,特无所感发耳。诗也者,感之为也。若屈子,则感之至极者矣。合诂之,使学者知庄、屈无二道……"(《庄、屈合诂·自序》)显而易见,钱氏把庄、屈视为完全相同的观点,是不够正确的。屈原遭受"党人"的诽谤,而被疏、被流放,可他坚持理想,始终不渝。女嬃、渔父劝他放弃理想,与世沉浮。对于他们的善意劝告,屈原都拒绝了。屈原把自己比喻为能执伏众鸟的"鸷鸟",他说:"鸷鸟之不群兮,自前世而固然。何方圆之能周兮,夫孰异道而相安?"(《离骚》)屈原为了实现"美政",培养许多人才,而在社会风气的影响下,他辛苦培植的人才蜕变了,芳草变萧艾,兰

---

01 《老子》第八十章。
02 《庄屈合诂·自序》。

芷变而不芳,荃蕙化而为茅。他自己还是依然固我。他说:"岂余身之惮殃兮,恐皇舆之败绩。"(同上)意谓自己并不怕遭殃,而是忧虑国家的命运。所以,他仍然希冀怀王能改弦易辙,任用贤能,富国强兵,联齐抗秦。他曾毛遂自荐,表示要辅佐楚王实现"美政"云:"乘骐骥以驰骋兮,来吾导夫先路。"(同上)遗憾的是,"党人"太多,楚王被困惑,一味执迷不悟,听不进善言。因此,屈原怨恨楚王说:"不抚壮而弃秽兮,何不改乎此度?"(同上)社会黑暗,道路坎坷,诗人还是坚持:"路曼曼其修远兮,吾将上下而求索。"(同上)于是,他乘龙驭风,叩帝阍,访神女,在执着地追求理想,寻找救国之路。由于楚怀王客死秦国而归葬,秦军即逐渐蚕食楚国,人民到处逃难。诗人悲愤交加,痛苦地说:"长太息以流涕兮,哀民生之多艰。"(同上)在秦军攻占郢都,顷襄王逃往陈城时,诗人真是痛心疾首,悲痛地说:"皇天之不纯命兮,何百姓之震愆?民离散而相失兮,方仲春而东迁。"(《九章·哀郢》)屈原在其理想完全破灭时,便投汨罗而死,以身殉国。诗人以生命唤起了楚国人民的觉醒。所以,后来楚国人民相传曰:"楚虽三户,亡秦必楚!"秦始皇统一六国不久,秦王朝果然就被楚国人民推翻了。后代,有的学者对屈原以身殉国,曾表示非议,说明他们没有看到屈原伟大爱国精神的强大的感召力量。屈原的爱国精神,将永远激励中国人民奋斗不息。

不言而喻,屈原执着的奋争精神、对理想孜孜不倦的追求,与庄子主张虚静无为、恬淡寂寞、顺应自然、向往"至德之世",是截然不同的。钱澄之说:"或曰庄、屈不同道,庄子之言,往往放肆于规矩绳墨之外,而皆为屈子所法守者。凡屈子所为固,庄子所谓役人之役、适人之适而不自适其适者也。"[01]钱氏虽不赞成此种观点,然而它却恰恰说明庄、屈的相异的本质所在。

庄、屈并称的文化现象的意义

庄子和屈原,皆为性格古怪、智慧聪颖的超常的"奇人"。他们在楚国大地的诞生,正如前面所说,并非是偶然的现象,是楚国神奇的大自然和富有诗意的社会的孕育。他们的出现,就足以说明楚文化的丰富的哲学内涵,以及恢宏雄奇和妩媚婀娜的文学特色。从整个华夏文化而言,则更能说明重要的问题。这要分两个方面的问题来研究。一是老、庄学派的出现,对中国文化所产生的非同寻常的巨大影响;

---

01 《庄、屈合诂·自序》。

二是屈原及其所创作的骚体文学的出现，给中国文学所带来的崭新景象。如果以南北地域来划分，老、庄则是代表南方的道家文化学派，孔、孟则是代表北方儒家文化的学派。至此，华夏文化的儒家学派和道家学派，便正式形成，成为分庭抗礼的两种不同的文化体系，打破儒家独尊的一元化的文化格局。诚然，这两种南北不同的文化现象，并不是单一的，也就是说，并不是南方只有道家学派的文化思想，北方只有儒家学派的文化思想。如"陈良，楚产也，悦周公、仲尼之道，北学于中国；北方之学者，未能或之先也，彼所谓豪杰之士也。"[01]所以说屈原的思想，主要是受儒家文化思想的影响，也就不难理解了。中国的封建统治者，他们为维护和巩固本阶级的统治地位，在不同的历史时期，便交替利用儒家思想和道家思想来为自己服务，或称之为儒、道互补。而对于儒家和道家来说，毕竟各自代表的是两种不同的文化思想。无论在文化思想的理论上，还是在社会实践的文化思想表现上，儒家文化思想和道家文化思想，都是迥然不同的。因此，司马迁说："世之学老子者则绌儒学，儒学亦绌老子。'道不同，不相为谋'，岂谓是邪？"（《史记·老子韩非列传》）孔子对学生，非常强调"道不同，不相为谋"的观点，可见战国时代，不同学派相互排斥，是不遗余力的。对此问题，这里就不予多谈了。

庄子作为道家思想的集大成者，在中国文化思想史上占有举足轻重的地位。庄子的思想的幽灵，至今仍然经常浮现在中国人民的脑海中，已经成为客观存在的文化现象。可以这样说，庄子代表的道家文化思想现象，无论在思想或行动上，都在经常影响着人们的文化思想实践。自然，庄子思想的消极成分，也给人们带来一定的消极影响。对此问题，本文不作全面的分析研讨，只就其中的几个主要问题，作一些简略的陈述。其一，庄子散文的浪漫主义特色、庄子寓言的丰富蕴含及其冷峭辛辣的讽刺艺术，不仅在先秦诸子文学中独树一帜，如鲁迅所说"其文汪洋辟阖，仪态万方，晚周诸子之作，莫能先也"，[02]具有最高的文学成就，即使在中国文学史上，也堪称为无与伦比的文学艺术奇葩。庄子是中国的语言大师，他的许多生动形象、颇富哲理性的语言，至今仍然活在人们的口头。郭沫若说庄子影响了大半个中国文学史，并非言过其实。清代的金圣叹，把《庄子》称"天下第一奇书"，与《离骚》、《史记》、《杜诗》、《西厢》、《水浒》合称"六才子书"，这也是值得注目的文化现象。其二，庄子是中国最早的伟大哲学家之一，他的哲学思想的丰富内涵，至今

---

01 《孟子·滕文公上·有为神农之言者许行》。
02 《汉文学史纲要》。

为中国和世界哲学研究者叹为开发不尽的文化宝库。尤其是其"物无非彼，物无非是"，"彼亦一是非，此亦一是非"（《庄子·齐物论篇》），具有朴素辩证法思想的"相对论"，最能深刻地揭示事物的本质。其三，庄子是中国最早的美学家之一，他有两点美学思想，特别受到人们的重视。一是他"以自然为宗"的美学思想，被后人发展为崇尚自然美的美学思想，成为审美的重要原则之一。二是他以丑怪为美的美学思想，已经成为中国文学、绘画和造型艺术取之不竭的思想源泉。可以说在《庄子》中所塑造的那些丑怪形象，永远将为人们提供兴味无穷的艺术享受。其四，庄子首倡"修身养性"的养神健身之术。庄子所谓的"坐忘"，即是今天站立式和静卧式的气功。这是凭借意念排除杂志，净化思想，达到养神健身的目的。这是一方面。另一方面，庄子还提倡吐故纳新、熊经鸟伸的健身之术。用庄子的话说，即是："吹呴（嘘）呼吸，吐故纳新，熊经鸟申，为寿而已。"（《庄子·刻意篇》）"吹呴呼吸，吐故纳新"，即当代体操的深呼吸运动。"熊经鸟申"，意谓如熊悬树引颈、如鸟临风展翼，以此达到强身目的。据此，汉代华佗，又把它发展成"五禽之戏"。从以上两方面，即可说明，庄子是中国气功之祖。后世的气功，尽管日新月异，花样繁多，大都是在继承庄子气功的基础上，有所发展、有所创新罢了。尤其在今天，利用气功健身的文化活动，已经传播世界各国的时候，我们更不应忘记，创造气功的首功，应当是庄子。其五，老、庄无为而治的政治思想，不仅为中国的封建统治者所利用，作为休养生息、发展生产和繁荣经济的策略，尚且为当今世界某些政界人物所借鉴，作为治国的策略。在中国古代西汉初和东汉末、魏晋南北朝、唐宋、明清，都曾出现崇尚黄老或老庄的热潮，并且形成儒、道、释时而融合、时而斗争的情形，特别是明清两代，研究道家的著作甚夥，已经成为专门的学问。可是，随着时代的发展，老庄思想并没有消歇，相反，却愈加被世界人民所重视。当今中国和世界又掀起一股老、庄热，这并非是偶然的文化思想现象，它说明道家文化思想在世界范围内的复活。中国的老子和庄子，早已经蜚声世界而成为享有盛誉的文化名人。

屈原为国捐躯，他的爱国思想深深地感动了炎黄子孙。中国人民每年都在举行纪念活动，缅怀这位伟大的诗人。纪念屈原的活动由来已久，据说，屈原于农历五月五日投汨罗江，见到的人便让舟楫在江河中拯救屈原。后世，中国人民就在农历五月五日，举行龙舟竞渡，给屈原招魂，表示对屈原的深沉悼念。南朝梁宗懔撰写的《荆楚岁时记》，就记载五月五日举行龙舟竞渡的盛况。宗懔云："五月五日竞渡，俗为屈原投汨罗日，伤其死，故并命舟楫以拯之，舸舟取其轻利，谓之飞凫。一自以为水军,一自以为水马,州将及士人,悉临水而观之。"举行龙舟竞渡,最早始于武陵,当地建有招屈亭,竞渡者呼喊音云"何在",表示在招屈原的亡灵。唐代诗人刘禹锡《竞渡曲》诗序云:"竞渡始于武陵,及今举楫而相和之,其音咸呼云'何在',斯招屈之义。"其中诗句云:"沅江五月平堤流,邑人相将浮彩舟。灵均何年歌已矣,哀谣振楫从此起。扬桴击节雷阗阗,乱流齐进声轰然……风俗如狂重此时,纵观云委江之湄。彩旗夹岸照蛟室,罗袜凌波呈水嬉。曲终人散空愁暮,招屈亭前水东流。"可见,唐代"风俗如狂",彩旗夹岸,龙舟竞发,乱流齐进,观众如云,热烈壮观的情景,真是令人目不暇接。现代举行龙舟竞渡的范围和规模,愈来愈大,由中国已经走向世界。每年举行国际性的龙舟竞渡,已经成为世界人民约定俗成的文化体育活动。殊不知,这种世界文化现象,仍然是自觉或不自觉地纪念屈原的文化思想现象。这种文化现象,在世界上是并不多见的,由此亦可说明,屈原在世界文化中的重要地位。

就在每年农历五月五日,中国人民举行龙舟竞渡,表示对伟大爱国诗人屈原的虔诚的悼念的同时,还将农历五月五日,定为"端午节"。端午节吃粽子,并将粽子投入汨罗江等江河湖海里,表示对屈原的祭祀。这种祭祀活动,历史久远,大约始于汉代。据南朝梁吴均撰写的《续齐谐记》说:"屈原五月五日投汨罗水,楚人哀之,至此日,以竹筒子贮米,投水以祭之。汉,建武中,长沙区曲,忽见一士人,自云三闾大夫,谓曲曰:'闻君当见祭,甚善。常年为蛟所窃,今若有惠,当以楝叶塞其上,以彩丝缠之。此二物,蛟龙所惮。'曲依其言。今五月五日作粽,并带楝叶、五花丝,遗风也。"端午节吃粽子,并投入水中,祭祀屈原的习俗,两千多年来,已经成为中国人民普遍的纪念屈原的文化思想现象。这在中国历史上,也是非常罕见的文化现象。正由于此种原因,制作粽子的文化活动,愈加精细。据史料记载,粽子的品种甚多,有角粽、菱粽、锥粽、简粽、九子粽、秤锤粽,宋代还有杨梅粽等。楚地人民对屈原的感情,更加亲切;对屈原的悼念深情,真是千载未歇!如苏轼《屈原塔》诗写道:"楚人悲屈原,千载意未歇。精魂飘何处,父老空哽咽!至今沧江上,投饭救饥渴;遗风成竞渡,哀叫楚山裂。"此情此景,可谓感人至深。

屈原的爱国思想,已经哺育华夏亿万炎黄子孙抗击侵略、保卫家国的爱国主义精神。屈原的爱国思想,已经成为中华民族的国魂和精神支柱。非但如此,1953年世界和平理事会,还把屈原列为世界四大文化名人之一,号召全世界人民纪念这位伟大的爱国诗人。屈原已属于世界人民。

值得指出的是，屈原作为中国伟大的浪漫主义抒情诗人，与西方世界任何伟大的抒情诗人相比，都是毫不逊色的。非常遗憾的是，19世纪德国著名哲学家和美学家黑格尔，却认为东方的抒情诗，没有"主体个人的独立自由，没有达到对内容加以精神化，正是这种内容的精神化形成了浪漫型艺术的心情深刻性。"[01] 尽管黑格尔在其《美学》一书论述抒情诗的最后，提到中国的抒情诗，那也是放在微不足道的位置，只是一提而过。为什么黑格尔对东方抒情诗如此曲解呢？正如该书的译者朱光潜在书中加注说："黑格尔对中国抒情诗显然很隔膜，他关于东方诗缺乏主体性和精神性的一番话，很难适用到屈原、阮籍、陶潜、杜甫、李白这些代表诗人的抒情作品。"朱光潜对黑格尔的批评是正确的。中国浪漫主义抒情诗人屈原、李白、苏轼等人的抒情诗，与西方世界抒情作品相比，也属上乘，不失为光辉的艺术结构。

01　黑格尔《美学》第三卷下册，第229页。商务印书馆出版，1981年7月。

庄子《逍遥游》命题的典范意义

以义名篇的命题,是文章和著作主要内容高度概括的文字。命题的成败,即决定文章和著作的成败。当今此等事例并不少见。因此,研究"命题",是当今不可忽视的重要课题。

《逍遥游》是庄子独具匠心、惊世骇俗的杰作,两千多年以来,一直颇受世人的青睐,经久不衰。究其原因,这与其命题具有深邃的内涵密切相关。它的命题,有哪些深邃意蕴呢?一是具有强烈的艺术魅力;二是具有鲜明的个性特征;三是富有深邃的哲理内涵;四是具有永恒不朽的典范意义。下面,分别予以阐述。

其一,此命题具有强烈的艺术魅力。庄子《逍遥游》的命题,是我国文学史上最早具有艺术魅力的文章命题。它生动形象,想象丰富,具有诗情画意的优美意境。看到此命题,就会让人产生"海阔凭鱼跃,天高任鸟飞"的逍遥物外的遐想。对此命题扣人心扉的艺术魅力,清代治庄学者刘凤苞曾评论曰:"开篇撰出'逍遥游'三字,是南华集中第一篇寓言文字,全幅精神祇在乘正御辩以游无穷,乃通篇结穴处却借鲲鹏变化,破空而来,为'逍遥游'三字,立竿见影。摆脱一切理障语,烟波万状,几莫测其端倪。"[01]刘氏说明,《逍遥游》全篇内容,与其命题互为表里,生动形象,相辅相成,因而才会具有此等强烈的艺术魅力。

为了说明《逍遥游》的命题与众不同,刘凤苞又以老子论道德精神之文字,与庄子《逍遥游》命题的文章相比较,来说明它们所产生的不同艺术效果。刘凤苞曰:"老子论道德之精神,却只在文字中推导奥义。庄子辟'逍遥'之旨,便都以寓言内体会全神。同是历劫不磨文字,则空灵缥缈,则推南华为独步也。其中逐段逐层,皆有逍遥境界,如游武夷九曲,万壑千岩,接应不暇……读者须处处觑定'逍遥游'正意,方不失赤水之珠,致贻讥于象罔也。"[02]在这里,刘氏把《逍遥游》命题的艺

---

01 《南华雪心编》。
02 同上。

术审美价值,已经阐述得淋漓尽致。

好的文章命题,其开头和结尾,大都有前后遥相呼应的艺术结构之美。《逍遥游》具有强烈的艺术感召力,与其命题开头与结尾文字,遥相呼应,恰到好处地表现《逍遥游》主旨是分不开的。《逍遥游》开端写鲲鹏展翅的寓言,即拉开逍遥于物外的序幕。结尾的一则寓言写:惠子谓庄子曰:"吾有大树,人谓之樗。其大木拥肿,而不中绳墨;其小枝卷曲,而不中规矩。立之途,匠者不顾。"庄子曰:"今子有大树,患其无用,何不树之于无何有之乡,广莫之野,彷徨乎无为其侧,逍遥乎寝卧其下……物无害者,无所可用,安所困苦哉!"《逍遥游》以"逍遥"寓言开头,又以"逍遥"寓言终结,即为文章在结构上具有前后遥相呼应之美树立了典范。刘凤苞对《逍遥游》文章以"逍遥游"命题而具有前后遥相呼应的审美价值,也给予了高度的评价。他说:"彼大树之拥肿卷曲,匠石无所顾,斧斤所不及,惟至人日与为周旋。无何有之乡,广莫之野,空空洞洞,至人之所游也。无为其侧,寝卧其下,至人之所为逍遥也。果何道以致此哉?惟其自适于清虚,而不以众所同去为患也。一篇寓意文字,千盘百折,至此始为'逍遥'二字点睛,可想见惨淡经营之致矣。"[01]刘氏的高见卓识,对读者研读此文,颇有启迪作用。

其二,《逍遥游》的命题,具有鲜明的个性特征。庄子作为道家的集大成者,又集文学家、哲学家、美学家和思想家于一身,他追求思想自由和个性解放。他的这些思想和个性,在其《逍遥游》的命题中,即能得到充分的体现。那种肤浅墨客,是不可能有此石破天惊之艺术构想的。司马迁就曾说庄子"著书十馀万言,大抵率寓言也……其言洸洋自恣以适己,故自王公大人不能器之。"(《史记·老子韩非列传》)刘凤苞也认为,庄子的文章极具个性化特征,他称道庄子开篇即能撰出"逍遥游"三字,能摆脱俗思俗见,"所谓洸洋自恣,以适己也。"庄子以《逍遥游》命题的文章,能够强烈地震撼读者的心扉,显然与其中表现的庄子的鲜明个性特征,大有关系。

其三,庄子《逍遥游》的命题,富有深邃的哲理内涵。清代治庄学者王先谦对《逍遥游》命题的诠释极为正确,他说:"言逍遥于物外,任天而游无穷也。"又曰:"无所待而游于无穷,方是《逍遥游》一篇纲目。"[02]简言之,庄子所说"逍遥游",即不受任何外物约束、自由自在地游于天地间。其中含有"有待"与"无待"的哲

---

01 《南华雪心编》。
02 《庄子集解》。

学问题。"有待",谓有所依赖。"有待"者,即不自由。"无待"者,即能自由。文中所写大鹏扶摇而直上九万里,蜩与鸴鸠决地而起,列子御风而行,皆为"有待"者也,不能称为"逍遥游"。只有得道之"至人"(或谓"圣人"、"神人"),能排除一切功利目的,方能达到绝对逍遥自由的境界。

西晋最早治庄学者郭象,却偏离了庄子的本义。郭象诠释庄子《逍遥游》曰:

> 夫大小虽殊,而放于自得之场,则物任其性,事称其能,各当其分,逍遥一也,岂容胜负于其间哉![01]

郭象此段所言,一言以蔽之:适性即逍遥也。因此,郭象在《逍遥游》注中说:"夫大鸟一去半岁,至天池而息;小鸟一飞半朝,抢榆枋而止。此比所能,则有间矣,其于适性一也。苟足其性,则虽大鹏无以自贵于小鸟,小鸟无羡于天池,而荣愿有馀矣。故大小虽殊,逍遥一也。"[02] 郭象把庄子的"逍遥游"思想,诠释为"适性逍遥"说,这就取消了庄子《逍遥游》中"有待"与"无待"的哲学内涵。显而易见,郭象的"适性逍遥"说,并非庄子《逍遥游》的主旨,只能是郭象的"逍遥"思想。郭象作为西晋玄学派人物,他如此诠释《逍遥游》的主旨,以玄解庄,这与其玄学思想有关。逮至东晋,佛教即色派代表支遁,并不同意郭象的"适性逍遥"说,他对《逍遥游》的诠释,基本上是符合庄子本义的。《高僧传》卷四《晋剡沃州山支遁》曰:"遁曾在白马寺与刘系之等谈《庄子·逍遥》篇云:'各适性以为逍遥。'遁曰:'不然,夫桀、跖以残害为性,若适性为得者,彼亦逍遥矣。'于是退而注《逍遥》篇,群儒旧学,莫不叹服。"他在其《逍遥论》中曰:"乘天正而高兴,游无穷于放浪,物物而不物于物,则遥然不我得,玄感不为,不疾不速,则逍然靡不适。"他认为只有如此修养的"至人",方能达到逍遥境界。支遁如此解庄,以佛解庄的情形,释道相融的现象,由此亦初见端倪。

由于郭象的《庄子注》是最早的《庄子》注本,因此,他的"适性逍遥"说,对后代治庄学者的影响还是颇大的。诸如唐代西华法师唐玄英、明代内阁大学士沈一贯、清初治庄学者吴世尚等,皆受到郭象"适性逍遥"说的影响,在他们的治庄著作中都留下郭象"适性逍遥"说的阴影。值得说明的是,华东师范大学学者叶蓓卿博士的《论郭象的"适性逍遥说"》(《诸子学刊》第三辑)的学术论文,全面系

---

01 郭象《庄子注》。
02 同上。

统地论述了郭象"适性逍遥"说的产生及其发展,颇有学术实价。

其四,《逍遥游》不仅是我国先秦时期最好的文章命题,也是我国文化史上出类拔萃的命题文章。三国时曹丕曰:"盖文章,经国之大业,不朽之盛事。"[01]说明著书立说,关乎国家兴衰大业,为不朽之盛事。因此文章或著作之命题,具有十分重要的意义,不可等闲视之。

文如其人。《逍遥游》的命题之所以会有惊世骇俗的艺术魅力,含有深邃的哲理意蕴,正是由于庄子作为伟大的文学家、哲学家、美学家和思想家的人格、才思、胸襟气度的自然流露,毫无刻意求新、矫揉造作、故作惊人之态。不像当今有的学者和作家,趋利媚俗,刻意创新,违背科学规律,结果其撰文或著书之命题,不伦不类,令人咋舌,贻笑大方。正如《庄子·外物》篇一则寓言所讽刺的对象那样令人可笑。此则寓言写任公子用大钩、大绳、以五十头牛为钓饵,蹲在会稽山上,投竿东海,天天而钓,一年之后,方钓到大鱼。剖开大鱼,晾干,亿万国人,皆饱食此鱼。于是后世评品之人或道听途说之徒,"皆惊而相告",模仿为之。因此,庄子议论曰:

> 夫揭竿累,趣灌渎,守鲵鲋,其于得大鱼难矣。饰小说以干县令,其于大达亦远矣!是以未尝闻任氏之风俗,其不可与经于世亦远矣。

庄子的这段议论,说明两个问题:其一,那种修饰浅陋言辞之人,想求得很高的赏誉,其距离通达大道者太远了;其二,那种未曾深知任氏风度的人,也不能与其谈治世大道,因为相差太远了。清代治庄学者宣颖评议此则寓言曰:"小具不足以大获,犹小才不能得大道也。"[02]宣颖此言,仍具有现实意义。

应当说明的是,庄子不仅《逍遥游》此篇之命题为千古绝唱,《庄子·内篇》其他如《齐物论》、《养生主》、《人间世》、《德充符》、《大宗师》、《应帝王》六篇以义命题的文章,也都是"独留巧思传千古"(李商隐诗句)的绝唱,是永恒不朽的经典。

---

01 曹丕《典论论文》。
02 宣颖《南华经解》。

庄子的养生之道

庄子曰："知天之所为，知人之所为者，至矣。知天之所为者，天而生也；知人之所为者，以其知之所知，以养其知之所不知，终其天年而不中道夭者，是知之盛也。"(《庄子·大宗师》)此可谓庄子论养生之道的总纲。下面，就谈庄子养生之道的五个问题。

一、养生如牧羊，鞭其后者

庄子论说养生之道，如同其论说其他问题一样，大都是用寓言故事的形式表达的。庄子说，养生如牧羊，鞭其后者，即是用羊落后于羊群而受害的生动形象作比喻，阐述养生的深邃人生哲理。其内涵极其丰富，给人们留下想象和许多填补的空间。为了阐明此种养生哲理，庄子在寓言中便虚构了田开之、威公和仲尼等人物，是不能用历史真实的尺度考量的。在寓言中，庄子是用善养生者田开之回答威公问其养生之术的问答方式，来阐明"养生如牧羊，鞭其后者"的哲理的。田开之告诉威公曰："善养生者，若牧羊然，视其后者而鞭之。"(《庄子·达生》)威公不解其意，便问道："何谓也？"于是庄子又连用两则寓言来说明这个问题。此种方法，叫做喻中设喻，巧比曲喻。在中国文学史上，庄子开其先河。这两则寓言是：

其一曰："鲁有单豹者，岩居而水饮，不与民共利。行年七十，而犹有婴儿之色，不幸遇饿虎，饿虎杀而食之。"

其二曰："有张毅者，高门县薄，无不走也。行年四十，而有内热之病以死。"

单豹和张毅致死的原因是："豹养其内而虎食其外，毅养其外而病攻其内。此二子者，皆不鞭后者也。"意思是说，单豹作为隐者，深居岩穴，渴饮泉水，不与民争利，只注重修养内德，忘却了强身健体，尽管行年七十而尚有婴儿之色，还是被饿虎扑杀而食之。此即所谓只养其内，"虎食其外"之患也。而以谦恭著称的张毅呢，此人无论有钱的朱门大户，或是悬挂帷帘的穷人，他都不辞辛劳地去拜望，可谓惨淡经营名利声望了，而他却因操劳过度，忘记内养身体，行年四十而便有内热之病致死。此即所谓只养其外,"病攻其内"之患也。总之,"此二子者",虽死因有所不同,但是,他们皆为不懂"善养生者,若牧羊然,视其后者而鞭之"的养生之道所致。清代治庄学者刘凤苞评论曰:"世人但知养形,而全神守气之功,视为缓图,此即已落人后。不鞭其后,则祸患迭生,或防患于内,而外患乘之;或防患于外,而内患乘之。单豹、张毅,其明证也。一喻两证,轩然绝伦。"[01]并对庄文喻中设喻、巧比曲喻的艺术手法,给予高度的评价。

接着庄子又用仲尼之名总结"此二子"的教训,为世人明确指示养生之道曰:"无入而藏,无出而阳,柴立其中央。三者若得,其名必极。"清代治庄学者林云铭诠释曰:"入而藏,有心于晦也,豹似之。出而阳,有心于显也,毅似之。柴立,木偶无心也。中央,随时显晦,出无心于出,入无心于入,中亦无心于中,三者俱得,则名极而实当矣。"[02]这与庄子曰:"夫明白入素,无为复朴,体性抱神,以游世俗之间者。"(《庄子·天地》)为同一机杼。

明代治庄学者陆西星对庄子善养生者如牧羊、鞭其后者云云,予以评论说:"喻如养生者,必须顾首顾尾,谨始虑终。世出世法,莫不如此。若径情直行,而无戒备之意,随风披靡,而无恬退之守,则内伤外患,在所不免。故引二子以为不鞭其后之戒。大抵养生者必知乎道,知道者必达于理,达理者必明乎权,故引孔子之言以为律令……岂知至人之道,卷舒无定,动静惟时,无心而立其中央。"[03]陆氏的评论,对我们研读庄子养生如牧羊、鞭其后者的养生哲学,是颇有启迪作用的。养生如牧羊,鞭其后者,庄子以此作比喻,如何鞭其后者,这就要世人根据自己不同的病根而治之。譬如说,关于嗜欲伤生,庄子则曰:"衽席之上,饮食之间,而不知为之戒者,过也。"(《庄子·达生》)怎样戒之呢? 庄子曰:"将处乎不淫之度。"晋代治庄学者郭象注曰:"夫生以养存,则养生者理之极也。若乃养过其极,以养伤生,非养生之主也。"[04]正是对庄子说"衽席之上,饮食之间,而不知为之戒者,过也"的正确解释。所以庄子曰:"知天之所为,知人之所为者,至矣……以其知之所知,以养其知之所不知,终其天年而不中道夭者,是知之盛也。"明代著名医学家李时珍曰:"自心有病自心知,身病还将心自医。心境静时身亦静,心生还是病生时。"说

---

01 《南华雪心编》。
02 《庄子因》。
03 《南华经副墨》。
04 《庄子注》。

明自己最明白自己生病的根源，根治身病还是要靠自己。并且，他从心理学上说明，只要心境清静，自心没病，就能养生的道理。要人们不要没病找病，无病呻吟。这的确是警世名言，应当成为世人养生的座右铭。

二、守气全神，与天为一

《庄子·达生》篇，是庄子论说养生之道的重要文章。在此文中，庄子郑重地指出世人在养生问题上存在的一种错误看法。庄子曰：

> 悲夫！世之以为养形足以存生，而养形果不足以存生！

庄子认为，光靠养形并不能够养生长寿。庄子曰："养形必先之以物，物有余而形不养者有之矣。"即是说，虽然具备了养形的物质条件，而不通养生之道，胡吃乱补，也达不到养生的目的。

怎样才能达到养形的目的呢？庄子曰："天地者，万物之父母也；合则成体，散则成始。""形全精复，与天为一"；"形精不亏，是谓能移"。何谓也？意思是说：天地阴阳二气的结合，即产生万物；二气散离，即复归于无物之初的浑沌境界。人作为万物的一种，若要养生长寿，就必须神形兼养，形全精复，形精不亏方能与自然融浑为一体，随着自然规律的变化而变化，也才能养生长寿。即说明，养生只养形，不能达到养生目的；只有守气全神，形全精复，与天为一，才能养生长寿而堪称为善养生者。

什么样的人才堪称善养生者呢？庄子推崇的"至人"（即善养生的得道之人），即是给世人树立的善养生者的榜样。此等"至人"："潜行不窒，蹈火不热，行乎万物之上而不栗。""至人"何以能至此呢？曰："是纯气之守也，非知巧果敢之列"。意谓"至人"之所以能长久地潜入水中行走而不窒息，脚踩在火上而不感到灼热，登临高险境地而不战栗，并非是靠智巧、果敢之类有心胜物，而是他能"纯气之守"的结果。具体地说，是其能"壹其性，养其气，合其德，以通乎万物之所造。夫若是者，其天守全，其神无郤，物奚自入焉？"是说此等人，能专一守其天性而无杂念，养其元气而不亏损，与自然天道融合而不失，与生成万物的大道相通，"死生惊惧，不入胸中"，外物是无法侵害他的。清代治庄学者宣颖评论此则寓言曰："神全则游行虚际，物莫能伤，岂特此块然之形，少延喘息，便为养生乎！"[01]

尽管庄子所说的这种养生哲学有些深奥玄虚，但大抵还是在阐明善养生者，必

---

01 《南华经解》。

须坚持"守气全神"、"形全精复"、"形精不亏"的养生之道。其着重点，是在强调养生必须养神。所以，刘凤苞评论说：盖神者人人具足，不知养之，则生而昏，死而散；知养之，则生而湛然自得，死而与化为体。此庄子惓惓欲养生者之必养神也。"[01] 他也是在说明，精神是人生命的支柱，丧失精神，就会丧失生命。

庄子为了引起世人对养神的足够重视，他又从失神病生、神复病愈的视角，撰写了一则流传千古的寓言故事名篇，生动形象地说明养生必须养神的养生之道。此篇写齐桓公在草泽打猎，"见鬼焉"，便精神疲惫困怠，病倒在床，数日不出。有个叫皇子告敖的贤士，告诉他是由于受到惊吓，胸气郁滞，"不上不下，中身当心，则为病"，"公则自伤，鬼恶能伤公"！然而，桓公还是追问是否有鬼？皇子明悉桓公急于称霸，是其造成失神落魂、胸气郁结而致病的原因。因此又杜撰出许多鬼怪，来治疗桓公的心病。当皇子说到水有罔象、丘有宰、山有夔、野有彷徨、泽有委蛇时，桓公便兴奋地问"委蛇之状何如"？皇子便见机行事，投其所好，又杜撰委蛇之状曰："委蛇，其大如毂，其长如辕，紫衣而朱冠。其为物也，恶闻雷车之声，则捧其首而立。见之者殆乎霸！"显而易见，皇子是在给桓公画像，提示其梦想称霸诸侯的心理状态。当桓公听到"见之者殆乎霸"时，他便喜笑颜开地说："此寡人之所见者也！"于是他便"正衣冠与之坐，不终日而不知病之去也"。

不难看到，此则寓言故事是告诉世人，桓公由于受到惊吓，气荡神摇，才病倒在床。当其感到称霸在望时，便精聚神复，喜笑颜开，不知不觉，病就好了。这说明"守气全神"对养生的极其重要性。此其一。其二，庄子告诉世人，世上并没有"鬼"，桓公所以致病，是其心鬼自伤。这正表现了庄子不迷信鬼神的唯物思想。宣颖评论曰："神摇则病生，神释则病去，神之系于人也如是。桓公知养，神鬼恶能侵之！"[02] 刘凤苞分析得更加透彻，他说："此段借证桓公之病，以明养生之道，在守气而全神。神虚则心志瞀乱，正气不能作主，邪气遂乘虚而入。无形者恍惚有形，诶诒为病，乃精魂丧失，谵语狂言，非真有鬼物凭依作祟也。"[03]

但是，庄子在《庄子·刻意》篇中说，他所说的"养神之道"，与五种人的"养生之道"不同。这五种人，第一种人："刻意尚行，离世异俗，高论怨诽，为亢而已矣。此山谷之士，非世之人，枯槁赴渊者之所好也。"此种人磨砺心志，使其行为高

---

01 《南华雪心编》。

02 《南华经解》。

03 《南华雪心编》。

尚；超尘拔俗，不与世人同流合污；高谈阔论，抱怨怀才不遇，讥评天下无道，以表示自己清高。这是藏身岩穴、自甘寂寞之厌世者所好也。第二种人："语仁义忠信，恭俭推让，为修而已矣。此平世之士，教诲之人，游居学者之所好也。"此种人以平治天下为己任，是出游讲学或居家著述的学人所好。第三种人："语大功，立大名，礼君臣，正上下，为治而已矣；此朝廷之士，尊主强国之人，致功并兼者之所好也。"第四种人："就薮泽，处闲旷，钓鱼闲处，无为而已矣；此江湖之士，避世之人，闲暇者之所好也。"第五种人："吹响呼吸，吐故纳新，熊经鸟申，为寿而已矣。此道（导）引之士，养形之人，彭祖寿考者之所好也。"庄子认为，他的"养神之道"与以上五种人不同，却能"众美从之"。针对以上五种人，他说："若夫不刻意而高，无仁义而修，无功名而治，无江海而闲，不道（导）引而寿，无不忘也，无不有也，澹然无极而众美从之。此天地之道，圣人之德也。"所谓"天地之道，圣人之德"，即天地永恒不变的自然规律，圣人（指得道之人）的高尚道德。

怎样才能达到这种"众美从之"的境界呢？庄子认为具体的途径即是"恬淡寂寞，虚无无为"。庄子说，这正是天地的准则，道德的根本。此说似乎有些深奥玄虚，让人无所适从。不过，庄子说世人若能如此："则忧患不能入，邪气不能袭"；"生也天行，其死也物化；静而与阴同德，动而与阳同波"；"无天灾，无物累，无人非"；"光矣而不耀，信矣而不期"；"其寝不梦，其觉无忧"，悲乐、喜怒、好恶皆不入于胸次。总之，能"纯粹而不杂，静一而不变，惔而无为，动而以天行，此养神之道也"。庄子所谓的"恬淡寂寞，虚无无为"的"养神之道"，其本质即是"纯粹而不杂"、"惔而无为"、"动而以天行"。就是说，若能纯粹素朴而不与世俗同流合污，淡泊自然，而顺应自然变化而变化，这就是修身养神之妙道。庄子说"真人"（得道之人）正是"养神之道"的榜样。"真人"能做到："纯素之道，惟神是守；守而勿失，与神为一。一之精通，合于天伦。野语有之曰：'众人重利，廉士重名，贤士尚志，圣人贵精。'故素也者，谓其无所与杂也；纯也者，谓其不亏其神也。能体纯素，谓之真人。"所谓"与神为一"，即形体与精神融为一体。"天伦"，即自然规律。庄子所赞扬的"圣人"、"真人"，皆为能体悟"养神之道"的得道之人。陆西星用四言诗述评曰："圣人之德，天地之常，无乎不有，无乎不忘。虚无恬淡，寂寞无为，其德乃全，其神不亏。纯素之道，守神为急，守而勿失，与一为一。一之精神，合于天伦，能体纯素，谓之真人。"[01]

---

01 《南华经副墨》。

综上所述，庄子所说"至人"能"纯气之守"、"圣人贵精"、"真人""能体纯素"云云，都是在阐明"守气全神，与天为一"的养神之道。人的生死，就在于能否保持精神，能则生，否则死。庄子曾明确地说："人之生，气之聚也。聚则为生，散则为死。"（《庄子·知北游》）真是一语中的，道破人之生死的真谛所在。司马迁的《论六家要指》在论道家时说："凡人所生者神也，所托者形也。神大用则竭，形大劳则敝，形神离则死。死者不可复生，离者不可复反，故圣人重之。由是观之，神者生之本也，形者生之具也。不先定其神形，而曰'我有以治天下'，何由哉？"[01]其意亦是说明守气全神、定其神形的重要性。

但是，读者应看到，庄子论说养生之道强调"养神"重于"养形"，其中有两层内涵。其一，谓人生在世，要善于养神，因为精神是人的生命支柱。庄子所谓"人之生，气之聚也。聚则为生，散则为死"即是此理。其二，庄子谓"死生为徒"，"其所美者为神奇，其所恶者为臭腐。臭腐复化为神奇，神奇复化为臭腐"（《庄子·知北游》）。他认为，其美者神奇之精神，能流芳千载，因此，他强调人在养神时，应当重视道德情操的修养。即使死去，也要像老子所说"死而不亡者寿"（《老子》），把"其所美者"的高尚道德精神传给后代。为此，庄子就给世人创作了一则寓言名篇。《养生主》中有则寓言说：老聃（老子）死，其友秦失（佚）吊之，"三号而出"，没有悲伤和沉痛的表现。秦佚弟子对其如此表现颇为不解。秦佚便告诉弟子曰：我开始与其友时，以为他是个俗人；今日他死，乃方知他并非俗人。因此，并不能用俗人之礼吊唁他。刚才，我进来吊唁老子时，看见"有老者哭之，如哭其子；少者哭之，如哭其母"。他们边哭边哀赞老子，这并非老子所期望。庄子认为他们此举："是遁天倍情，忘其所受，古者谓之遁天之刑。"是说他们这样做，是失去天理，违背真情。古人称之为失去天理。（"刑"，犹"理"。[02]）秦佚说，他吊唁老子，之所以"三号而出"，是老子："适来，夫子时也；适去，夫子顺也。安时而处顺，哀乐不能入也，古者谓是帝之悬解。"意谓老子生时，是应时而生，死时是顺时而去。他安时而处顺，哀乐是不能入其胸次的。古代称此为是天帝解脱其痛苦。秦佚说，老子是道家的鼻祖，是个道德精神高尚的人，他虽死，就像"指（脂）穷于为薪，火传也，不知其尽也"。这是以薪比喻老子的形体，以火比喻老子的高尚道德精神。薪尽火传，是说老子的形体虽死，其高尚道德精神却永世长存。所以，庄子非常强调养生要养精神，培养高尚的道德情操。

01　《史记·太史公自序》。
02　明释憨山德清《庄子内篇注》。

三、"心斋"与"坐忘"

"心斋"与"坐忘",是庄子论说养生之道的两种境界,是用寓言故事的文学样式表达的。二者有所不同者,"心斋"是用仲尼的嘴说出的,"坐忘"是用孔子弟子颜回的嘴说出的。其实,都是庄子借他人之嘴说自己要说的话。文学中的人物,都是作者的工具,不管正面人物或反面人物,无不如此。所以,我们研读《庄子》时,不要被《庄子》寓言故事所虚构的历史人物所迷惑,看不到庐山真面目。明白这个问题,才便于讨论"心斋"与"坐忘"的问题。

何谓"心斋"?"心斋"与"祭祀之斋"不同。《庄子·人间世》写,颜回告诉仲尼,他要到卫国去。卫君暴虐无道,专断独行,轻用其国,轻用民死,因此民死多如蕉草,国乱不治。颜回想去劝说卫君,便向仲尼辞行,并请教治理卫国之道。仲尼对颜回说,你此去有杀身之祸,为避免此祸,首先要"心斋"。颜回不解,便说:

> "回之家贫,唯不饮酒不茹荤者数月矣。如此则可以为心斋乎?"曰:"是祭祀之斋,非心斋也。"回曰:"敢问心斋。"仲尼曰:"若一志,无听之以耳,而听之以心;无听之以心,而听之以气。听止于耳,心止于符。气也者,虚而待物者也。唯道集虚。虚者,心斋也。"

这里涉及有关其他的问题,我们且不去说它,只就"心斋"而论。"心斋"者,一言以蔽之,曰:"虚者,心斋也。"即只有心虚,顺物忘情,方能达到"心斋"的境界。显然,"心斋"是一种寂心敛气、物我两忘的修身养性的功夫。具体的途径即是:"若(汝)一志(一作'一若志'),无听之以耳,而听之以心;无听之以心,而听之以气。"为何要这样呢?因为"听止于耳,心止于符。"符,合也,"言与物合"[01]。也就是说,"听之以耳"或"听之以心",都可能被假象所掩盖或迷惑,只有"听之以气"——"气也者,虚而待物者也"。"虚"者,无也。"待物",即处理人事。此"物",即指人而言,非事物之"物","厚德载物",即为一例。"虚而待物",就进入道境,达到物我两忘的境地,因此至于暴人之前,也就会"入则鸣,不入则止",不会受到伤害。"唯道集虚",谓道体为虚,是看不见、摸不着的物初之气,是"心斋"的境界。故曰:"虚者,心斋也。"所以,仲尼曰:"古之至人,先存诸己,而后存诸人。所存于己者未定,何暇至于暴人之所行。"这正是仲尼要颜回去劝说卫君之前,必须先"心斋"的原因。

---

01 俞樾《诸子平议》。

刘凤苞不愧为治庄大师，故其点评曰："气妙于无形，独往独来，与太虚同体，不距（拒）不迎，与万物俱适。道集于虚，仍还其未始有物之初，而众美从之。将'虚'字点破'心斋'，真为透彻。"[01]

何谓"坐忘"？为让读者看到"坐忘"的庐山真面目，还是将《庄子·大宗师》篇中关于"坐忘"的寓言援引如下：

> 颜回曰："回益矣。"仲尼曰："何谓也？"曰："回忘仁义矣。"曰："可矣，犹未也。"他日复见，曰："回益矣。"曰："何谓也？"曰："回忘礼乐矣！"曰："可矣，犹未也。"他日复见，曰："回益矣！"曰："何谓也？"曰："回坐忘矣。"仲尼蹴然曰："何谓坐忘？"颜回曰："堕肢体，黜聪明，离形去知，同于大通，此谓坐忘。"仲尼曰："同则无好也，化则无常也。而果其贤乎！丘也请从而后也。"

显而易见，"坐忘"与"心斋"有所不同。"心斋"，是从"听之以气"、"虚以待物"上下功夫；"坐忘"，是在"忘"字上下功夫。是两种不同的的修身养性之境界。正如明代大释憨山德清诠释"坐忘"曰："言身知俱泯，物我两忘，浩然空洞，内外一如，曰大通。"[02] 孔子曰："道不同，不相为谋。"（《论语》）这是他常向其弟子宣讲的戒律。有趣的是，此则寓言写孔子与颜回在津津有味地讨论道家"坐忘"的养生之道。当颜回说其已经忘却仁义礼乐，已进入"堕肢体，黜聪明，离形去知，同于大通，此谓坐忘"时，仲尼竟然称赞颜回能与道家的大道混同一体而无偏好，顺应大道变化而不滞守常理，是个了不起的贤人，并愿向他学习而步其后尘。真是妙趣横生，极具讽刺意味。不难看到，"坐忘"与"心斋"虽有所不同，但其共同点都在于物我两忘、融入道家境界。

刘凤苞对"坐忘"的评析，对读者解读"坐忘"颇有裨益。刘凤苞曰："坐忘者，万象俱忘，浑然无我，全是从仁义礼乐入手，有一番刻苦功夫，用在前面，渐渐融化入微，方能到此地步，否则坐禅入定，皆属人己两忘，于此等处，有何关涉。'堕肢体，黜聪明'，外忘其形骸，内屏其神知，即视听言动，而守之以归于一，化之以复其天。非别有所谓'坐忘'，空洞无物也。'同于大通'，彻上彻下，彻始彻终，皆元气浑沦气象，虽有形而与无形者俱化，虽无形而与有形者相

---

01 《南华雪心编》。
02 《庄子内篇注》。

通，方是坐忘本领。末以圣人赞叹作结，笔意轻松，彼此浑同，故无好；变化不测，故无常。一部《南华》妙境，皆当做如是观。"应当指出，庄子首创"心斋"与"坐忘"的气功，可谓是中国气功之祖。

四、《养生主》说养生

《庄子·养生主》，是庄子论说养生之道的杰作，历来脍炙人口，为世人乐道。究竟《养生主》是如何说养生的呢？但说起来，大多语焉不详。甚至有些古代治庄学者对《养生主》的命题，还作了错误的理解。诸如陆西星曰："养生主，养其所以主我生者也。其意自前《齐物论》中'真君'透下。盖真君者，吾之真主人也。"[01]林云铭亦曰："养生主者，言其所藉以生之主人，即《齐物论》篇所谓真君是也。"[02]凡此等等，皆不可取。

《养生主》说养生，可以从两方面来说明。

其一，《养生主》开篇一段文字，是从理论上阐明《养生主》的主旨及其养生途径。庄子曰："吾生也有涯，而知也无涯。以有涯随无涯，殆已！已而为知者，殆而已矣！为善无近名，为恶无近刑。缘督以为经，可以保身，可以全生，可以养亲，可以尽年。"意谓人的生命是有限的，而知识是无限的，以有限之生命，拼命地追求无限之知识，是会危殆伤生的。做好事，不要图名；即使做了不好的事，也不至于受到刑辱。顺循天然正中之道为法则，就可以保性全生、养身尽年了。其中，"为善无近名，为恶无近刑"两句，是善于养生的关键词。刑戮，自然会摧残身体，夺人性命。而名誉，亦能伤身害性。因此，庄子说："自三代以下者，天下莫不以物易其性矣！小人则以身殉利，士则以身殉名，大夫则以身殉家，圣人则以身殉天下。故此数子者，事业不同，名声异号，其于伤性以身为殉，一也。"（《庄子·骈拇》）庄子为去世人伤性殉身之害，以养生为重，故曰："至人无己，神人无功，圣人无名。"（《庄子·逍遥游》）即老子所谓"生而不有、为而不恃、功成而不居"（《老子》第二章）之意。庄子这里所谓"至人"、"神人"、"圣人"，皆为道家的化身，为善于养生的大师。

"缘督以为经"一句，是《养生主》全篇的总纲。"缘"，顺也。"督"，中央也，即两物之至虚之处。"经"，常规也。意谓世人遵循天然至虚之道为法则，就不会伤身害性，就能达到养生的目的。清代治庄学者王先谦《养生主》题解曰："顺事而不

---

01 《南华经副墨》。
02 《庄子因》。

滞于物，冥情而不撄于天，此庄子养生之宗主也。"[01] 言简意赅，阐明了《养生主》的宗旨。刘凤苞讲解得更为清晰，他说："督之在中，原无定所，两物相际之处谓中。中者，虚而无物之地。游于无物之地，乃不为物之所伤，然而其际亦甚微矣。悟得此理，以至虚之用，遗至虚之体，神与天游，何至以无涯之知，相寻危殆乎？"[02]

其二，从实践上，庖丁解牛的寓言故事即生动形象地说明《养生主》如何养生的问题。其文说，庖丁（厨师）为文惠君解牛并向其说明解牛之道。文惠君曰："善哉！吾闻庖丁之言，得养生焉。"文惠君听了庖丁解牛之情及其解牛之道，怎么就能"得养生焉"了呢？这要从几个层面来说明。一是庖丁告诉文惠君他所好之道（道家之大道）超过他解牛的技术，意谓是大道在主导他解牛。因此，他在解牛时，能目无全牛，"依乎天理"、"因其固然"，批大郤、导大窾，牛的经络骨肉连接之处，都不妨碍其下刀。能以无厚之刀刃，入牛之有间之关节，故其"恢恢乎其于游刃必有余地矣"。所以，他解牛十九年，其刀刃仍若新发于硎。二是庖丁解牛过程中："手之所触，肩之所倚，足之所履，膝之所踦，砉然向然，奏刀騞然，莫不中音，合于《桑林》之舞，乃中《经首》之会。"并未感到劳累和辛苦，好像是在参加一次古代的音乐舞蹈演出，感到无比的愉悦。三是庖丁解完牛之后，"踌躇满志"，表现闲豫安适、从容自得的样子；又"善刀而藏之"，即把刀擦乾净收藏起来。故郭象曰："刀可养，故知生亦可养"。[03] 所以，文惠君听完庖丁的一席话，便说："善哉！吾闻庖丁之言，得养生焉"。刘凤苞评论庖丁解牛的寓言故事，阐明养生的主旨，有其很高的艺术性。他说："庖丁一段处处摹写好道，却处处关会养生。其对文惠君，并无一语涉及养生，煞尾只将养生轻轻一点，便已水到渠成，山鸣谷应。寻常挑剔伎俩，无此玲珑也。"[04]

近人胡朴安把庄子与老子做比较，来论说他们不同的养生思想。他说"养生主者，不滞物，不撄天，任自然以养生也。庄子之学与老子异者，在于生死一事。老子求长生，庄子忘死生；老子以谷神（元气）不死为养生，庄子以任物自然为养生。养生之道，入于物而不滞，顺乎天而不撄，不伤生，不畏死，视死生为一致，真养生之主也。[05]

---

01 《庄子集解》。
02 《南华雪心编》。
03 《庄子注》。
04 《南华雪心编》。
05 《庄子章义》。

其实，庄子与老子的养生之道并没有本质的不同。老子和庄子都主张"道法自然"、少私寡欲、守气全神。老子期望谷神（元气）不死，又曰："天长地久。天地所以能长久者，以其不自生，故能长生。是以圣人后其身而身先，外其身而身存。非以其无私邪？故能成其私。""私"者，身之谓也，非"公私"之"私"也。庄子则主张"至乐活身"，认为生老病死，如同自然变化，皆不足忧，只要做到清浮静为，顺应自然，便能长乐长存。（《庄子·至乐》）显然，老子和庄子在养生上的说法虽有所不同，实则是异曲同工，各有其妙。

五、忘适之适，未尝不适

庄子的养生之道，其中有一个问题，就是告诉世人，为了养生而健康长寿，必须经常处于安适的精神境界。怎样才能处于此种境界呢？庄子即给人们指出一条既方便而又可行的方法和途径。那就是，保持纯朴的真性，顺随事物的自然变化而变化，就能无往而不适。庄子在谈论这个问题时，他是用一则短小的寓言和比喻来阐明问题的。庄子曰：

> 工倕旋而盖规矩，指与物化，而不以心稽，故其灵台一而不桎。忘足，履之适也；忘要，带之适也；知忘是非，心之适也；不内变，不外从，事会之适也；始乎适而未尝不适者，忘适之适。（《庄子·达生》）

工倕，传说为唐尧时的能工巧匠。此则寓言说，工倕用手指画图，能与用规和矩所画之图一样。他之所以能有此等高超的艺术造诣，是由于他在画图时，心灵专一，用志不分而凝于神，不受拘束，不用心思考，手指能自然地顺随物象的变化而变化，就这样，他便不知不觉地画出神入化的超凡图景。

庄子通过工倕画图的寓言及其"忘足"、"忘腰"、"忘是非"、"不内变、不外从"的比喻和议论，意在告诉世人，养生也和工倕画图一样，必须保持心性平静，不存是非，不受外物的干扰和拘束，才能"忘适之适"，无往而不适。这其中含有深邃的心理学养生哲理，只有反复潜心体悟，方能领会其中的真谛所在。清代治庄学者林云铭颇能认识其中的玄妙之处。他说："知有适，尚有所不适，惟忘适之适，能入于化，自无往而不适矣。此段养生者，忘乎物，以全其天之自然也。"[01]

这里有两个难点，应当向读者说明。一是"盖规矩"的"盖"字，古代即有两种诠释或谓"盖"为"盍"之误，"盍"为"合"的同音假借字。或谓"盖"者，掩

---

01 《庄子因》。

过也。二是"始乎适而未尝不适者",何谓也?唐代成玄英曰:"始,本也。夫体道虚忘,本性常适,非由感物而后欢娱。则有时不适,本性常适,故无往不欢也。斯乃忘适之适,非有心适。"[01]我们透过其"体道虚忘"的玄虚之辞,并不难明白其"本性常适,故无往而不欢"的哲理内涵。

世人养生,如何才能达到"忘适之适",而"未尝不适"的境界呢?庄子便给人们明确地指出具体实践的方法和途径。庄子曰:"德人者,居无思,行无虑,不藏是非美恶。四海之内共利之之谓悦,共给之之谓安。"(《庄子·达生》)意谓具有高尚道德的人,居处时不思考问题,行动时不谋虑世事,心中不存是非美丑。因为,他只庆幸天下有道时,人人皆能得到给养而感到安定。由此也说明,庄子也并非是"居无思,行无虑,不藏是非美恶"之人。庄子所谓"居无思,行无虑,不藏是非美恶"云云,只是就世人如何养生而言。他是要人们在养生时,不要思考,不要谋虑,要排除是非的干扰,以免影响修身养性。那么,怎样才能做到"居无思,行无虑,不藏是非美恶"呢?庄子曰:"且夫乘物以游心,托不得已以养中,至矣!"(《庄子·人间世》)意思是说,世人在养生时,要顺应外物的变化,自由自在地逍遥游,寄托于大自然之中,不得已时而应之,以养中和之气。这样做,就达到了养生的最理想的佳境。试问此等最理想的养生境界,究竟是什么样的境界呢?庄子说,这就是"至美至乐"的境界。庄子说能"得至美而游乎至乐,谓之至人"(庄子·田子方)。所谓"至人",即得道之人。其实,庄子与其宗师老子一样,论说问题,总是万变不离其宗——用其道家的大道说事。

庄子认为,"至人"不需要刻意养生,自然就能达到修身养性的目的。庄子曰:"至人之于德也,不修而物不能离焉。若天之自高,地之自厚,日月之自明,夫何修焉!"(同上)这里所谓"德",即"德性"之谓也。庄子用此等汪洋恣肆、豪迈奔放的言辞,来形容"至人"修身养性的自然而然的功夫,似乎有点玄虚,令人摸不着头脑。这也并不奇怪。庄子作为我国先秦时期的伟大哲学家和浪漫主义文学、寓言文学之祖,他的文章不仅汪洋恣肆,而且喻中设喻,深含哲学意蕴,因此令人颇为费解。但是,若面对社会现实,讲到养生问题,庄子又给世人指出一条务实的养生方法和途径。这就是:"天下有道,则与物皆昌;天下无道,则修德就闲。"(《庄子·天地》)意谓天下太平,就与世人同享美好生活;天下大乱,就闲居修身养性。在我国先秦时期,不仅庄子有这种思想,儒家圣人孔子也有这种思想。孔子曰:"天

---

01 《庄子疏》。

下有道则见，无道则隐。邦有道，贫且贱焉，耻也；邦无道，富且贵焉，耻也。"[01]

庄子论说养生之道，并不是要世人饱食终日，无所事事。不然，世人何以度日？庄子论说养生之道，意在劝导世人要注重养生问题。所以，庄子劝导世人无论学习、做事、辨别是非好恶等等，都要恰到好处，适可而止，否则而"淫于度"，就会以失败而告终。这自然也达不到养生的目的。为此，庄子曰：

> 学者，学其所不能学也；行者，行其所不能行也；辩者，辩其所不能辩也；知止乎其所不能知，至矣；若有不即是者，天钧败之。（《庄子·庚桑楚》）

庄子这番话是说：世人学习，学到其不能再学到的知识即可；前行，达到其不能再达到的地方即可；分辨事物，达到其不能再分辨的程度就停止下来，这已经达到最高的境界。假若不是这样，而"淫于度"，就会遭到自然规律的惩罚，而以失败而告终。所谓"至矣"，唐玄英曰："元古圣人、得道之士，知与境合，故称至。"[02]不难看出，庄子此段文字，与其《养生主》曰："吾生也有涯，而知也无涯。以有涯随无涯，殆已！已而为知者，殆而已矣！"前后遥相呼应，真有异曲同工之妙。古代治庄学者，也很重视庄子这番高论。诸如林云铭曰："天下之物可以知知，则学之所不能学，行之所不能行，辩之所不能辩，惟道不可知知，故有不期然而然者。知止乎其所不能知，所谓道之极也。若有不即于是而故作，误为侥幸于难必者，必为天钧所弃矣！"[03]刘凤苞曰："学者，行者，辩者，皆以为能知者也。知止乎其所不能知，则至道含于渊默之中，而天钧自运。天钧所在，浑漠无形，妄用其知巧，必且斫丧其本真，安得不败！"[04]林氏和刘氏的评论，对读者正确解读庄子此段文字的思想内涵、了解清代学者的有关见解，还是有一定参考价值的。只是他们仍从"大道"的角度说事，就难免具有玄虚神秘的色彩。

---

01 《论语·泰伯篇》。
02 《庄子疏》。
03 《庄子因》。
04 《南华雪心编》。

庄子散文的笔法

——明清庄子散文研究论略之一

自魏晋迄于明代中期，《庄子》注家颇多，大抵竞言玄理，不屑为"论文解字之谈"[01]。明末清初以来，研究《庄子》散文的学者才逐渐增多。明末研究《庄子》散文的成就并不算大，只是起了良好的开端，到了清代才取得丰硕的成果。他们研究《庄子》散文，尚没有专门的著作，只是在注释《庄子》时，进行一些研究。具体地说，他们除注释《庄子》本文之外，分别又用眉批、夹注、题解、段落分析、篇末总评等不同方式，对《庄子》散文的思想性、艺术性、作品真伪问题等进行研究。

明清研究《庄子》散文的文字甚多，内容极其丰富，可以说是中国文学批评史上一份重要的史料。

这里只谈一个问题，即明清学者对《庄子》散文笔法的研究。

明清《庄子》散文的研究者，颇重视庄子的笔法，有些看法，颇有见地，即使对今天的文学家和评论家，也很有启迪作用。对此问题，仅就以下三点予以概括地论述，即是：（一）以大笔起，以大笔收；（二）抑扬开合，变化无穷；（三）设喻之妙，沁入至微。

以大笔起，以大笔收

古人也说，"凡作文起手最难"[02]。其实，做文章，结尾也难。开头能引人入胜，结尾而韵味无穷，则更难。庄子生长在我国战国时代，是我国古代早期的散文大家。他的散文，往往都能"以大笔起，以大笔收"[03]，起笔快如飞箭，收笔斩钉截铁。

01　近人陈毓崧《庄子集注序》。
02　清代林云铭《庄子因·胠箧篇》。
03　清代宣颖《南华经解·齐物论》。

按照明清庄子散文研究者的论述，《庄子》的散文，以大笔起和以大笔收的笔法，可分为篇起篇收、段起段收两种。但就这两种笔法而论，情况并非完全相同。因为有的篇能以大笔起，而收笔并无惊人之处。也有的篇起笔平平，而收笔却有临崖勒马，力挽狂澜之势。至于篇中段落的起笔和收笔，也有相同的情况。这里只谈论前者，后者即不再论及。

通篇能够以大笔起、大笔收的，在《庄子》里为数并不少，如《逍遥游》、《齐物论》、《养生主》、《德充符》、《大宗师》、《在宥》、《知北游》、《田子方》、《山木》等篇，皆有如此笔法。

《逍遥游》开篇写道："北冥有鱼，其名为鲲，鲲之大，不知其几千里也。化而为鸟，其名为鹏，鹏之背，不知其几千里也。怒而飞，其翼若垂天之云。"开头便撰出"逍遥游"之意，是《庄子》里第一篇寓意文章。"通篇结穴处，却借鲲鹏变化，破空而来，为'逍遥游'三字，立竿见影，摆脱一切理障语。烟波万状，几莫测其端倪。"[01] 此篇收笔，也非同凡响。它借惠子之口，说自己有棵大树，"其大本拥肿，而不中绳墨；其小枝卷曲，而不中规矩。立之涂，匠者不顾。"他为此感到困苦，便说给庄子听。庄子答道："今子有大树，患其无用，何不树之于无何有之乡、广莫之野？彷徨乎无为其侧！逍遥乎寝卧其下？不夭斤斧，物无害者，无所可用，安所困苦哉？"以洋洋洒洒，出奇不意的文字，结束全篇。宣颖曾评论说："大树一段，煞尾说到无、苦。试想古今虽盖世才能，冠古学问，撑天制作，都只算做用小，何也？以其为有用之用也。有用之用，便是形下之器耳，性分中之绪余耳。但在这上面着脚，未有不劳心焦思，扰攘一世者。庄子视之，不堪困苦。若至人然乎哉？至人无己，一切才能、学问、制作，到此都冰融雪释。人视其块然无用，与大瓠大树相去几何？却不知其参乾坤，籥万物，方寸之际，浩浩落落，莫可涯涘。如是而乃为逍遥游也。"[02] 论者也是说它收笔之妙，是为"逍遥游"三字，立竿见影。刘凤苞对此篇收笔，也非常称道。他说："一篇寓意文章，千盘百折，至此始为'逍遥'二字点睛，可想见惨淡经营之致矣。"[03] 论者认为，作者用如此画龙点睛之笔，是煞费匠心的，并非兴之所致，轻易得来。

《齐物论》篇以大笔起、大笔收的笔法，是描写齐生死、忘是非的意境。此篇

---

01 刘凤苞《南华雪心编》。
02 《南华经解》。
03 刘凤苞《南华雪心编》。

开头便写道:"南郭子綦,隐几而坐,仰天而嘘,嗒焉似丧其耦。颜成子游立侍乎前,曰:'何居乎?形固可使如槁木,而心固可使如死灰乎?今之隐几者,非昔之隐几者也。'子綦曰:'偃,不亦善乎?而问之也,今者吾丧我,汝知之乎?汝闻人籁,而未闻地籁;汝闻地籁,而未闻天籁夫?'"清代胡文英说此篇开手,"造端托始","如旋波乍起,愈转愈深"[01]。宣颖说:"凭空以声籁致问,其胸中是何托悟,妙不容言。"(《南华经解》)刘凤苞集前人研究《庄子》之大成,因而他对《庄子》散文研究最深,评论最为精彩。他评论《齐物论》篇的起笔说:"此段从声籁之微,逗出妙义。开手摹写南郭子綦,沈心渺虑,神致萧然,已绘出项上圆光。故因子游之问,而迎机导之,陡下'吾丧我'三字,极鹘突,却极圆通……人籁、地籁,不过引起天籁。"他认为,"此处作层波叠浪之笔,极有神致"[02]。从以上诸家对此篇开手的评论,说明此篇起笔,开门见山,单刀直入,起笔快,立笔稳。而且起笔之后,接着层波叠浪,奔腾向前,一路风光,美不胜收。而此篇收笔,又以脍炙人口的"庄周梦蝶"的寓言结束全篇,与《逍遥游》收笔的意境不同,别有洞天。明代陆方壶对用此则寓言作收笔有四句赞语说:"梦为蝴蝶,觉乃庄周,犹然物化,千古悠悠。"[03]用"千古悠悠"四字,便恰如其分地说明以"庄周梦蝶"的寓言作通篇的收笔,有巨大的反响。宣颖说用此则寓言收笔,是庄子用现身说法,格外醒目。他说:"至末忽现身一瞥,乃见已原是绝无我相一丝不挂人,意愈超脱,文愈缥缈。"又说末句:"将物化收煞《齐物论》,真红炉一点雪也。"[04]所谓"意愈超脱,文愈缥缈","真红炉一点雪也"云云,是说此处不仅收笔特别醒目,而且文境深邃,含蓄蕴藉,余味无穷。又好像奇峰突起,令人留连忘返。刘凤苞又把此篇的收笔,与《秋水》篇的收笔相比,则更显示出此篇收笔的奇妙。他说:"此与濠梁观鱼一段文心,同为超妙,但彼是一片机锋,全身解数,此是浑沦元气,参透化机。虽同一语妙,而其曳天地之奥,则《齐物论》末段,独臻上乘也。"又说:"末句如红炉点雪,手法绝高。"[05]

庄子是大手笔,明清学者认为庄子"以大笔起,以大笔收",在用笔方法上并非重复使用,而能够别开生面,出奇制胜。《养生主》篇的起笔和收笔,与前两篇又迥然不同。此篇开头写:"吾生也有涯,而知也无涯,以有涯随无涯,殆已。已而为

---

01 《庄子独见》。
02 《南华雪心编》。
03 《南华经副墨》。
04 《南华经解》。
05 《南华雪心编》。

知者，殆而已矣。为善无近名，为恶无近刑，缘督以为经，可以保身，可以全生，可以养亲，可以尽年。"刘凤苞评论此篇开端用笔有独到的工力。他说："开手即拈'生'字，与'知'对勘，指出病根。险语破空而来，如繁弦急管，凄入心脾；如暮鼓晨钟，发人深省。人生不过百年，而知有万变，以有用之聪明，耗无穷之精力，嗜欲攻伐，戕贼其生，危莫危于此矣。"[01]此篇是用"生"与"知"对勘起笔，所论问题，使人意想不到，说它"险语破空而来"，发人深省，有震人心弦的力量。至于对庄子此等说法，应如何评价，那是另外的问题。陆方壶认为，此篇养生主者、守中顺理、利害不涉于身、死生无变于己凡四段，起笔都很干净利落，毫无八股气味，而且含意深刻，令人寻味。他说："其意皆在言外，要人深思而自得之。所以为妙，不似今之作文，一开口便说主意，又或立作柱子，皆下乘也。"[02]论者一方面肯定庄子此篇四段起笔的艺术性，另一方面批评明代人的缺点，说他们写文章"开口便说主意"，"或立作柱子"，缺乏艺术性。这虽然是明代的文学评论，而它对今天我们的文艺创作和文艺评论，仍然有借鉴意义。而此篇收笔，同样是令人难以预料。此篇末三句说："指穷于为薪，火传也，不知其尽也。"作者用这样千古名言作结，意思是说："薪尽而火传，火之传无尽，而神之存岂有涯哉？但人不知养，则与生同尽。"[03]它用薪尽火传作比喻，寓意更加深刻，则有更大的艺术魔力。所谓："忽接此三句，如天外三峰，隐跃映现。乍读之，似乎突然，谛玩之，妙不容言。其笔脉自上节飘下，而收全篇之微旨，悠然又奕（一作屹）然。"[04]即是对此篇收笔具有巨大艺术力量的称道。

刘凤苞说："庄叟命意最高，绝不蹈袭前贤一语。"庄子用语如此，其笔法亦是如此。《德充符》的笔法，不仅新奇，而且怪诞，可谓用新奇的笔法，绘制出一幅千奇百怪的图画。用刘氏的话说，即是："漆园之笔，另开生面，别有一幅悲悯心肠。见得当世修德之士，多从外面缘饰，一切性命工夫，只在形体上理会，盗名欺世，貌合神离。与其形全而德不全，不如亏其形者葆其德，犹足以运化于无形。凭空撰出几个形体不全之人，如鬼僊登场，怪状错落，几予以文为戏，却都说得高不可攀，见解全超乎形骸之外。"又说："开手撰出兀者王骀一段，奇军突起，从间道直入中

---

01 《南华雪心编》。
02 《南华经副墨》。
03 宣颖《南华经解》。
04 同上。

坚，所向皆摩。"[01]刘氏在这里的评论，尽管继承了宣颖的研究成果，但他在前人研究成果的基础上，又有许多新的创见，比前人更高一筹。对照一下宣颖对《德充符》笔法的评论，便可了然在目。宣颖说："劈头一个兀者，又一个兀者，又一个兀者，又一个恶人，又一个闉跂支离无脤，又一个瓮盎大瘿，令读者如登舞场，怪状错落，不知何故，盖深明德符全不是外边的事。先要抹去形骸一边，则德之所以为德，不言自见。却撰出如许傀儡劈面翻来，真是以文为戏也。只是一大翻空反衬之法。"[02]论者所谓"如许傀儡劈面而来"云云，是说庄子运用虚构的笔法，与写实之笔不同。但可以看出，在笔法分析上，宣颖没有刘凤苞分析的精到透辟，甚至，庄子有许多用笔之妙，宣颖都没有涉及到。即使对《德充符》收笔上的得力之处，宣颖也没有指出。刘凤苞却弥补了这个不足。他说："末用反掉之笔，见益形者适足以累其德，形全而德亏。视兀者、恶人、无脤、大瘿之独成其天者，大小迥殊矣。通结上文，文势如大海回澜，激得浪花无限。"又说："末句如当头棒喝，使人动魄惊心。"[03]他简明扼要地指出了《德充符》用反掉之笔结束通篇的巨大艺术效果。明代陈荣选也曾指出，他说《德充符》收笔"收法斩截，此庄子笔法奇崛处。"[04]林云铭亦曾评论此篇笔法的长处说："文之段段盘旋，段段换笔，神爽语隽，味永机新，雪藕冰桃，不许人间朵颐。"[05]

《大宗师》篇的起笔和收笔，又另劈蹊径，大有令人耳目一新之感。此篇开头写道："知天之所为、知人之所为者，至矣。"宣颖评论说："劈空将'知'字虚起二句，用两字赞一句。虚将天、人分开，实是以客意作引，却故为斗立之笔。"又评论篇末收笔说：庄子用"命"一字收篇，"是特为普天下学道人劳攘沸腾中，惠一卷冰雪文也。"刘凤苞对此篇的起笔和收笔等笔法，有一段更加详尽的评论，援引如下，以供研究者参考。

> 细按此篇文法，首段已尽其妙。以下逐层逐段，分应上文，神龙嘘气成云，伸缩变化，全在首尾，若隐若显，令人不可捉摸。此外东云见鳞，西云见爪，作其之而，盘空挐攫，此其所以为灵也。文之伸缩变化，亦犹是焉。此段

---

01 《南华雪心编》。

02 《南华经解》。

03 《南华雪心编》。

04 《南华经句解》眉批。

05 《庄子因》。

首提天、人，是龙之森（伸）其头角。末段分应天、人，是龙之掉尾于空中。而女偊以下诸人，或因人见天，或因天见人，或独成其天，或天、人合勘，或以天事补人事之亏，或以人事造天事之极，皆文之筋节，龙之鳞爪也。至于天、人一致，形迹俱泯，犹龙之收敛神功，没于清冷之渊，微波不动，此所谓立乎不测，游于无有者也。呜呼神矣！自龙门班、范以下，唐宋八大家，得其一体，便可纵横排萃，尺幅兴云。其中俊语奥词，分呈互见，剖之为荆山之玉，屑之为丽水之金，缀之为长吉之囊，割之为邱迟之锦。沾其膡馥残膏，皆可浣肠换骨，化为脉望之仙。自有文章以来，空前绝后，无古无今，殆推庄生为独步矣。[01]

刘氏对《大宗师》篇首尾的笔法运用等，能给予生动形象、详细全面的评价，并且能够联系中国文学史上的具体问题进行评论，这就显得格外切实。而其中有几句，显然是夸大之词。

从通篇着眼，《庄子》散文以大笔起、以大笔收的特点，仅举以上几篇为例，亦可说明问题。从起笔和收笔的不同笔法而论，《庄子》散文还有以篇起见长，或以篇收取胜的不同情况。譬如，《至乐》、《则阳》两篇的起笔之妙，陆方壶、宣颖、胡文英、刘凤苞等都有评论。对《至乐》篇的起笔，陆方壶把它与屈原的作品相比说："从上篇'不以物害己'透下意来，发此一段，急为天下定个至乐存身之术。二'无有哉'，反诘之词，言决是有也。'今奚为奚据'，正诘之词，与屈原《卜居》'孰吉孰凶，何去何从'同一意旨。"[02]刘凤苞说："开手喝起至乐活身句，极力摆摇，令人自思而得之。随用'奚为奚据'四句，作诘问之端，词意隐约。……以下就俗乐层层挑剔，参差错落，如疏雨点蕉之声。"[03]对《则阳》篇的起笔，胡文英说它"文法极为完密"[04]。刘凤苞在《南华雪心编》则评论说："一路全用敲弓惊弦之笔，讥评夷节，胜于喝叱彭阳，词意森严，文心隽妙。"而《骈拇》和《胠箧》等篇的收笔，有的"悠扬蕴藉"，具有"弦外之音"；有的"又峭""又冷"，别具一格。对此，明清《庄子》散文的研究者，都有极高的评价。

---

01 《南华雪心编》。
02 《南华经副墨》。
03 《南华雪心编》。
04 《庄子独见》。

抑扬开合，变化无穷

庄子的散文笔法，还有抑扬开合、变化无穷的显著特色。此种变化，与其有多种文体及其不同文体相间使用的变化，自然有着内在的联系。《庄子·寓言》篇说，庄子的散文，由"寓言"、"重言"、"卮言"三种不同的文体构成。何谓"寓言"？何谓"重言"？何谓"卮言"？陆方壶对此三种文体，诠释得比较清楚。他说："寓言者，意在于此，寄言于彼也。重言者，假借古人，以自重其言也。寓言如大鹏、社树之类。重言如称引黄帝、尧、舜、仲尼、颜子之类。卮言者，旧说有味之言，可以饮人。看来只是卮酒间漫衍之说。寓言意在言外，卮言味在言内，重言征在言先。"[01]这三种文体，在《庄子》里相间使用，因而它的笔法也随之发生变化。即使同一种文体，庄子的运笔方法，也是多种多样的。但总的说来，明清《庄子》的研究者，他们认为庄子散文在笔法上的变化，不外乎有三种，即表现在通篇变化、段落变化、字句变化上。

先谈庄子散文不同体裁和不同笔法的变化。这里说的体裁，是指叙事、议论等。在《庄子》里，即使在同一篇，也同时变换使用不同的体裁。譬如，林云铭在评论《逍遥游》篇时指出："篇中忽而叙事，忽而引证，忽而譬喻，忽而议论。以为断而非断，以为续而非续，以为复而非复。只见云气空濛，往反纸上，顷刻之间，顿成异观。"[02]随着文章叙事、引证、譬喻、议论的相间使用，笔法自然也随着发生相应的变化。

形式是为内容服务的，庄子不同笔法的运用，也随着表达不同的内容发生变化。林云铭在评论《齐物论》时说："文之意中出意，言外立言，层层相生，段段回顾，倏而羊肠鸟道，倏而叠嶂重峦。"[03]"意中出意，言外立言"，是指不同的内容；"层层相生"以下四句，是指笔法的变化。在论者看来，笔法的变化，与"意"、"言"的变化有密切的关系。所以，可以说不同的笔法，是为了表达不同的内容服务的。

庄子为了表达不同的思想内容，着笔的浓淡、虚实、远近等等，也相应地出现各种变化。用"抑扬开合，变化无穷"来说明这个问题，似乎并不算过分。清代吴世尚已经非常清楚地说明了这个问题。他在评论《庄子·内篇》时说：

> 此七篇相承之大意也，但其文有空写、有实写；有顺写，有反写；有淡写，有浓写；有近写，有远写；有半写，有全写；有加倍写，有分帮写。使笔

---

01 《南华经副墨·读南华经杂说》。
02 《庄子因》。
03 同上。

如使利斧，当之者摧，遇之者碎。涌墨如涌海潮，直者山立，横者冈连。寻行逐字，既无从测，其言外之指，高睐阔步，又未免失其句中之义耳。空写而远写者，《逍遥游》是也，不言道，不言心，借一鲲鹏，指点出活泼泼地使人瞥地，便见得个道之全体。……何谓顺写？《齐物论》是也，层层分疏，段段销化，止是承其意而解之，毫不作对面抢白语，而闻之者早已不觉心折而诚服。……《养生主》一篇，则淡写者矣，通篇只'缘督以为经'一句，是养生之法。……反写、加倍写，《德充符》便纯用此二种笔墨矣。……若夫分帮写来，而又写得周全浓至，宁有如《大宗师》之一篇者哉。[01]

论者把庄子各种笔法的使用，指点得异常详尽，异常清晰。此外，在概括地说明庄子笔法变化时，刘凤苞还指出："文法错综入妙，笔亦苍秀绝伦"；"文法回环周匝，层出不穷"；"行文疏密相间"[02]等等。

庄子散文段落层次之间的笔法变化，则更如龙蛇飞舞，天女散花，令人心目俱眩，应接不暇。明清诸家评论这方面的文字极多，也极为生动。譬如，对《秋水》篇，陆方壶评论说："论大不大，论小不小，说在人又不在人，文字阖辟变化，如生龙活虎。"[03]宣颖说："假河伯、海若问答，一层进似一层，如剥蕉心，不尽不止。……其寓意俱在隐跃之间，是最活泼文字。"[04]林云铭则说："是篇大意，自内篇《齐物论》脱化出来，立解创辟，既踞绝顶山巅，运词变幻，复擅天然神斧，此千古有数文字，开后人无数法门。"[05]刘凤苞对《秋水》篇的总评，更加能够说明此篇段落层次的笔法，抑扬开合，变化莫测。这里把它全部援引如下：

《秋水》一篇，体大思精，文情恣肆。开端即借河伯、海若一问一答，层层披剥，节节玲珑。忽而从大处推开，见道之无外；忽而从小处收拢，见道之无内；忽而从小大中生出精粗二意。饶他至精至粗，总是期于有形，不如一并扫却。忽而从小大外添出贵贱二层。任他分贵分贱，究竟未可为常，不如一概浑融，然后归到无方自化。为不为一齐放下，胸中自觉雪释冰消。随又拈出达理明权，天与人妙合无间，更为水净沙明。收处将天人分际，分别出来。罕譬

---

01 《庄子解》。
02 《南华雪心编》。
03 《南华经副墨》。
04 《南华经解》。
05 《庄子因》。

而喻，用三层束住上文，为学道人特进药石。"无以人灭天"句是主，下三句乃申足上意。"命"即天命。"得"即天德。"故"即人心。"名"即人事。答还他天人之间，透彻无遗。末二句亲切指点，极精极微。看他从大处落墨，接连七段文字，洋洋洒洒，如海波接天，浪花无际，却只用"反其真"三字，归结通篇，笔力超绝横绝。以下各段，分应"无以人灭天"五句。逐段读之，各尽其妙。尤妙在濠梁观鱼一段，从寓言中显出一片真境。绝顶文心，原只在寻常物理上，体会得来。末二句更为透彻圆通，面面俱到。内篇"庄化为蝶，蝶化为庄"，可以悟齐物之旨。外篇"子亦知我，我亦知鱼"，可以得反真之义。均属上乘慧业，不能有二之文。[01]

从刘凤苞对《秋水》篇的总论，庄子此篇段落层次上的不同用笔方法，层层转折变化，已经看得比较清楚。论者对三十三篇《庄子》，都有详尽的分析研讨。到目前为止，可以说，刘凤苞在庄子散文研究上成就最大。

明清诸家论庄子散文在段落层次上抑扬开合、变化无穷的特点，以上所论，并未完全概括出来。明清诸家在这方面，还有许多论述。诸如陈荣选评论《至乐》篇"列子行食于道"一段时说："此段文字，绝出千古，整齐中不整齐，不整齐中整齐，如看飞云断雁，如看孤峰断坂，愈读愈有味。"又评论《胠箧》篇首段说："文法开合处，令人读之豁然。"[02]陆方壶评论《在宥》篇说："自无为说到有为，复自有为而返于无为，抑扬开合，变化无穷。末自'鸿濛、云将'以下，突起三峰，断而不断，文字之妙，非言说可尽。"[03]对《天地》篇"治乱之率也，北面之祸也，南面之贼也"几句，林云铭评论说："此言用知者不足以治天下也。段中转换不穷，抑而又扬，扬而又抑，变化之法，尽于此矣。"又评论《徐无鬼》篇说："此篇前半，诠理精密，练词古雅。后半变幻断续，不可捉摸，文境之奇，尽于此矣。"清代刘熙载说："庄子文法断续之妙，如《逍遥游》忽说鹏，忽说蜩与觉鸠，斥鷃，是为断。下乃接之曰'此大小之辨也'，则上文之断处皆续。而下文宋荣子、许由、接舆、惠子诸断处，亦无不续矣。"[04]刘凤苞在评论《骈拇》篇时，很能说明庄子散文段落层次变化的特点。他说：

01 《南华雪心编》。
02 《南华经句解》。
03 《南华经副墨》。
04 《艺概·文概》。

> 至其行文节节相生，层层变换，如万顷怒涛，忽起忽落，极汪洋恣肆之奇，尤妙在喻意层出叠见，映发无穷，使人目光霍霍，莫测其用意用笔之神。后来，惟眉山苏氏得此灵境，故嬉笑怒骂，信手挥洒，可以横绝峨嵋，其余皆望洋而叹[01]。

此等评论，并非溢美之词，的确说明了庄子散文富于变化的艺术特色。唐宋八大家，尽管他们的文章从构思和整体结构上来看，更加臻于完美，但在笔法变化上，却很少有人能与庄子相比。

下面，再简略地谈谈明清诸家对庄子散文在字句上用笔变化的论述。

明清以前的研究者，对于庄子散文整个笔法上的变化，根本就不予重视，更不用说它字句的变化了，在他们看来，似乎只有训诂才是学问。但明清庄子散文的研究者则与他们不同，他们除了注重训诂，同时也注重庄子散文在笔法上变化的研究，即使在字句上的变化，他们也十分重视。譬如，吴世尚说《逍遥游》篇"明道术之大，故以'大'字为线索。"又说《齐物论》"化众论而归于无，故以'无'字为线索。"[02]他认为"大"、"无"二字是关键，分别是这两篇文章的灵境。甚至，庄子散文中有的用一两个字，竟成为一篇文章中数段的筋骨，起着中流砥柱的作用。林云铭曾评论《缮性》篇时说："此篇以'恬'与'知'二字作骨，数段递递说下，立论甚醇，华质并茂，且别有一种秀色，令人赏心不置。"[03]明清以前的人，不注重笔法、句法、字法的变化，因此，他们不懂得字眼、句眼的作用以及字句变化往往具有使文章"华质并茂"、扣人心弦的艺术魔力。

以上是从理论上，研讨明清诸家对庄子散文在字句上变化的论述，下面从实践上，略举一二，看看明清研究者是怎样分析庄子散文在字句上的变化的。他们认为，庄子散文在字句上是变化多端、层出不穷的，譬如，《徐无鬼》篇末有段文字写道：

> 人之于知也少，虽少，恃其所不知而后知天之所谓也。知大一，知大阴，知大目，知大均，知大方，知大信，知大定，至矣。大一通之，大阴解之，大目视之，大均缘之，大方体之，大信稽之，大定持之。

---

01 《南华雪心编》。
02 《庄子解》。
03 《庄子因》。

刘凤苞评论这段文字说："接乎用七个'知'字、'大'字，透出不知之知，精神焕发。"[01] 接连用七个"知"字、"大"字转换使用，并以排笔的手法出现，应用自如，如行云流水，有水到渠成之妙。刘凤苞说它"精神焕发"，即含有活泼可爱之意，陈荣选评论《天运》篇首一段用字用句之妙时说："数行句句精绝，五个'孰'字，前无古人，后无来者。"[02] 说"前无古人"，并非夸张之词；说"后无来者"，缺乏发展眼光。社会在前进，文学艺术也在不断发展，后人已经有许多艺术巨著超过了庄子的成就。

庄子散文在字句上的笔法变化，字眼、句眼的成功运用，并非摆弄文字游戏，而是为了加重阐发一种特定的思想。林云铭曾经对这个问题作了十分清楚的论述。他说《天地》篇："篇中重发'无为'之旨，以'天'字作眼，曰'成于天'、曰'兼于天'、曰'以人受天'、曰'乘人无天'、曰'与天地为合'、曰'入于天'，盖言'无为'者天。"[03] 这说明明清庄子散文的研究者，是把庄子笔法的变化，与其表达不同的思想内容联系在一起来研究的。他们并不只是就笔法而论笔法，否则就看不到庄子笔法变化的艺术力量。

设喻之妙，沁入至微

古人所谓"寓言"，往往与"譬喻"混为一谈。明代大释憨山德清在评论《逍遥游》时曾说："若此鹍（鲲）鹏，皆寓言也，以托物寓意以明道，如所云譬喻是也。"[04] 今天，我们所说"譬喻"，是指比喻而言，仅仅是指用笔的一种方法。"寓言"，是大的概念，它是一种文体。古人既然将此二者混而言之，现在，我们姑且也就古人所言加以论述。但古人把"寓言"当做比喻者，也是少数，则更多的人还是把它当做一种笔法。

明清庄子散文的研究者，对《庄子》中的比喻具有特别的兴趣，评论文字亦甚多。他们认为，庄子的比喻非常微妙，甚至达到了"沁心至微"的功夫，以致使其散文充满生机，饶有情趣。《齐物论》篇中有这样一段文字：

罔两问景曰："曩子行，今子止；曩子坐，今子起。何其无特操与？"景

---

01 《南华雪心编》。
02 《南华经句解》。
03 《庄子因》。
04 《庄子内篇注》。

曰："吾有待而然者邪。吾所待，又有待而然者邪。吾待蛇蚹、蜩翼邪，恶识所以然，恶识所以不然。"

宣颖在《南华经解》评论说："此一喻分明是丧我，分明是'相代乎前'而不知，隐隐接转前幅文字。设喻之妙，沁入至微，除是天仙，断不能寄想到此。"论者所谓的"设喻"，似不包括寓言在内。刘熙载说："庄子寓真于诞，寓实于玄，于此见寓言之妙。"[01] 是说不能因为庄子散文荒诞玄虚，而忽视其中包含的真实意义。庄子是把严肃的社会问题，用比喻的语言，曲折地表达出来，因而才使他的文章文心奇妙，寄托深远。

层出叠见，变化无穷，是庄子散文善于比喻的又一特点。明清学者每每谈论此问题时，似乎都陶醉于庄子的优美文字之中，兴致勃勃，津津乐道。宣颖说："庄子之文，长于譬喻，其玄映空明，解脱变化，有水月镜花之妙。且喻后出喻，喻中设喻，不啻峡云层起，海市幻生，从来无人及得。"又说："古今格物君子，无过庄子，其侔色揣称，写景摛情，真有化工之妙。"[02] 可以想见，论者在写下此等评论文字时，已经被庄子的散文所感化，因此才写得出如此生动形象的评论。

对《庄子》散文运用比喻之笔，明清学者评论甚多，这里也只能择要论述。譬如，他们认为《天运》篇写"孔子西游于卫"一段，设喻颇为生动。此段连用六个比喻，作六层转换。这六个比喻是：古今非水陆、周鲁非舟车、桔槔俯仰、柤梨橘柚可口、猨狙衣周公之服、西施病心而矉其里。用此许多比喻，是为了加重说明"礼义法度"应当因时而变。孔子妄图生搬硬套周朝礼义制度，因而到处碰壁。陆方壶说："篇中重重譬喻，皆愤世嫉邪，极言世道不可挽回之意，盖以慨古道之难复，而哀夫子之终穷耳。"[03] 宣颖说："骨子止是一'时'字，却连用六样譬喻，作六层剥换，层卸层转，如赤城霞起，鲛珠落盘，为异样圆滑璀璨之文。"[04] 胡文英则说："叠下六喻，不厌其烦，须看其跌出正意，面面不同处。"[05] 刘凤苞则说："六喻累累如贯珠，分明写一个'时'字，随时变化，则应物不穷；不合时宜，则所遇皆穷。其比拟醒快绝伦，如夏云出岫，处处皆成奇峰。末二喻，尤为刻毒，

---

01 《艺概·文概》。
02 《南华经解》。
03 《南华经副墨》。
04 《南华经解》。
05 《庄子独见》。

读之可以解颐。"[01]同时，论者又在书的眉批中援引陆注说："一句应六喻，纯无痕迹，左氏善作叠喻，犹逊此精奥也。"等等。明清诸家对庄子比喻的艺术工力，给予了高度的评价。

庄子设喻，不蹈前辙，愈出愈奇，这又是一大特色。陈荣选在《人间世》篇"孔子适楚，楚狂接舆游其门"一段的眉批中说："秦汉以来，立言者袭南华语意不少，但南华借经设喻，不蹈前辙。而愈出愈奇，后觉未有追踪者。"[02]说明庄子不仅高于先秦诸子，即使后代许多文学家，在设喻笔法上，也难与庄子相比。且以《大宗师》篇"子来有病，喘喘然将死"的故事为例，此则故事说：

> 俄而，子来有病，喘喘然将死，其妻子环而泣之。子犁往问之，曰："叱！避。无怛化。"倚其户与之语曰："伟哉造物，又将奚以汝为？将奚以汝适？以汝为鼠肝乎？以汝为虫臂乎？"子来曰："父母于子，东西南北，唯命之从。阴阳于人，不翅于父母。彼近吾死而我不听，我则悍矣。彼何罪焉？夫大块载我以形，劳我以生，佚我以老，息我以死。故善吾生者，乃所以善吾死也。今之大冶铸金，金踊跃曰：'我必且为镆铘，大冶必以为不祥之金。'今一犯人之形，而曰人耳人耳，夫造化者必以为不祥之人。今以天地为大炉，以造化为大冶，恶乎往而不可哉！成然寐，蘧然觉。"

宣颖对此则故事设喻的新奇巧妙，评价甚高。他说："非常透脱之见，非常透脱之文。'父母'一喻，读之气降。'铸金'一喻，读之意悚。'寐觉'一喻，读之神超。前两喻，中央一段正论，如层峰起伏；末一喻，两句陡住，如峭壁斩然。小小结构，亦具奇致。"[03]论者抓住故事设喻令人"气降"、"意悚"、"神超"的作用，并且指出其中具有"层峰起伏"、"峭壁斩然"的意境和奇致。

《在宥》篇有一段文字，设喻奇巧新颖，林云铭给予它很高的评价。这段文字说：

> 汝慎无撄人心，人心排下而进上。上下囚杀，淖约柔乎刚强，廉刿彫琢。其热焦火，其寒凝冰，其疾俯仰之间，而再抚四海之外，其居也渊而静，其动也县而天。偾骄而不系者，其唯人心乎？

01　《南华雪心编》。
02　《南华经句解》。
03　《南华经解》缺"结构"二字，据刘凤苞《南华雪心编》眉批补正。

林云铭评论说："人心或为人所排，则失志销魂而下，或进之则希高望远而上。上下无常，或系缚如囚，或搆斗如杀。……焦火喻其躁，凝冰喻其坚，俯仰四海喻其速，渊静县天喻其动静之各殊。而总以偾骄不可系断之，比人心不可撄也。可作一部《西游记》读。"[01] 林氏说它可作一部《西游记》读，诚然是夸大了的。然而，这也说明论者的确看到此段比喻，文境新奇，非同一般。

庄子的散文，还有多种多样的比喻，诸如"骇喻切喻"，微妙警策，令人毛寒骨竦。[02] 明喻、暗喻、单喻、合喻、排喻、正喻、反喻等等。明清诸家对此多种比喻笔法，都有不少评论文字。总之："庄生取喻，真乃无奇不到，其映插之妙，有百千伶俐。"[03]

总之，明清学者对庄子散文笔法的评价颇高，比如，有学者说庄子："文之段落变化，顿挫耸秀，议论奇横，理窟精深，笔底烟霞，胸中造化，非读万卷者不敢仰视。"[04]

明清学者研究庄子散文笔法最有成就者，应当首推刘凤苞。刘凤苞是中国古代庄子散文研究集大成者，不仅他自己对庄子散文笔法有全面的研究，同时在其《南华雪心编》书中兼蓄并收了前辈学者许多研究庄子散文笔法的精彩绝妙的文字。可以说，刘凤苞的《南华雪心编》不愧堪称为中国古代庄子文论的宝贵文化遗产，对当今的文学研究和文艺创作，都具有积极的借鉴价值。

---

01 《南华经解》。
02 同上。
03 同上。
04 同上。

庄子散文的文境

——明清庄子散文研究论略之二

明清不少研究庄子散文的学者，颇重视庄子散文的文境。从他们评论《庄子》的文字里，即可以说明庄子散文具有独特的格调和精神。这里谈三个问题：（一）文情跌宕，恣肆汪洋；（二）意愈超脱，文愈缥缈；（三）踔厉孤行，藐然高寄。

文情跌宕、恣肆汪洋

文情跌宕，恣肆汪洋，庄子散文的这一特点，本来二者是紧密联系在一起的，为了便于说明问题，先将这二者分开来分别论述。"文情跌宕"，是说庄子散文在情节上，波折起伏，饶有情趣。林云铭在评《逍遥游》时说：《逍遥游》先写北冥，突然又插入一段文字写南冥、引证《齐谐》之语。他认为："若他书，俱可无有，那能如许跌宕波折！"[01]这即是说，庄子散文具有文情跌宕的特点。刘凤苞在评论《逍遥游》时，他比林云铭阐释得更加透辟、更加清晰。他说："起首鲲鹏对写，破空而来。两不知句，在虚无缥缈之间，漾出绝妙文情，便有手挥五弦，目送飞鸿之致。以后撇开北冥，祇写南冥；撇开鲲之大，祇写鹏之大。层层脱卸，云委波兴。尤妙在正解南冥，突接入齐谐二语，与南冥作对偶句法，飞絮游丝，结成一片，奇文妙文。"[02]这是讲《逍遥游》篇，其他篇章亦有此种特点。林云铭评《骈拇》篇说："通篇一意盘旋，文情跌宕，天际游龙，天矫莫测。"他又评《胠箧》篇说："其文情飞舞，奇致横生。"[03]当然，并不是说庄子的散文篇篇都有同样的奇致，曲折起伏的波澜。大抵说来，篇篇或多或少，都具有这种特点。

明清庄子散文的研究者，他们也非常乐道庄子散文具有"恣肆汪洋"的特点。明释憨山，他称赞庄子的文章"纵横汪洋自恣"[04]。陆方壶《南华经副墨·叙》说：

---

01 《庄子因》。
02 《南华雪心编》。
03 同上。
04 《庄子内篇注》。

"南华经，汪洋恣肆，语多隐怪。"而"恣肆汪洋"的含意，是说庄子的文章写得极其洒脱，极其放纵。它与"文情跌宕"的特点，往往有内在不可分割的联系。以《逍遥游》来说，它既写得"文情跌宕"，又写得"恣肆汪洋"。刘凤苞就一面称道它"文情跌宕"，同时又竭力赞扬它"恣肆汪洋"。虽然，他说："至许由、肩吾以下各节，则东云见鳞，西云见爪，余波喷涌，亦极恣肆汪洋。"[01]而他并不否认《逍遥游》通篇具有"文情跌宕、恣肆汪洋"的特点。只是说"至许由"以下，"恣肆汪洋"的特点尤其显著而已。这从他对此篇的总论中即可清楚地说明。应当看到，明清的学者，虽然有时把"文情跌宕、恣肆汪洋"分开来评论庄子的散文，这是他们从不同角度，强调的侧重面不同。譬如，林云铭非常强调《骈拇》篇"文情跌宕"的特点，而刘凤苞却特别强调它"汪洋恣肆"的妙处，他说："至其行文，节节相生，层层变换，如万顷怒涛，忽起忽落，极汪洋恣肆之奇。尤妙在喻意层出叠见，映发无穷，使人目光霍霍，莫测其用意用笔之神。后来惟眉山苏氏，得此灵境，故嬉笑怒骂，信手挥洒，可以横绝峨嵋，其余皆望洋而叹。"[02]可见"文情跌宕"与"恣肆汪洋"的特点，在庄子散文里是相互结合的。刘凤苞在评论《马蹄》篇时，就是把这二者结合起来评论的。

但是，对于庄子散文"汪洋恣肆"的特点，古人在理解上，也有所不同，有的从积极方面去理解，有的则把它看做消极的内容，甚至把它视为怪物。司马迁曾说庄子："其言洸洋自恣以适己，故自王公大人不能器之。"[03]显而易见，司马迁把庄子"洸洋自恣"的语言，是当做一怪来看待的。他与刘熙载所谓庄子散文"意出尘外，怪生笔端"[04]的看法不相同。刘熙载是称赞庄子散文写得奇妙、荒诞，有较高的艺术性。司马迁则是从庄子"以谬悠之说，荒唐之言，无端崖之辞"[05]方面而言。刘凤苞说惟有眉山苏氏（指苏轼）得庄子散文的"灵境"，所以，他的文章才写得洒脱豪放，横绝峨嵋。十分清楚，刘凤苞所谓庄子散文的"灵境"，是指其散文"汪洋恣肆"、用意用笔之神，具有奔放不羁的艺术特点。由于他们看问题的着眼点不同，因而便得出不同的看法。

---

01 《南华雪心编》。
02 同上。
03 《史记·老子韩非列传》。
04 《艺概》卷一《文概》。
05 《庄子·寓言篇》。

意愈超脱，文愈缥缈

"文情跌宕，恣肆汪洋"，只是庄子散文文境的其中的一方面，作者沿着这个方面，又向前大大地迈进了一步。宣颖称庄子的文章写得"意愈超脱，文愈缥缈"[01]，即是指庄子散文文境的另一方面。刘熙载说："文之神妙，莫过于能飞。庄子之言鹏曰'怒而飞'，今观其文，无端而来，无端而去，殆得'飞'之机者。"[02] 论者所谓"无端而来，无端而去"，正是指庄子散文"意愈超脱，文愈缥缈"而言。它的含意是说，庄子散文的思想内容表现得愈超脱，其文章写得就愈加缥缈，像鹏"怒而飞"一样。清代陆树芝有一段评论《庄子》散文的文字，颇能说明这个问题。他说：

> 诸子则荒诞不经者也，荒诞人所乐听，不经多，则谭正经者寡矣。庄子思有以箝其口，料非正经之所能胜也，故索性与之说荒诞，就形下推到形上去，别标出一种高渺议论，将天地、帝王、圣贤、仁义，一齐按到。如高大无过天地，他偏说出包天、包地的道理；久远无过古今，他偏说出长于上古的道理；聪明睿知，无过帝王、圣贤，他偏说出陶铸帝王、迈越圣贤的道理；欣厌欲恶，无过富贵、贫贱、死生，他偏说出富贵非荣、贫贱非病，并不知死生先后的道理；人人都说有用之用、有为之为，他偏说出无用之用、无为而无不为的道理。奇特变幻，色色绝顶，问诸子百家，谁复能与之争奇角胜者？庄子只要作一荒诞魁首，使好说荒诞者更无可置喙，乐听荒诞者只此已足，大厌其心。

庄子推倒一切，摈弃一切，"独与天地精神往来"[03]，另立"高渺议论"，为文"奇特变幻，色色绝顶"。这就使得他的文章虚无缥缈，飞行绝迹，往往乍看起来，难寻其首尾。

明清庄子散文的研究家，他们也并非认为《庄子》篇篇都写得"意愈超脱，文愈缥缈"，有的通篇如此，有的则偏重于一个方面，也有的只是某一段或某一则寓言故事写得意超文缥，飘飘欲仙。大体说来，《逍遥游》、《齐物论》、《养生主》、《大宗师》、《应帝王》、《秋水》等篇，在他们看来是写得非常超脱、非常缥缈的。陆方壶评论《逍遥游》说："意中生意，言外立言，绕中线引，草里蛇眠，云破月映，藕断

---

01 《南华经解·齐物论》篇末总评。
02 《艺概》卷一《文概》。
03 《庄子·寓言篇》。

丝连。"[01] 胡文英说《逍遥游》借鲲鹏翻空，逍遥乘云御飞；借大樽浮游江湖。前段"如烟雨迷离，龙变虎跃"，后段则"如风清月朗，梧竹潇疏"。"拨开枝叶，方见木根"[02]。刘凤苞说《逍遥游》："烟波万状，几莫测其端倪。"[03] 说《齐物论》写得"颠倒造化，鬼神莫测"，"超其象外，得其环中"，真有"仙乎仙乎"[04] 的味道。说《养生主》写得："空灵缥缈，寄托遥深"，烟峦起伏，万象在旁，云锦迷离[05]。说《大宗师》写得"神龙嘘气成云，伸缩变化，若隐若显，令人不可捉摸"[06]。几此等等，都是说明庄子散文有意超文缥的文境。

宣颖评论《庄子》某段某则寓言故事写得意超或文缥的文字最多。他说《人间世》"匠石觉而诊其梦"一段："又就'社'字翻剥出一层，愈诞愈超，其转折紧峭，如怪松图，偃促生姿。"说《天运》篇描写音乐的一段文字："明明盈耳，而寻之茫然，如孤舟入海，往无处所；天风振叶，不辨后先。其惝怳乃不可说也。"这是指"意愈超脱"而言。关于"文愈缥缈"者，宣颖说《田子方》："散散叙十一段话说，段段精微，段段闪烁。一再读之，耳目心思之外，隐隐如有所遇。"说《秋水》"夔怜蚿"一段："飘飘鼓舞，文有仙气。"[07] 等等。庄子散文的文境，除以上两方面外，它还有恬淡和辛辣的方面。胡文英评《胠箧》篇"子独不知至德之世乎"一段说："此段文境，如白雨点中，忽用濑声《南华雪心编》眉批，为"忽闻濑声"消歇其气，解此妙者，嬉笑怒骂，皆成文章。"

从以上谈到的问题来看，说明庄子散文"文情跌宕，恣肆汪洋"与其"意愈超脱、文愈缥缈"的文境的主要特点，往往都是结合在一起的。只是有的篇章或多或少、或淡或浓不同。

通过明清诸家对庄子散文文境的论述，就使我们体会到庄子散文所表现出来的格调和精神，与屈原作品表现出来的格调和精神则迥然不同。庄子散文鼓荡着一种虚无缥缈、意超尘外的浩然之气，读之令人茫茫然不知所向。屈原的作品，有一种充斥天地之间的宏伟浩气，犹如万马奔腾，一往无前，读之令人鼓舞，给人以奋争

---

01 《南华经剐墨·逍遥游》篇末"文评"。

02 《庄子独见》。

03 《南华雪心编》。

04 《齐物论》总论。

05 《养生主》总论。

06 《大宗师》总论。

07 《南华经解》。

的力量。为什么不同的文境，竟然有这样截然不同的感染力量？这就不能不令人深思。从明清诸家对庄子散文的评论，又给我们提供了解决这个问题的许多宝贵资料。

踔厉孤行，藐然高寄

庄子文如其人。庄子散文的文境，即是庄子其人之心境。庄子是我国战国时代赫赫有名的大哲学家，庄子之道的核心是明道德、轻仁义、一死生、齐是非、虚静恬淡、寂寞无为[01]。庄子之道，与其散文的思想内容，相辅相成，互为表里，相得益彰。庄子之道，借其散文的形式，则用生动的语言，鲜明的形象，而表达得更为玄虚。其散文又借助其玄虚之道，而写得更加超脱、更加缥缈。譬如，宣颖说《大宗师》篇："大宗师毕竟为道，此处方点出详写一番，如水中味，月中色，妙不可寻。"又说《天地》篇写"道"字："如凉月空宵，清光满映。"[02]道与文融为一体，相得益彰。庄子散文的思想内容，浸透着其道学的思想，难分难解，合二而一。因此他与屈原的作品表现的格调和精神，可谓大相径庭，背道而驰。庄子、"踔厉孤行、藐然高寄"，正是他遗世独立、逃避现实的思想反映。下面援引三条历史资料，足以说明这个问题。

其一，是李泰开为《南华雪心编》写的《叙》。李泰开说，就子书而言："或耽幽渺，或酣富赡，或嗜谈怪，或癖奇险，虽衰为百子全书，然脍炙人口者，不过荀、杨、尸、列、申、韩、孙、老十余家，而《庄子》一编，尤为踔厉孤行，藐然高寄。"所谓"踔厉孤行，藐然高寄"，即独往独来，逍遥遁世之意。请看论者研读《庄子》的感受：

> 泰开幼读《逍遥游》、《养生主》、《马蹄》、《秋水》诸篇，慨然有遗世独立之想。殚心研究，其言肆而醇，奇而不倾于正。而窈冥之思，化工之笔，犹龙蛇虎豹，不可捉摸；风雨雷电变态，不可方物；时而海市蜃楼，须臾幻灭；时而仙灵神怪，缥缈往来；其布疑阵也，雾塞云迷；其生机趣也，柳焉花笑。是真能吐弃凡庸，不食人间烟火者。

这里除说明庄子的散文之文境，具有"文情跌宕、恣肆汪洋"，"意愈超脱、文愈缥缈"的特点之外，还说明庄子其人是一个遗世独立、超凡脱俗的隐士。

01　林云铭《庄子因·庄子总论》。
02　《南华经解》。

其二，是刘凤苞研讨《庄子》的感想，及其编写《南华雪心编》而取此书名的理由。他说：

> 年来捧檄边庭，从事于波涛兵燹之间，更历忧患。取是书而研究之，一切荣落升沉之感，不知何以俱化；而天人性命之微，亦若少窥其分际焉'。……名之曰'雪心编'。'雪心'者，谓南华为一卷冰雪之文，必索解于人世炎热之外，而心境始为之雪亮也。

这里说明，庄子之书，是教人遁世的"冰雪之文"，须于"人世炎热之外"读之，才能使人心境雪亮，俱灭荣落升沉之感，天人性命之分。由此可见，论者认为庄子其人的心境、其书的文境，所透发出来的精神是何等消极。不过，这只是论者个人的感受。

其三，附录一条唐五代时期的史料。潘佑曾写一篇《赠别文》给友人，企图用庄子之言，劝说其友无须营营追求于世，只有安时处顺，哀乐不能入，跼促之病，方可瘳也。其文说：

> 庄子有言，得者时也，失者顺也，安时而处顺，哀乐不能入也。佑尝佩服于斯言。夫得者，谓如人之生也，自一岁、二岁，至于百岁，少而得壮，自壮而得老，岁数之来，不可却也。失之者，亦如一岁、三岁，至于百岁，若暮之失早，今之失昔，从壮而失少，从老而失壮，行年之去，不可留也。天下之事，皆然也。来不可避，去不可留，故安时而处顺，哀乐不能入也。如人一岁，二岁，至于百岁，其间得失哀乐，杂然繁苛，当其时，哀则戚戚而不可解，乐则熙熙而不可易。及其过而思之，则向之熙熙戚戚，亦何妄哉！事生而记之于心，或为喜，或为悲，或为恨，其名虽众，然皆一心之变也。始则无物，终则何有哉？往所谓商、周、秦、汉，或争而得之者，或争而失之者，今何有焉？天下之事，其未至也，无状也。方今无住也，已往无物也。予今营营，复何求邪？然而贪欲而好利，系心于得失者，跼促若辕下驹，安得县解？如列子能言，如庄周者发吉，如雷注于无言欤！仆旧之所言如此，足下之行也，录以赠行。足下跼促之甚，其心已病矣，闻吾此言，病其瘳乎？

庄子散文文境的形成，并非偶然，它浸透着庄子其人的个性和精神。庄子其人的个性和精神，反过来又反映在他的作品里。

清代学者扬庄抑屈简论

古人和今人，往往喜欢将庄子与屈原作比较。尤其清代学者，则更是喜欢庄、骚并提，甚至把庄子与屈原的作品在一书中合刊，如方人杰的《庄骚读本》、钱澄之的《庄屈合诂》等。所以会如此，一则说明他们对庄子与屈原的作品都颇为欣赏，评价很高；一则是将二者合于一书之中，便于作某些比较。有比较，才能鉴别。就此方法而论，的确有助于说明问题。但是，正确的方法，倘若不能正确使用，也是会出错误的。清代学者在屈原与庄子的比较中，有一些论点是令人意想不到的，但作为研究的史料，它还有一定的认识价值。这里仅择要予以论述。

一、庄子与屈原的"哀怨"说

在庄子和屈原的作品里，在不同的程度上，都表现出对黑暗社会的愤懑、对深受压迫和剥削的人民的同情；同时，也在不同程度上反映出他们各自不同的苦闷。但是，屈原与庄子相比，应当说，屈原在反对黑暗势力、追求理想方面，态度是非常积极的。譬如，《离骚》写道："路曼曼其修远兮，吾将上下而求索。""虽九死其犹未悔"等等，这正是他积极奋争精神的具体表现。而庄子在这方面的态度是十分消极的，他在黑暗现实面前，不是积极地进行抗争，而却采取了逃跑主义。他主张不分是非、不谴是非、安时处顺、逍遥无为。他与屈原相比，孰高孰低，岂不是泾渭分明，相形见绌了吗？不过，从文学作品的艺术性方面而论，庄子与屈原都有很高的艺术成就，在中国文学史上，他们是双峰并峙，占有同样重要的地位，对后代文学的发展具有深远的影响。

然而，清代有的学者对于庄子与屈原在思想上的不同，却得出了与此完全相反的结论。譬如，胡文英曾说："庄子最是深情，人第知三闾之哀怨，而不知漆园之哀怨有甚于三闾也。盖三闾之哀怨在一国，而漆园之哀怨在天下；三闾之哀怨在一时，而漆园之哀怨在万世。"[01] 其实，庄子有庄子之"哀怨"，屈原有屈原之"哀怨"；而且屈原之"哀怨"，要远远大于庄子之"哀怨"。因此，说庄子之"哀怨"有甚于屈原，此说是难以成立的。对此问题，司马迁早就说得十分明确，他说："屈平疾王听之不聪也，谗谄之蔽明也，邪曲之害公也，方正之不容也，故忧愁幽思而作《离骚》。"又说："屈平正道直行，竭忠尽智以事其君，谗人间之，可谓穷矣。信而见疑，忠而被谤，能无怨乎？屈平之作《离骚》，盖自怨生也。""怀王以不知忠臣之分，故内惑于郑袖，外欺于张仪，疏屈平而信上官大夫、令尹子兰。兵挫地削，亡其六郡，身客死于秦，为天下笑。"[02] 这是说，屈原忠而受谗，身为怀王左徒而被疏，而又亡国破家，他心中有极大的"哀怨"。他怨楚王偏听偏信，疏远自己；恨靳尚、郑袖、子兰之流陷害、排斥忠良。这是其一。其二，秦兵屡犯楚国，楚国人民惨遭祸害，屈原对此表示深为同情。他在作品中写道："长太息以掩涕兮，哀民生之多艰。"(《离骚》)他又为"民离散而相失"(《哀郢》)感到痛苦。显而易见，屈原忧国忧民的思想，是充满在字里行间的。就连朱熹也肯定了屈原"忠君爱国"的"哀怨"深情[03]。洪兴祖说得更加清楚，他说："屈原之忧，忧国也。……《离骚》二十五篇，多忧世之语。"[04] 强调屈原具有忧国忧民的"哀怨"之情。可是，庄子虽有"哀怨"，但他与屈原则大不相同。这不同，就在于庄子"哀"也不争，"怨"也不争。他走的道路与屈原相反，是一条消极遁世的道路。说"漆园之哀怨有甚于三闾"，这又从何说起呢？

至于说屈原"哀怨"在一国、在一时，而庄子"哀怨"在天下、在万世，并以此来表示他们的高低，我们从上边所论述的情况，已经可以说明此种说法站不住脚。若细加研究，还可以看到，由于庄子和屈原处的时代与环境不同，所以在某些思想表现上，自然就会存在着一些差异。譬如，庄子说："以天下为沈浊，不可与庄语。"(《庄子·天下篇》)"天下"即国家。范仲淹曾说："先天下之忧而忧，后天下之乐而乐欤！"(《岳阳楼记》)也是把"天下"当做国家来看的。庄子说"天下"混浊，屈原说："世溷浊而不分兮，好蔽美而嫉妒。"(《离骚》)他们这种说法，并没有什么本质上的不同。只是一个指的是国家，一个指的是楚国罢了。即使庄子所说的"天下"，是指周朝统治的全中国，当时（战国前期），中国已经形成七

---

01 《庄子独见·庄子论略》。
02 《史记·屈原贾生列传》。
03 《楚辞集注·序》。
04 《楚辞集注·〈反离骚〉附语》。

雄争霸天下的局面,周朝实际上已名存实亡,周天子再也无权向各诸侯国发号施令,而庄子指责"天下沈浊"显然不可能是对周天子的抨击。在《庄子》里,庄子对各诸侯国的统治者为了满足个人的穷奢极欲,向外发动战争、残酷地剥削和奴役本国人民,进行了揭露。这与屈原揭露秦国是虎狼之国、贪得无厌,拼命向外发动吞并战争,并没有多少区别。这是其一。其二,庄子早屈原三、四十年,生长在宋国蒙县(今山东省菏泽境内),距离当时周朝京城洛邑(今河南洛阳市)不远,又当过蒙县漆园的小吏,耳闻目染各诸侯国的事要比屈原多些。屈原生长于楚国秭归(今湖北秭归县),他作为楚怀王的左徒(仅次宰相的官),所见所闻,本国事较多。由于庄子与屈原的生活环境不同,这对于他们思想的形成,自然也会有一定的影响。可以设想,假若屈原生活在庄子的环境,他将会做出一番更大的事业,写出更加光辉的诗篇。可是,庄子生活在较有利的条件下,在政治上并没有做出什么事业,最终在黑暗现实面前,却走上了逃避现实的道路,对后代产生了极其不良的影响。所以,所谓屈原"哀怨"在一国、在一时,庄子"哀怨"在天下、在万世云云,是只看表面现象,没有看到本质问题的结果。其中也有夸张不切实际的说法。

不过,胡文英对《庄子》散文艺术性的分析研究,的确有其独到之处,应当给予充分的肯定。

二、对屈原的不合理责难

清代有的学者,对屈原提出四点责难。其一,说当楚怀王入秦时,屈原以死争之不得,应当从行,学蔺相如以血溅秦王,事若不济,方可算死得其所。其二,说要不然,屈原面对群小当道,志不得伸,应当弃其家室,从渔父隐遁于沧浪水边。这样做,就不会遭到非难。其三,说屈原呜咽悲泣,为国捐躯,是"近于妇人"的行为。其四,说假若屈原学习庄子的处世哲学,"则忠而不至于愚"。这里不妨把原话援引如下,供读者研究:

> 为屈子计,当怀王入秦时,以死争之不得,则从王行,如蔺相如以颈血溅秦王。事若不济,死得所矣。不然,弃其家室,从渔父于沧浪,孰得而非之?乃呜咽悲泣,自捐其躯,吾嫌其近于妇人也。是故当以庄子之意济之,则忠而不至于愚[01]。

---

01 钱澄之《庄屈合诂·唐序》。按:"唐序",即唐甄写的序。

不难看出，论者对屈原的四点责难，都是以意为之，不合情理。对此种错误观点，下面分别予以分析。

其一，楚怀王入秦之际，群小当道，屈原被疏，失去信任，自然，他不可能随怀王同往秦国。

其二，屈原虽然被疏，但他坚信自己无罪，他说："信非吾罪而弃逐兮，何日夜而忘之。"（《哀郢》）他坚持与群小作斗争，希望楚王能弃旧图新，任用贤能，积极抗秦救国。因此，他当然不会丢弃家室，混迹于渔父之中，隐遁于沧浪之水。

其三，楚怀王死而归葬后，在秦兵攻破郢都时，顷襄王又逃去陈城，屈原看到国家覆灭，危在旦夕，在他对楚王的幻想完全破灭的情况下，便投汨罗而死，以身殉国。显然，屈原之死，是重于泰山的。屈原为国家而死，正是他热爱楚国的表现。事实说明，屈原为国家献出宝贵的生命，震动了楚国，唤起楚国广大人民的觉醒。后来，楚国人民相传说："楚虽三户，亡秦必楚。"这即是继承屈原抗秦救国的未竟事业。秦朝末年，楚国人民奋起推翻了秦王朝的统治，历史又雄辩地说明屈原为国捐躯的伟大意义。不仅如此，屈原的高度爱国精神，曾经哺育了中国文学史上无数的诗人和作家。并且，屈原的光辉爱国形象，长期以来给中华民族抗击异族侵略以极大的鼓舞。出人意料的是，论者竟然把屈原为国捐躯的可歌可泣的伟大爱国精神，说成是"近于妇人"，这真是屈原的罪人。

其四，屈原具有抗秦救国的远大抱负，根本不会去学习庄子，做逃避现实、逍遥无为的隐士。所谓屈原忠而愚，此种非难，完全不符合事实。屈原的"忠君"思想，是时代的局限。但是，屈原对楚王听信谗言、排斥忠良，是有所揭露和批判的。譬如，他说："不抚壮而弃秽兮，何不改乎此度？""世溷浊而不分兮，好蔽美而嫉妒。"（《离骚》）等等，即反映了诗人对黑暗社会的批判、对楚王的愤满。诗人曾经绝望地说："既莫足与为美政兮，吾将从彭咸之所居。"（同上）他的批判矛头是直接指向楚王的。

论者还说什么："夫善读书者如服药，桂热檗寒，其性相反，和而为剂，可以已疾。然则合二书而一之，不亦宜乎？"（《庄、屈合诂·唐序》）他把屈原的作品比作桂，把庄子的作品比作檗，说桂热而檗寒，这也正说明屈原和庄子的作品，在思想内容上是截然不同的。客观事实如此，论者妄图扬庄抑屈，只能暴露自己坚持的是一种偏见。

三、屈原与庄子相同说

《庄、屈合诂》的编者钱澄之,他的看法则与众不同,又出现了另一种偏向。他对庄子与屈原都有很高的评价,认为庄子与屈原思想一致,可谓屈、庄相同论。对于钱氏的此种看法,下面分两方面来论述。

首先,谈谈他对庄子与屈原的具体评价。对于庄子,论者说:"夫《易》之道,惟其时而已。庄子以自然为宗,而诋仁义,斥礼乐,訾毁先王之法者,此矫枉过正之言也。彼盖以遵其迹者,未能得其意;泥于古者,不能适于今;名为治之,适以乱之。因其自然,惟变所适,而《易》之道在是矣。"[01]论者认为,庄子书发挥《易经》的宗旨,是以"自然"为宗的。所谓"以自然为宗",是说庄子主张顺应自然,反对有为。就此而论,此种看法是有道理的。今人因此而谓庄子崇尚自然美,这是理解错了的。问题在于,论者为庄子"诋仁义,斥礼乐,訾毁先王之法"辩护,说这是庄子"矫枉过正之言"。其实,这并非"矫枉过正之言",而是庄子实实在在的思想。司马迁最早看破庄子"剽剥儒墨"(《史记·老子韩非列传》)的思想。清代不少学者并不否认这个问题。譬如,林云铭说:"三十三篇之中,反覆十余万言,大旨不外明道德、轻仁义、齐是非、虚静恬淡、寂寞无为而已。"[02]刘凤苞在评论《庄子·胠箧篇》时指出:"此篇痛驳仁义圣知,不足以防患止乱,适足为大盗之资。"[03]在《庄子》里,抨击"礼乐"、"先王之法"的文字也很多,这里不再赘述。

关于所谓庄子"矫枉过正之言"的说法,王安石把庄子的书心与其书说分开而言。他说:"庄子用其心,亦二圣人之徒矣。然而庄子之言,不得不为邪说比者,盖其矫之过矣。夫矫枉者,欲其直也,矫之过,则归于枉矣,庄子亦曰:'墨子之心则是也,墨子之行则非也。'推庄子之心,以求其行,则何异于墨子哉?后之读《庄子》者,善其为书之心,非其为书之说,则可谓善读矣。"[04]看来,此说有一定道理。起码"矫之过,则归于枉矣"的看法,是符合庄子书的思想实际的。庄子往往否定一切,就使自己走向反面,变成虚无主义者。

对于屈原,钱氏评论说:

---

01 《庄、屈合诂自序》,下同。
02 《庄子因》。
03 《南华雪心编》。
04 《临川先生文集·庄子》。

> 春秋以来，士大夫相见，赋诗言志，而能为诗者，盖亦鲜矣。诗也者，性情之事也。屈子忠于君，以谗见疏，忧君念国，发而为词，反复缠绵，不能自胜，至于沈江以死，此其性情深至，岂直与凡伯家父同日而语哉！淮南王安曰："国风好色而不淫，小雅怨诽而不乱，《离骚》兼之。"亶其然乎！

应当说，论者对屈原的评价是相当高的，他基本上继承了司马迁对屈原的评价。但是，对于屈原的看法，钱澄之与唐甄，是完全不同的。钱氏说屈原"忧君念国"，"沈江以死"，是"其性情深至"的表现，与"凡伯家父"不能同日而语。唐氏却说屈原为国捐躯"近于妇人"。我看用钱氏的话来驳斥唐氏的荒唐论调，实在是恰到好处。

不过，钱氏认为，庄子继承《易经》的宗旨，屈原继承《诗经》的宗旨，因此，他便用《易经》和《诗经》的宗旨，分别来诠释庄子和屈原的作品。他自以为这样训释庄子和屈原的作品，是符合实际的。对于《庄子》，他说："不欲高谈玄远，以更增其谬悠。"对于屈原的作品，他说："不敢强事穿凿，以曲求其悲愤"。"惟是依文释义，使学者章句分明，以进窥其大旨之所在，犹是吾《易》学、《诗》学之义也。"其实，他对庄子和屈原作品的这种评论，未必正确。《庄子》的思想，与《易经》是大不相同的。屈原的作品，与《诗经》也很不相同。只能说《庄子》受到《易经》的某种影响；屈原的作品受到《诗经》现实主义传统的影响。因此，论者以偏概全，分别以《易经》和《诗经》的宗旨来训释《庄子》和屈原的作品，自然得不出正确的答案。

其次，谈谈钱氏所以把庄子和屈原的作品合诂的原因。论者说："或曰庄、屈不同道，庄子之言，往往放肆于规矩绳墨之外，而皆为屈子所法守者。凡屈子所为固，庄子所谓役人之役，适人之适，而不自适其适者也。子乌乎合之？"如果真的有人曾向论者提出这样的问题，的确提问得好。论者是怎样来解答这个问题的呢？他说：

> 吾观庄子述仲尼之语曰："子之爱亲，命也，不可解于心。臣之事君，义也，无所逃于天地之间。"又曰："为人臣子者，固有所不得已，行事之情而忘其身，何暇至于悦生而恶死，而终勖之以莫若为至命。"夫庄子岂徒言其言哉！一旦而有臣子之事，其以义命自处也，审矣。屈子徘徊恋国至死，不能自疏。观其《远游》所称，类多道家者说，至卒章曰："超无为以至清兮，与太

> 初而为邻。"而太史公称其蝉脱于浊秽之中，以浮游尘埃之外，亦诚有见于屈子之死，非犹夫区区愤激而捐躯者也。是故天下非至性之人，不可以悟道，非见道之人亦不可以死节也。吾谓《易》因乎时，《诗》本乎性情，凡庄子、屈子之所为一处，其潜一处，其亢皆时为之也。庄子之性情于君父之间，非不深至，特无所感发耳。诗也者，感之为也。若屈子则感之至极者矣。合诘之，使学者知庄、屈无二道，则益知吾之《易》学、《诗》学无二义也。

从这里可以清楚地看到，论者千方百计地把庄子和屈原的思想，说成是并无二道。论者说庄子对待君臣关系，"一旦有臣子之事"，他是会"以义命自处"的。"庄子之性情于君父之间，非不深至，特无所感发耳。"但是，此种煞有介事的说法，对于庄子来说根本是不存在的，完全出于论者的杜撰。相反，大家知道，庄子表示坚决不与统治者合作，不愿意做官。他走的是一条逃避现实、安时处顺、逍遥无为的道路。对待屈原，论者又竭力把他的思想拉到庄子一边，向道家靠拢。说什么《远游》之所称，类多道家者说，"非至性之人，不可以悟道，非见道之人亦不可以死节"云云，这是对屈原的极大曲解。屈子与庄子在思想上根本谈不上在"一处"的问题。他们的处世之道完全不同。从表面上看，钱氏坚持的是屈、庄相同论，实际上，他贬低了屈原的高大形象，抬高了庄子的地位。这样做，其结果是在起着抑屈扬庄的作用。

关于《远游》的真伪问题，目前学术界还有争论。即使它出于屈原的手笔，也只能说《远游》中有几句诗，可能是受庄子思想影响的产物。而这样一点影响，对于屈原来说是非常微不足道的。所以，所谓屈原是"见道之人"、"可以死节"云云，完全是想当然的主观臆断。

四、《庄子》非为寓言，而屈原作品则有寓言说

清代乾隆年间，方人杰认为《庄子》非为寓言，而却认为《离骚》有之。此论甚为罕见，可谓是一种怪论。论者说：

> 以《庄子》为寓言，非也。庄子长譬远引，自写处有远有近，指点处有明有晦，独其笔妙，使人急切难会耳。若寓言，则《离骚》有之，一篇之中，三致意焉。心所至，笔亦所至；心所不至，笔亦无不至。遥情幽思，会毫落墨间，凡天地人鬼，鱼龙百怪，无不纲罗发挥，抒写其欲言难言之意，不伦不

类，杂沓纷披以为证，则非以为寓言，亦非此则所谓寓言。此则兴比之所难分，而朱子所不满意者也[01]。

《庄子·寓言篇》说得颇为清楚，说明"寓言"在庄子书中占主要地位。《寓言》篇说庄子之书："寓言十九，重言十七，卮日日出。"司马迁最早指出说：《庄子》十余万言，"大抵率寓言也"[02]。后代的庄子研究者，大都认为"寓言"在庄子书里占主要篇幅。而论者却说："以《庄子》为寓言，非也。"这除了说明他标新立异，发此怪论，还能说明什么呢？他说《离骚》里有"寓言"，也是一种奇闻。众所周知，在《离骚》里，有不少神话传说，但它与寓言不同。至于论者故意抬高庄子，贬低屈原，说屈原的作品"不伦不类"云云，这更是不值一驳。

为什么清代有些学者对庄子和屈原的评论如此片面呢？我想不外乎是，他们缺乏起码的实事求是的态度，只是一味地标新立异、哗众取宠。我们应该从前人此等弊病中吸取一些教训。

---

01 《庄子读本·发凡》。
02 《史记·老子韩非列传》。

庄子散文的地位及其影响

庄子散文在中国文学史上占有重要的地位。后人把庄子与屈原并称。鲁迅说庄子"其文汪洋辟阖,仪态万方,晚周诸子之作,莫能先也。"(《汉文学史纲要》)金圣叹把《庄子》作为"天下第一奇书",与《离骚》、《史记》、《杜诗》、《西厢》、《水浒》合称"六才子书"。宣颖、林云铭,吴世尚、胡文英、刘熙载,刘凤苞等清代许多著名学者,对庄子的散文都给予高度的评价。由此可见,庄子的散文在中国文学史上具有显著的地位。

《庄子》在文学上的影响很大,也颇为复杂。应当说,它有积极的影响,也有消极的影响。从我国文学发展史上可以看到,一般说来,它在文学发展上主要是积极影响,而对后代文学批评的影响,却带有神秘主义的色彩,而在思想上的消极影响与积极影响参半。

从对庄子散文艺术性的分析中可以看到,庄子散文在先秦文学中不愧为是一枝瑰丽的花朵。它对后代文学发展的积极影响和推动作用是巨大的,后代许多文学家和诗人酷爱庄子的散文,即是很好的说明。如司马迁、阮籍、嵇康、陶渊明、李白、苏轼、辛弃疾等,乃至鲁迅、郭沫若都很爱读《庄子》,在文学艺术方面,他们都从中汲取了一些营养。李白称赞它"吐峥嵘之高论,开浩荡之奇言"(《大鹏赋》)。辛弃疾把它当做案头常读之书。这都说明庄子的散文对中国文学发展曾经起过积极作用。

庄子"以自然为宗",与崇尚自然美的观点并不相同。《庄子》里有几则谈技艺的"寓言",如庖丁解牛(《养生主》)、轮扁斫轮(《天道》)、吕梁丈人蹈水(《达生》)等,是用具体的技艺说明只可意会、不可言传的"道"。这种谈技艺的"道",曾为后来一些文学家所利用,用来说明文章难以表达的一种意境。尤其轮扁斫轮的寓言,更为后来文学批评家们津津乐道。陆机在说明文章的构思富于变化,妙不可言时,曾说:"是盖轮扁所不得言,亦非华说之所能精"(《文赋》)。刘勰强调文章要写出"巧义"和"新义",认为贵在实践,在实践中才能掌握规律。他说:"至精而后阐其妙,至变而后通其数,伊挚不能言鼎,轮扁不能语斤,其微乎!"(《文心雕龙·神思篇》)肖子显在谈到做文章除了能够说得清楚的三种文体,还有一种"委自天机,参之史传","不雅不俗,独中胸怀"的意境,即所谓"轮扁斫轮,言之未尽"(《南齐书·文学传》)的那种境界。刘知几则说写文章,"或虚益散辞,广加闲说,必取其所要,不过一言一句耳"。这"一言一句"的妙处何在呢?也在于"轮扁所不能语斤,伊挚所不能言鼎"(《史通通释·叙事》),只能意会而不能言传的那种境界。但是,他们利用《庄子》中轮扁斫轮的寓言,企图以此来说明文学作品所达到的意境,结果都没有能够说明问题,反而使自己的思想披上一层神秘主义的色彩。这是因为,《庄子》里谈技艺的"道",按庄子的本意,本来是不可言传的,带有着浓厚的神秘主义色彩,若不跳出他这种"道"的神秘的圈子,套用它来阐明文学作品要达到的意境,也只能跟着轮扁陷入所谓"口不能言"的神秘境地。其实,庖丁解牛、轮扁斫轮、吕梁丈人蹈水之"道",并非"无道",也不是不可言传。抛开它那神秘主义的外衣,即可看到,在实践中掌握规律的重要性。

至于后人,有的抛开庄周寓言中谈技艺的玄而又玄的神秘之"道",用其客观意义来阐明文学创作应达到的很高的境界,那是另一回事,实际上与《庄子》的影响关涉不大。

关于在思想上《庄子》对后世文学家、诗人的影响问题,总的说来,消极思想较大。由于受影响的人的处境不同,表现出来的情况,自然也因人而异。不能只强调《庄子》对后代文学家、诗人的积极影响,忽视它的消极影响。譬如,对魏晋时代的文学影响,钟嵘曾指出:"永嘉时,贵黄、老,稍尚虚谈,于时篇什,理过其辞,淡乎寡味。爰及江表,微波尚存。孙绰、许询、桓、庾诸公,诗皆平典似《道德论》,建安风力尽矣。"(《诗品·总论》)[01]再以阮籍、嵇康、陶渊明、李白、苏轼、辛弃疾来说,他们蔑视权贵,表现出一种傲岸的气概,这是他们受庄子不愿与统治阶级合作、批判现实精神的影响。他们及时行乐、逃避现实的思想,在很大程度上又是受《庄子》消极思想的影响。

这里就苏轼、辛弃疾受《庄子》的不同影响,再作一些具体的分析。尽管从这两个例子中,并不可能窥见全豹,但《庄子》在思想上对后代的消极影响,由此亦可见一斑。

---

01 《世说新语·文学》:"何晏注《老子》未毕,见王弼自说注《老子》旨,何意多所短,不复得作声,但应诺诺。遂不复注,因作《道德论》。"

大家知道，苏轼的一生，走过了坎坷不平的道路，几次受到弹劾而被贬官，过着抑郁不得志的生活。佛教对他固然有很大影响，庄子的消极影响对他却起了不小的作用。他在研读《庄子》之后，便深深地感叹说"得吾心矣"（《宋史·苏轼传》），引起很大的共鸣，因此在他的诗词里，大量地表现出人生如梦、及时行乐、逃避现实的思想。如"人间如梦，一樽还酹江月。"（《念奴娇·赤壁怀古》）"先生食饱无一事，散步逍遥自扪腹；不问人家与僧舍，柱杖敲门看修竹。"（《寓居定惠院之东……》）"村舍外，古城旁，杖藜徐步转斜阳。殷勤昨夜三更雨，又得浮生一日凉。"（《鹧鸪天》）又《读孟郊诗》（二首之一）说："人生如朝露，日夜火消膏，何苦将两耳，听此寒虫号。不如且置之，饮我玉色醪。"等等，即是受佛老思想影响的反映。外因往往通过内因才能起作用。苏轼受庄子消极思想的影响，这与他屡遭贬官后产生的消极情绪有密切关系。

辛弃疾受《庄子》的影响更为复杂。辛弃疾是我国南宋著名的爱国词人，由于他坚决主张抗金斗争，收复中原，统一祖国，因而遭到议和派的排斥和打击。在他一生中大部分岁月里，都被迫过着投闲弃置的归隐生活。基于这样的情况，老、庄思想便对他产生强烈的影响。这在他的词作里，有突出的表现。

首先，我们能够看到，辛弃疾也从老、庄那里吸取过有益的东西，为我所用。他所谓："看取垂天云翼，九万里风在下，与造物同游。君欲计岁月，尝试问庄周。"（《水调歌头·庆韩南涧尚书七十》）又《水调歌头·题张晋英提举玉峰楼》："君看庄生达者，犹对山林皋壤，哀乐未忘怀。我老尚能赋，风月试追陪。"这里表现了作者旷达的思想。

辛弃疾有时在他的词作里，还摘引庄子的句意，驳斥其错误观点。《庄子·知北游》篇说："臭腐复化为神奇，神奇复化为臭腐，故曰天下一气耳，圣人故贵一。"辛弃疾就不同意此种荒唐之见。他说："头白牙齿缺，君勿笑衰翁……臭腐神奇俱尽，贵贱贤愚等耳，造物也儿童。老佛更堪笑，谈妙说虚空。"（《水调歌头·元日投宿博山寺见者惊叹其老》）对庄子和佛教的"虚空"唯心论，一并给予了嘲笑。

第二，必须看到，辛弃疾受排斥后，他在江西上饶地区，就曾度过二十余年的闲居生活，在他一度产生消极情绪的时候，老、庄逃避现实的思想便乘机侵入他的心灵。就连他自己对受了老、庄的消极影响，也是直言不讳的。他说："案上数编书，非庄即老。会说忘言始知道，万言千句，不自能忘堪笑。"（《感皇恩·读庄子……》）在他的词作里表现出受老、庄消极思想的影响，的确是不胜枚举。诸如：

"味无味处求吾乐，材不材间过此生。""人间走遍却归耕。一松一竹真朋友，山鸟山花好弟兄。"(《鹧鸪天·博山寺作》)"怎得身似庄周，梦中蝴蝶，花底人间世。"(《念奴娇·和赵国兴知录韵》)"寻思人世，只合化，梦中蝶。"(《兰陵王·己未八月二十日夜……》)等等，这些都是直接受庄子人生如梦、逃避现实的消极思想的影响。辛弃疾还有两首《卜算子》，通篇都用庄子的语言，表现感叹人生短促、及时行乐、顺应自然的消极思想。其一："盗跖倘名丘，孔子还名盗，盗圣丘愚直到今，美恶无真实。简策写虚名，蝼蚁侵枯骨。千古光阴一霎时，且进杯中物。"(《卜算子·饮酒败德》)其二："一以我为牛，一以我为马。人与之名受不辞，善学庄周者。江海任虚舟，风雨从漂瓦。醉者乘车坠不伤，全得于天也。"(《卜算子·用庄语》)这是辛弃疾受老、庄消极思想影响最生动形象的写照，能给人留下深刻的印象。

在辛弃疾600余首词作里，有近30首直接受老、庄思想的影响，其中化老、庄消极思想为积极思想的词有三、四首，受其消极思想影响的则有十余首，其余的仅仅取材和用典于老、庄，以丰富和点缀词作的内容。但是，辛弃疾受陶渊明及时行乐、归隐思想影响而写的词作，则不下于几十首。因为陶渊明的这种消极思想，大都是受老、庄思想影响的产物。如朱自清《陶诗的深度》一文说："陶诗用事，《庄子》最多，四十九次。"所以辛弃疾受陶渊明的消极影响，自然也应当看做是间接受老、庄思想的影响了。

综上所述，我们不难看出，《庄子》在思想上对后世的影响是很大的。明代茅坤说今人"读庄周、鲁仲连传即欲遗世"(引自《史记评抄》)，从此亦可说明《庄子》对后世的消极影响。而鲁迅给《庄子》以很高的评价，而鲁迅对《庄子》的消极影响看得也是颇为清楚的。他说："然老子尚欲言有无，别修短，知白黑，而措意于天下；周则欲并有无、修短、白黑而一之，以大归于'混沌'，其'不遣是非'，'外死生'，'无终始'，胥地意也。中国出世之说，至此乃始圆备。"(《汉文学史纲要》)鲁迅不仅明确认识到《庄子》消极思想之所在，他自己也承认受到《庄子》消极思想的影响，他说："就在思想上，也何尝不中些庄周和韩非的毒。时而很随便，时而很峻急。"(《写在"坟"后面》)总而言之，庄子对中国文学艺术的发展曾起到积极的影响，也将永远会起到积极的影响。在思想上，它对后世也会有消极的影响。

《庄子》研究的主要版本

在我国古代,《庄子》的注本颇多,据统计有300余种。而现在通行的《庄子》注本,有清代郭庆藩的《庄子集释》和王先谦的《庄子集解》两种。郭本集以前诸家注《庄子》的成果,诸如有郭象注、成玄英疏、陆德明音义、王念孙、俞樾等人的训诂考证,卢文昭的校勘,并附有郭嵩焘和编撰者本人的意见。王本除包括郭本集释各家意见外,还吸取宣颖、郭庆藩等人的研究成果。这两种版本,在训诂上颇有工力,不失为研究《庄子》的重要版本。但是,它们对《庄子》散文的思想性和艺术性都未作研究。

从散文的角度研究《庄子》,直到明清以来才出现。下面就介绍明清《庄子》散文研究的几个重要版本。

明代有三种较好的研究《庄子》的本子。

一是大释憨山德清的《庄子内篇注》,有简要注释,对许多词句作了讲解。每篇皆有题解、段落分析、篇末总评。对各篇宗旨及其思想意义,讲解较详。对庄子散文的艺术性,偶有论及。编撰者认为:"一部全书三十三篇,只七篇已尽其意。其外(杂)篇皆蔓衍其说耳。"[01]他所以只作《庄子内篇注》,即基于此种思想。憨山作为佛家,往往将佛道作对比,对了解佛道异同,有一定裨益。

二是陆方壶即陆西星的《南华经副墨》,因从苏轼之说,认为《让王》、《盗跖》、《渔父》、《说剑》为伪作,故弃置未刻。编撰者认为"虚静恬淡寂寞无为"八字为《庄子》一书的核心,因此用此八字,以分卷帙,将二十九篇分为八卷。卷中又分集,即分为虚集、静集、恬集、淡集、寂集、寞集、无集、为集。每篇皆有总论,段落分析(包括简明注释和串讲)、篇末总评,最后还有"乱辞",用四言或五言的文字述评全篇。前三篇,篇末有"文评",扼要评论各篇艺术技巧。此书的优点,在于分析《庄子》散文的思想内容较为详尽,虽偶有精到的艺术分

---

01 《庄子内篇注·序》。

析，但文字甚少。并有《读南华经杂说》一篇，颇有参考价值。是研究《庄子》散文的较早版本。

三是陈荣选的《南华经句解》，此书的特点并不在于注释，而在于它对每篇段落或重要的地方，往往有精到的眉批，文字虽不多，但能发前人所未发。对《庄子》散文的思想意义及其艺术成就，有许多简要的评点，尤其偏重于后者。是研究《庄子》散文艺术性的较早版本。

清代有五种较好的研究《庄子》散文的版本。

一是宣颖的《南华经解》，除"自序"外，还有《庄解小言》，总论庄子散文的艺术技巧，并说明内篇、外篇、杂篇三者的不同。此书有简单的注释。它的长处在于对内篇和外篇每篇皆有总论、段落分析、篇末总评。对各篇的思想内容，结构层次和写作技巧，阐述比较详尽，尤其偏重艺术技巧的分析。只是对杂篇的注释和研究甚为简略。但仍不失为是研究庄子散文艺术的较好版本。

二是林云铭的《庄子因》，有《庄子总论》、《庄子杂说》（二十六则），总论《庄子》宗旨、真伪、读法。此书注释简要，详略不同。其长处在于每篇末有述评，对其宗旨、艺术技巧，作了许多分析。在注文中，对一些段落和部分章节描写有特色之笔，亦有评论，能概括地说明其艺术特色之所在。编撰者认为书中有许多章节不合庄意或笔法者，皆一一举出，视为赝品。此书亦从苏轼之说，认为《让王》、《说剑》、《盗跖》、《渔父》四篇为伪作，只评述《庄子》二十九篇。

三是吴世尚的《庄子解》，有《庄子》评论一篇，《内篇大意》一篇。内七篇，有篇首题解、篇末总评。外、杂篇无题解，有篇末总评。在评论和注文中，除论述《庄子》的思想内容外，且有艺术分析，不乏精到之见。编撰者从苏轼之说，删去《让王》、《盗跖》、《说剑》、《渔父》四篇，又将《列御寇》与《寓言》合为一篇，此书评注《庄子》二十八篇。

四是胡文英的《庄子独见》，有《庄子论略》（十条）、《庄子针度》（八则），论述《庄子》的思想内容，以及讲《庄子》的读法。内七篇和《天下》篇有篇末总评。此书除阐释每篇宗旨外，尤其重视对艺术特色的分析，颇有独到见解。书中注释不多，偶有评点。有少量眉批，指示词意、句意、段意、及其艺术技巧。

五是刘凤苞的《南华雪心编》，编撰于光绪初年，成书较晚，是庄子散文研究的集大成者，成就最大，水平最高，可谓前无古人，未见来者。据作者此书"凡例"中所说，他是按照宣颖《南华经解》义例来分段的。书中包括评注、篇首总论、段落分析、眉批四部分。注释，先引郭象注文，后引诸家批注。或往往不援引前人注释，直书个人见解。夹行评注，对前人意见未能悉载者，列于顶格之上作为眉批，以示众美兼收。所引前人意见，有十余家。总论和段落分析，能够折衷诸家之长。在评注中，作者认为宣颖分肌析理，论文最详，故引证颇多。此外，对林云铭、胡文英、陆树芝、陆方壶等诸家的高论卓识，亦有较多吸取。总而言之，此书析理清楚，层次分明，研讨细腻，生动形象，富有文彩。虽是注庄、解庄、评庄之文，但不枯燥，令人爱读，不失为是研究庄子散文的最好著作。

下编
道家的产生及其发展

道家的产生及其发展

任何学派的产生及其发展，都是极其复杂的社会现象。我国道家的产生及其发展，则更是极其复杂的社会思潮和客观的历史原因所孕育而成。关于道家产生的原因，在我国古籍中没有记载。即使道家的重要人物及其著作，亦并非都是按照时代顺序，当时就在历史上产生影响的。东汉以来，道家思想被道教利用来宣传道义，就给道家研究增加了一定的难度。总的说来，在春秋战国时代，道家产生在我国南方，楚国的道家人物居多，以老子和庄子为代表。儒家产生在北方，鲁国的儒家人物居多，以孔子和孟子为代表。在春秋战国时代，基本上已经形成南道北儒的文化格局。战国以后，儒、道、墨、法等诸家思想便有一定程度的渗透和融合。尤其东汉以来，儒、道与道教和佛教，又出现融合的趋势。因此，战国以后，东汉以来，我国南道北儒的文化格局，也就逐渐消失了。这一文化现象虽然消失了，但并不等于儒、道、释完全融合了。在中国漫长的历史长河中，儒、道、释一直存在着既有一定的融合，又有激烈争斗的势不两立的现象。例如，以老、庄为代表的道家，就以异军突起的姿态，屹立在文化思想前沿阵地上，并在意识形态中产生愈来愈大的影响。

本文不想涉猎过多,只拟探讨以下几个问题。

一、道家产生的历史背景

道家的产生并非偶然,有其历史的必然性。按照郭沫若对中国上古历史时期的划分,他认为西周前(即夏、商时代)为原始公社;西周时代,为奴隶社会,春秋以后则为封建社会[01]。道家就产生于西周至春秋以后的奴隶社会和封建社会。道家的产生,与当时社会的经济基础与上层建筑有着不可分割的内在关系。对此,这里不作具体的研究,只作一些必要的概括论述。

我国在西周之前的原始公社制社会,没有剥削和压迫,人们共同过着愚昧落后的渔猎生活,日出而作,日入而息,历史上称之为"大同"社会。据史料记载,那种"大同"社会的情景是:"大道之行也,天下为公,选贤与能,讲信修睦,故人不独亲其亲,不独子其子,使老有所终,壮有所用,幼有所长,鳏寡孤独废疾者皆有所养;男有分,女有归。货,恶其弃于地也,不必藏于己;力,恶其不出于身也,不必为己。是故谋闭而不兴,盗窃乱贼而不作,故外户而不闭。是谓大同。"[02]这种"大同"社会,在当时来说,自然是人们一种美好的向往——子虚乌有的"乌托邦"。

随着历史的发展,我们华夏民族便进入西周、春秋和战国时代。那时候,铁制工具出现了,生产发展了,经济繁荣了,私有制和国家产生了,原始公社制被奴隶社会和封建社会所代替,人们逐渐摆脱落后愚昧的渔猎生活,而开始从事畜牧业和农业生产劳动。西周时代的中国,当时由周朝天子统治着。由于地方奴隶主贵族势力扩大,便出现诸侯割据、相互兼并的局势。西周时代,中国已经形成十二个诸侯国。到春秋时代,竟形成十四个诸侯国。诸侯力政,周天子实际上名存实亡。到战国时代,由于经过无数次的兼并战争,便形成秦、齐、楚、燕、韩、赵、魏七雄争霸天下的局面。据《战国策》记载,当时以秦和楚两个大国为中心,进行着激烈的连横和合纵的政治、军事斗争,当时的斗争形势:不是"横成则秦帝",便是"纵成则楚王"。战争频仍,此起彼伏。各诸侯国的统治者为满足一己的穷奢极欲,更加重对人民的盘剥。

老子和庄子作为道家的主要代表人物,就生长在这个历史时期。老子生长于春秋后期,长于孔子,曾为孔子师[03]。庄子生长在战国前期,与孟子同时。春秋战国时

---

01 《中国古代社会研究》,人民出版社1977年版。

02 《礼记·礼运》。

03 见拙著《老庄研究》中关于《老子其人其书考辨》,中州古籍出版社1984年版。

代的政治、军事斗争，阶级压迫和剥削，对道家思想的形成都有着直接的影响。应当说，道家的产生，是时代的产儿。对此可分如下几点来论述。

其一，春秋战国时代，奴隶主阶级和封建地主阶级对人民的残酷压迫和掠夺，以及兼并战争给人民带来的深重灾难，都引起老子和庄子的同情和愤懑。《诗经》中有不少作品，即反映西周和春秋时期统治者对人民的剥削和压迫，以及人民的反抗情绪。如《何草不黄》诗说："哀我征夫，独为匪民！匪兕匪虎，率彼旷野。哀我征夫，朝夕不暇。"《北山》诗云："溥天之下，莫非王土；率土之滨，莫非王臣。大夫不均，我从事独贤……或燕燕居息，或尽瘁国事。或息偃在床，或不已于行。或不知叫号，或惨惨劬劳。或栖迟偃仰，或王事鞅掌。或湛乐饮酒，或惨惨畏咎。"这正是对统治者压迫和剥削人民、过着享乐生活的揭露和批判。奴隶主统治者和封建统治者，他们活着，残酷压迫和剥削劳动人民，他们死了，还要劳动人民陪死。这种用人殉葬的罪恶，从西周至秦朝，一直延续着。此等情况，古籍中多有记载。这里只举一个例子即可说明。如秦穆公死时，就杀殉一百七十七人，连秦国的"三良"也没能幸免，"国人哀之，为之赋《黄鸟》"[01]，对剥削阶级杀殉的罪恶，给于揭露和控诉。老子对这种现象曾给予尖锐的批判，他说："民之饥，以其上食税之多，是以饥。"[02]"民不畏死，奈何以死惧之？"[03]庄子对统治者的揭露和批判，更是不遗余力。庄子批判魏武侯说："君独为万乘之主，以苦一国之民，以养耳目鼻口。""杀人之士民，兼人之土地，以养吾私与吾神。"[04]并讽刺统治者发动不义战争，好像是在蜗牛的左右角，"相与争地而战，伏尸数万"。[05]孟子亦指出"春秋无义战"[06]的历史事实，他谴责诸侯统治者进行兼并战争："争地以战，杀人盈野；争城以战，杀人盈城。"[07]应当说，庄子对封建统治者屠杀人民和镇压无辜的罪恶，揭露和批判得更加痛快淋漓。庄子曾一针见血地指出："今世殊死者相枕也，桁杨者相推也，刑戮者相望也。"[08]由此可见，春秋战国时代的黑暗社会，对老、庄道家思想的形成，是具有相当大的影响作用的。

---

01 《史记·秦本纪》和《左传》文公六年。
02 《老子》第75章。
03 《老子》第74章。
04 《庄子·徐无鬼》。
05 《庄子·则阳》。
06 《孟子·尽心下》。
07 《孟子·离娄上》。
08 《庄子·在宥》。

其二，春秋战国时代，由于兼并战争频仍，阶级斗争异常尖锐复杂，究竟如何治国安邦、修身养性等，这在意识形态领域，更是纷然殽乱，莫知所从。于是阴阳、儒、道、墨、法、名等诸子百家，便应运而生，出现了"百家争鸣"的空前活跃的态势。亦可谓"一致而百虑，同归而殊途"[01]。针对儒家提倡仁义、孝悌等治国修身学说，道家反其道而行之，提出不同的治国安邦、修身养性的学说，即"无为自化，清静自正"[02]，"以自然为宗"。儒家与道家在意识形态方面的斗争相当激烈，孔子对学生曾经反复强调说："道不同，不相为谋。"[03] 司马迁深谙儒、道斗争的历史，他说："世之学老子者则绌儒学，儒学亦绌老子。"所以，老子和庄子对儒家学说，给予了尖锐的批判。老子说："绝仁弃义，民复慈孝。"[04] 庄子说："圣人不死，大盗不止。"[05] 又说儒、墨企图以"仁义"止乱，是在"桎梏"之间呼号，"无愧而不知耻也"！故曰："绝圣弃知，天下大治。"[06] 因此，老、庄提出"无为"治国、"清静"修身的学说。对于道家，班固曾给予很高的评价，他说："道家者流，盖出于史官，历记成败、存亡、祸福、古今之道，然后知秉要执本，清虚以自守，卑弱以自持。此君人南面之术也。合于尧之克让，《易》之谦谦，一谦而四益，此其所长也。"[07] 肯定了道家思想为"君人南面之术"的重要历史作用。

其三，有些有志之士，厌恶不义战争，厌倦尔虞我诈的官场生活，便归耕田里，或渔捕江湖，过着悠然自得的隐士生活。如长沮、桀溺、楚狂接舆、荷蒉者、荷蓧丈人、太史儋、老莱子、渔父、黔娄子、鹖冠子等，他们洁身自好，超凡拔俗，对儒、墨学说，持批判态度，对社会现实极其不满，过着与世无争、我行我素的隐士生活。此种社会现象，对道家思想的产生，无疑也起着助产婆的作用。

其四，除上述所说原因外，还有南方这块神奇的土地，是道家产生的自然条件。南方大片楚地，山水清秀，烟雨茫茫，是个令人陶醉和产生遐想的神奇世界。楚人"信巫鬼，重淫祀"[08]，作文"为言志、抒情体"，有"遗世特立之风"[09]。与北方

---

01 《周易·系辞上》。
02 《史记·老子韩非列传》。
03 《论语》。
04 《老子》第19章。
05 《庄子·胠箧》。
06 《庄子·在宥》。
07 《汉书·艺文志》。
08 《汉书·地理志》。
09 刘师培《南北文学不同论》，见《中国近代文论选》，人民文学出版社1959年版。

平原旷野、风沙迷漫的地理环境养成人们务实和坚韧不拔的精神不同。显而易见，南方的神奇土地和人们的风俗习情，就给道家的产生提供了特殊的条件。尽管老子和庄子并没有生长在江汉流域，但从他们的精神世界和语言风格而论，不难看到，他们是直接受到楚文化的熏陶的。所以可以这样说：南方山水育道人，北国地脉养儒家，形成南北不同的文化。

道家的产生和发展，虽可以分为几个历史阶段论述，但春秋战国时代老子和庄子的出现，便形成了道家的完整思想体系。其后都不过是对老、庄思想的继承和发扬。

二、有名无实的"稷下""黄老学派"和战国末期的"黄老之学"

研究我国先秦文化思想史的学者认为：在战国时代曾经也出现过一个"稷下""黄老学派"[01]。所谓"稷下""黄老学派"，是指齐国稷下学士标榜学习黄帝和老子学说的学派。其实，传说中的五帝之一的黄帝并非道家的始祖，他的思想与道家亦不相同，黄帝教诲人民顺天地之纪，时插百谷草木，淳化鸟兽虫蛾，劳勤心力耳目，节用水火材物[02]，与道家思想颇为抵捂。硬把黄帝与道家的老子扯在一起，称之为"黄老之学"，这是战国末期和汉初好事者所为。汉代学者，有人曾指出此点，认为"世俗之人，多尊古而贱今，故为道者必托之于神农、黄帝，而后能入说"[03]。所以，我们在先秦两汉古籍中所看到的所谓黄帝之书，或黄帝之言云云，皆为伪托。如《汉书·艺文志》载《黄帝君臣》、《黄帝说》、《黄帝五家历》等等，皆属此类。所谓"稷下黄老学派"，他们中的人物亦并非道家，他们口头上标榜治学"黄老道德之术"，实际上是在挂羊头卖狗肉、沽名钓誉。从司马迁对此类人物的记载，就不难看出他们的庐山真面目。司马迁在《史记·孟子荀卿列传》中记载说："自驺衍与齐之稷下先生，如淳于髡、慎到、环渊、接子、田骈、驺奭之徒，各著书言治乱之事，以干世主，岂可胜道哉！"又曰："慎到，赵人。田骈、接子，齐人。环渊，楚人。皆学黄、老道德之术，因发明序其指意。"由于他们打着治学"黄老道德之术"的幌子，"以干世主"，齐王便委任他们为大夫，"为开第康庄之衢，高门大屋，甚尊宠之"。由此可知，慎到诸人，名为治学"黄、老道德之术"，实则是在做着"以干世主"而升官发财的黄粱美梦。他们与道家是风马牛不相及的。因此，不应称他们为

01　詹剑峰《老子其人其书及其道论》，湖北人民出版社1982年版。

02　《史记·五帝本纪》。

03　《淮南子·修务训》。

"稷下""黄老学派"。班固不失慧眼，《汉书·艺文志》，把慎到列为法家，是颇为恰当的。

战国末期的申子和韩非，他们虽不属于道家，但深受道家影响，与所谓"稷下""黄老学派"不同。《史记·老子韩非列传》载："申不害者，京人也，故郑之贱臣。学术以干韩昭侯，昭侯用为相。内修政教，外应诸侯，十五年。终申子之身，国治兵强，无侵韩者。"又曰："申子之学，本于黄、老而主刑名。著书二篇，号曰申子。"申子主刑名，而本于黄老，韩非与之大抵相同。司马迁说："韩非者，韩之诸公子也，喜刑名法术之学，而其归本于黄老。"（同上）申子和韩非崇尚道家思想是有历史根据的，所以，我们对他们"归本于黄老"，可以称之为"黄老之学"。

申不害崇尚老子，我们从《吕氏春秋·任数篇》中还能间接地看到。此篇说申子曰："治乱、安危、存亡，其道固无二也，故至智弃智，至仁忘仁，至德不德，无言无思，静以待时，时至而应，心暇者胜。凡应之理，清净公素，而正始卒焉。此治纪，无唱有和，无先有随。古之王者其所为少，其所因多。因者君术也，为者臣道也。为则扰矣，因则静矣……君道无知无为，而贤于有知有为，则得之矣。"不难看到，申子所谓的治安之术，完全是从道家思想脱化而来。至于说申子之学，本于黄帝者，则完全是伪托，有名无实。韩非亦然。孟子说"尽信书则不如无书"[01]，是很有道理的。

韩非的《解老》和《喻老》二篇，可视为崇尚老子学说的代表作。司马贞说："韩子有《解老》、《喻老》二篇，是大抵亦崇尚黄老之学耳。"[02] 以"黄老之学"代替老子道学，正是战国以来称为"黄老之学"的实质。

太史公曰："老子所贵道，虚无，因应变化于无为，故著书辞称微妙难识。庄子散道德，放论，要亦归之自然。申子卑卑，施之于名实。韩子引绳墨，切事情，明是非，其极惨礉少恩。皆原于道德之意，而老子深远矣。"[03] 说明申、韩之于老子，不可同日而语，相去远矣。至于他们是否"原于道德之意"，还是值得进行深入研究的。班固《汉·艺文志》把申、韩列入法家，即可说明问题。

以老子为代表的道家学说，在战国时代已经成为"显学"文化，其在社会上所引起的强烈反响，亦并不小于儒法诸家。《吕氏春秋》所大量宣扬的道家思想，一方

---

01 《孟子·尽心下》。

02 《史记·索隐》。

03 《史记·老子韩非列传》。

面说明道家在战国时代的地位，另一方面也说明汉代初年"黄老之学"的兴起，并不是偶然现象。《吕氏春秋》对道家学说的宣扬，包括如下方面的内容。

（一）对"全德之人"形象的描写和渲染。所谓的"全德之人"、"圣人"也就是"得道之人"，是道家的化身。《本生》篇说："故圣人之制万物也，以全其天也。天全，则神和矣，目明矣，耳聪矣，鼻臭矣，口敏矣，三百六十节通矣。若此人者，不言而信，不谋而当，不虑而得，精通乎天地，神覆乎宇宙。其于物无不受也，无不裹也，若天地然。上为天子而不骄，下为匹夫而不惛，此之谓全德之人。"作者在这里所宣扬的思想，都能从老庄著作中得到印证。老子说："圣人处无为之事，行不言之教，万物作焉而不辞，生而不有，为而不恃，功成而弗居，夹唯弗居，是以不去。"[01] 庄子说："帝王之德，以天地为宗，以道德为主，以无为为常。无为也，则用天下而有余；有为也，则为天下而不足。"又曰："故古之王天下者，知虽落天地，不自虑也；辩虽雕万物，不自说也；能虽穷海内，不自为也。天不产而万物化，地不长而万物育，帝王无为而天下功。"[02] 可见《吕氏春秋》作者描绘的"全德之人"或"得道之人"，都是从道家"天道无为"的思想脱化而来。

《吕氏春秋·下贤》篇，对"得道之人"的描绘，则更能说明战国末期，道家思想对人们的深刻影响。此篇这样写道："得道之人，贵为天子而不骄倨，富有天下而不骋夸，卑为布衣而不瘁摄，贫无衣食而不忧慑，恳乎其诚自有也。觉乎其不疑有以也，桀乎其必不渝移也，循乎其与阴阳化也，恩恩乎其心之坚固也，空空乎其不为巧故也，迷乎其志气之远也，昏乎其深而不测也……以天为法，以德为行，以道为宗，与物变化，而无所终穷，精充天地而不竭，神覆宇宙而无望，莫知其始，莫知其终，莫知其门，莫知其端，莫知其源，其大无外，其小无内，此之谓至贵。"不难看到，这里的所谓"得道之人"，与庄子所谓的"至人"、"真人"，则又完全如出一辙。庄子所谓"至人"、"真人"，即"得道之人"。

（二）对道家去智巧、释谋虑、顺性情、逍遥无为、复归于朴思想的诠释。《吕氏春秋·先己》篇说"无为之道"，能"胜天"；"胜天顺性，"则"聪明长寿"。《论人》篇曰："适耳目，节嗜欲，释智谋，去巧故，而游乎无穷之次，事心乎自然之途，若此则无以害其天矣。无以害其天，则知精；知精则知神，知神之谓得一。凡彼万形，得一后成。故知一，应物变化，阔大渊深，不可测也。……故知知一，则

---

01 《老子》第2章。
02 《庄子·天道》。

复归于朴。"《上德》篇谓古之王者，"德迴乎天地，澹乎四海"，"天覆地载，爱思不臧"，虚素以公，此谓顺天顺情。《分职》篇谓君"处虚素服而无智，故能使众智也；智反无能，故能使众能也；能执无为，故能使众为也。无智、无能、无力，此君之所执也。"此等去智释虑、无能无为、顺情自然、复归于朴的思想，正是对老庄思想的继承和发扬。《吕氏春秋》的作者对道家清静无为的倾心赞扬，亦正说明道家思想在战国时代的人们的思想中所占据的重要地位。

（三）对老子"道体"的认识和描绘。《吕氏春秋·大乐》篇谓君臣父子长少皆欢欣而说，"欢欣生于平，平生于道。""道"究竟是什么状态，这是难言而神秘的存在。作者认为："道也者，视之不见，听之不闻，不可为状。有知不见之见，不闻之闻，无从之状者，则几于知之矣。道也者，至精也，不可为形，不可为名，强为之，谓之太一。"此种不可为形、不可为名、无视无闻的"太一"，即老子所谓的"道"。

《吕氏春秋》中《去私》、《应同》、《审时》等篇所称黄帝之言，实际上分别为杨朱、阴阳家、农家的言论。由此可见，战国末期的"黄老之学"，是十分复杂的，不能混同于道家学派。

三、汉代"黄老之学"的兴起

"黄老之学"又称"黄老之言"、"黄老之术"、"黄老道"，是对道家学说的不同称谓。"黄老之学"在汉代的兴起，与汉代的特定历史背景有关。"黄老之学"与秦汉方士所言神仙不死之术截然不同。清代方维甸曾经指出："秦汉方士，绝不附会老子，即依托黄帝，亦非道家之说。"[01]

"黄老之学"在汉代的兴起，可分为三个阶段来论述。

第一，西汉初年是"黄老之学"在汉代的兴起时期。在此时期，道家思想颇受青睐。所以如此，其中有其客观的历史原因。

西汉初年，由于经过战国以来长期连横合纵的兼并战争和大规模的楚汉战争，国力消耗殆尽，人民疲惫不堪，举国上下，皆渴望天下太平，休养生息。因此，汉代初年，老子"无为而治"的思想，就在此等历史的背景下迅速传播开来。从汉代《河上公老子序》对老子道家思想的颂扬、对儒家思想的贬斥，即能窥视到其中的消息。《河上公老子序》说："故用世之学，莫深于老氏。今儒者不务自治，而虚名之幻，内贪残而外仁义，处奢傲而治文礼，此乃忠信之薄而乱之首也。"当时的文化思潮，似乎颇有点罢黜百家，独尊道学的味道。不仅封建统治者利用老子"无为而

---

01 《校刊〈抱朴子内篇〉序》。

治"的思想作为治国安邦的国策,一般贫民百姓也乐于接受老子的思想。据司马迁记载:"孝惠皇帝、高后之时,黎民得离战国之苦,君臣俱欲休息乎无为,故惠帝垂拱,高后女主称制,政不出房户,天下晏然。刑罚罕用,罪人是稀。民务稼穑,衣食滋殖。"[01] 曹参继萧何后做三年相国,"举事无所变更,一遵萧何约束",清净极言合道,民为宁一,天下称其美[02]。司马迁盛赞此等"无为而治"的社会,一切官吏,只要"奉职循理","亦可以为治",不必使用法令,以威严统治人民[03]。把此种"无为而治"的社会所达到的境界,视为最理想的国度。司马迁说:"汉兴,破觚而为圜,斫雕而为朴,网漏于吞舟之鱼,而吏治烝烝,不至于奸,黎民艾安。"[04]

汉初,道家在诸子百家中享有独尊的地位,儒、墨、名、法、阴阳等诸家却受到冷遇。从司马迁记述其父《论六家要旨》[05]中,便可以清楚地看到这个问题。《论六家要旨》说:阴阳之术,多忌讳,"使人拘而多所畏",然"序四时之大顺,不可失也"。儒家"博而寡要,劳而少功",其事难以尽从;但其"序君臣父子之礼,列夫妇长幼之别,不可易也"。墨家"俭而难遵","其事不可遍循";但其"强本节用,不可废也"。法家"严而少恩",但其"正君臣上下之分,不可改也"。名家"使人俭而善失真,然其正名实,不可不察也。"唯独只有道家,却兼有诸家之长,并无其短。即:"道家使人专一,动合无形,赡足万物。其为术也,因阴阳之大顺,采儒、墨之善,撮名、法之要,与时迁移,应物变化,立俗施事,无所不宜,指约而易操,事少而功多。"可谓达到了尽善尽美的境地。太史公是一位具有"良史之才"的史学家,他爱憎分明,善善,恶恶,贬天子,退诸侯。他倾心颂扬道家,正反映了他的进步的历史观。班固却批评司马迁"是非颇谬于圣人,论大道则先黄老而后《六经》",[06] 他以封建的正统观念,去责难太史公,显然失于偏颇。

第二,汉景帝至汉武帝初年,是"黄老之学"的盛行时期。但是,大力提倡"黄老之学"者,并非下层人民,而是封建统治阶级的上层人物。他们排斥儒学,颇好"黄老之言"。据司马迁记载:"及孝景,不任儒者,而窦太后又好黄老之术,故

---

01 《史记·吕后本纪》。
02 《史记·曹相国世家》。
03 《史记·循吏列传》。
04 《史记·酷吏列传》。
05 《史记·太史公自序》。
06 《汉书·司马迁传》。

诸博士具官待问，未有进者。"[01] 又曰："窦太后好黄帝、老子言，帝及太子诸窦，不得不读《黄帝》、《老子》，尊其术。"[02] 由于窦太后喜好"黄老之言"，厌恶儒术，因而她便借故把汉武帝重用的儒生赵绾、王臧下狱，以致他们自杀而死。汉武帝本人对用"黄老之术"治国，也曾一度颇为称道。譬如，汲黯做东海太守时，"学黄老之言，治官理民，好清静，择丞史而任之。其治，责大可而已，不苛小……岁余，东海大治。""治，务在无为而已，弘大体，不拘文法"。[03] 因此，汉武帝给汲黯加官晋级，任用他为主爵都尉，列于九卿。

但是，汉武帝并没有一贯坚持用"黄老之术"治国，窦太后死去，"黄老之学"也就随之衰退了。据太史公记载，窦太后崩，武安侯田蚡为丞相，绌黄、老、刑、名百家之言，延用文学儒者数百人[04]。至建元六年（前135年），汉武帝重用大儒董仲舒，实行"罢黜百家，独尊儒术"的国策。从此，在相当长的一段历史时期，老庄诸家便销声匿迹，学术界亦呈现出万马齐喑的局面。

第三，东汉初年光武帝刘秀和明帝刘庄时代，"黄老之学"沉没150年之后，又重新复活，可称为"黄老之学"复活时期。光武帝刘秀曾说："吾理天下，亦欲以柔道行之。"[05] 又，太子见皇帝勤劳不息，谏曰："陛下有禹、汤之明，而失黄、老养性之福，愿颐爱精神，优游自宁。"而至汉明帝刘庄执政，遵奉建武制度，无敢违者。"故吏称其官，民安其业，远近肃服，户口滋殖焉。"[06] 尤其楚王英更喜"黄老之学"，据其传记载："英少时好游侠，交通宾客，晚节更喜黄、老学，为浮屠斋戒祭祀。"[07] 这些史实，便可以说明，东汉初年"黄老之学"有振起趋势，但却未能形成风气。大约又经过百年的酝酿，至汉桓帝刘志时代，"黄老之学"才算真正复兴起来。范晔说："前史称桓帝好音乐，善琴笙。饰芳林而考濯龙之宫，设华盖以祠浮图、老子，斯将所谓'听于神'乎！"[08] 桓帝延熹九年（166），襄楷上疏云："又闻宫中立黄、老、浮图之祠。此道清虚，贵尚无为，好生恶杀，省欲去奢……或言老子入夷狄为浮

---

01 《史记·儒林传》。
02 《史记·外戚世家》。
03 《众史记·汲郑列传》。
04 《史记·儒林列传》。
05 《后汉书·光武帝纪》。
06 《后汉书·显宗孝明帝纪》。
07 《后汉书·光武十王列传》。
08 《后汉书·孝桓帝纪》。"浮图"，即"浮奢"，佛教也。

图。"[01]或曰："延熹中，桓帝事黄、老道，悉毁诸房祀……。"[02]由此足以说明，由于汉桓帝刘志本人酷爱"黄老之学"，"黄老之学"与佛教比肩盛行，可谓道家思想的发展已经达到鼎盛时期。

必须指出的是，汉桓帝时代所盛行的道家思想，并不是那样纯真，其中已经搀杂着神仙家的思想。对此史书已有明确记载。《后汉书·祭祀中》说："桓帝即位十八年，好神仙事。延熹八年，初使中常侍之陈国苦县祠老子。九年，亲祠老子于濯龙。"正如方维甸所说："东汉之季，桓帝好神仙，祠老子；张陵之子衡，使人为祭酒，主以老子五千文都习，神仙之附会道家，实昉于此。"[03]

四、"黄老道"并非宗教

"黄老道"，并非宗教。把"黄老道"视为宗教，是一种误解。所谓汉桓帝事"黄老道"，正如前面所说，即"黄老之学"、"黄老之言"、"黄老之术"，亦即老子清静无为学说。"有人说："'黄老道'是假托黄老思想而成的一种宗教"[04]，其根据就是："延熹中，桓帝事黄老道，悉毁诸房祀"（《后汉书·王涣传》）。又在宫中立黄、老、浮奢祠，祭祀老子。后太平道创立者张角"自称大贤良师，奉事黄老道"）《后汉书·皇南嵩传》）。我认为，把"黄老道"视为宗教，是很值得商榷的。

其一，"黄老道"或"黄老之学"在汉代的兴起，除上面所说的原因外，还有这样的原因。关于记载黄帝言论的书，在秦汉之前，除《吕氏春秋》称引黄帝之言外，很少见于其他古籍。而到西汉初期，伪托的黄帝之书，便纷纷出现。据《汉书·艺文志》载，汉初伪托的黄帝书就有：《黄帝四经》四篇、《黄帝铭》六篇、《黄帝君臣》十篇、《杂黄帝说》四十篇、《黄帝》十六篇（图三卷）、《黄帝杂子气》三十三篇、《黄帝五家历》三十三卷、《黄帝、阴阳》二十五卷、《黄帝诸子论阴阳》二十五卷、《黄帝内经》十八卷、《黄帝三王养阳方》二十卷、《黄帝杂子步引》十二卷、《黄帝歧伯按摩》十卷、《黄帝杂子芝菌》十八卷、《黄帝杂子十九家方》二十一卷等等。由于汉初伪托黄帝之书如此之多，所以汉初自文帝和景帝以来，人们谈论道家时，便往往以"黄老"并称，或称之为"黄老之言"、或称之为"黄老之术"、或称之为"黄老之学"、或称之为"黄老道"。所谓"黄老道"、"黄老之言"，与称儒

---

01 《后汉书·郎颛襄楷列传》。
02 《后汉书·王涣传》。
03 《校刊〈抱朴子内篇〉序》。
04 《宗教辞典》，上海辞书出版社1983年版。

家为"儒教"、"儒道"者相同。《后汉书·襄楷传》称"黄老道","此道清虚,贵尚无为,好生恶杀,省欲去奢。"则完全是老子《道德经》的内容。由此说明,汉人所说的"黄老道",即"黄老之言"云耳。而他们所称的"黄老道"或"黄老之言",实际上是指道家思想而言,并非包括汉初伪托的黄帝之书的内容。

其二,汉桓帝好"黄老道",为之立祠祭祀,只能说明桓帝好神仙,把黄帝和老子当神仙祭祀,并不能说明"黄老道"就是一种宗教。诚如《后汉书·孝桓帝纪》说:"设华盖以祠浮图、老子,斯将所谓听于神仙!"这里非常明白无误地说明,桓帝是把老子当做神来祭祀的。《后汉书·王涣传》所谓"桓帝事黄老道,悉毁诸房祀",亦是此意。事实上,在中外历史上为许多历史名人立祠祭祀的事,是屡见不鲜的,并非是什么宗教。

其三,说"黄老道是早期道教的前身"(《宗教辞典》),也欠妥当。固然,东汉末年产生的道教,它从道家思想中吸取了某些东西,并声称以老子为教主,与道家的确有血缘关系,但它与道家却有本质的区别,绝对不能混为一谈。有的学者认为,"在东汉末年,黄老之学竟成了一种新的宗教——道教"[01],也是很不妥当的。据《华阳国志·汉中志》记载;"汉末,沛国张陵学道于蜀鹤鸣山,造作道书,自称太清玄元,以惑百姓。"即说明张陵的五斗米道,与"黄老道"完全是两回事。东汉灵帝时,张角创立的太平道,"奉事黄老道",自称"大贤良师",畜养弟子,跪拜首过,以符水咒说治病,"以善道教化天下,转相诳惑"。十余年间,众徒数十万,遍布青、徐、幽、冀等八州,置三十六方。"方"犹"将军号",大方万余人,小方六七千,各立渠帅。称言,"苍天已死,黄天当立,岁在甲子,天下大吉。"以此号召人民,反对官府。皆著黄巾为标帜,时人谓之"黄巾"。角称"天公将军",角弟宝称"地公将军",宝弟梁称"人公将军"。天下响应,京师震动。[02]从他们的组织形式、起义口号,以符水咒说治病等,不难看到,与"黄老道"清虚无为的思想不同,自然不能因其"奉事黄老道",就说"黄老道"是其前身。张角的太平道奉事"黄老道",旨在打着黄帝和老子的旗号,为自己张目。太平道本身就是一种宗教,不能说太平道奉事"黄老道",又在信仰另一种宗教,这在逻辑上也是讲不通的。

五、魏晋"玄学"的兴起及其发展

魏晋以降,乃至有唐,"天下多故",许多文人学士,崇尚老、庄,并杂糅儒学

---

01 詹剑峰《老子其人其书及其道论》,湖北人民出版社1982年版。
02 《后汉书·皇甫嵩传》。

和神仙家思想，煽起，"玄谈"之风，或称之为"玄言"、"玄论"、"玄风"、"玄学"。随着时代的推移，由于封建统治阶级对玄学的利用，因此便愈倡愈烈，以致封建皇帝，亲下旨令，置"玄学"，设老子、庄子、列子、文子博士，于是道家的地位也就大大提高了。对此，亦可分三个阶段予以论述。

第一阶段是魏晋之际，"玄风"伊始。"魏正始中，何晏、王弼等祖述老、庄"[01]，好老、庄之言。何晏著《无为论》："天地万物，皆以无为为本。无为也者，开物成务，无往不成者也。阴阳恃以化生，万物恃以成形，贤者恃以成德，不肖者恃以免身。故无为之为用，无爵而贵矣。"[02]又著《无名论》："为民所誉，则有名者也。无誉，无名者也。若夫圣人，名无名，誉无誉，谓无名为道，无誉为大。则夫无名者，可以言有名矣；无誉者，可以言有誉矣。然与夫可誉可名者，岂同用哉？此比于无所有，故皆有所有矣……夫道者，惟无所有者也。自天地以来，皆有所有矣。然犹谓之道者，以其能复用无所有也……自然者道也，道本无名，故老氏曰'强为之名'，仲尼称尧荡荡无能名焉，下云巍巍成功，则强为之名，取世所知而称耳。"不难看到，何晏祖述老、庄，糅合儒道，因而便产生了唯心主义的"玄学"。王弼与其同声相应，著《戏答荀融书》云："夫明足以寻极幽微，而不能去自然之性。颜子之量，孔父之所豫在……故知尼父之于颜子，可以无大过矣矣。"又著《难何晏圣人无喜怒哀乐论》云："圣人茂于人者神明也，同于人者五情也。神明茂，故能体冲和以通无；五情同，故不能无哀乐以应物。然则圣人之情，应物而无累于物者也。今以其无累，便谓不复应物，失之多矣。"与何晏一唱一和，相辅相成，便煽起"玄学"之风。所以，刘勰说："何晏之徒，始盛玄论，于是聃、周当路，与尼父争途矣。"[03]但是，王弼的成就，也是不应抹煞的。王弼著《老子注》，是我国古代最早的《老子》注本，至今仍为研究《老子》的重要著作，因此，后人曾给予很高的评价。如宋代晁说之说："王弼《老子道德经》二卷，真得老子之学欤！"[04]熊克谨亦云："王弼所注，言简意深，真得老氏清净之旨。"[05]自然，王弼《老子道德经》注，其中不可能不渗进"玄学"思想。

01　《晋书·王衍传》。

02　《晋书·王衍传》载何晏《道德论》，文字略有不同。今据《全上古三代秦汉三国六朝文》。下同。

03　《文心雕龙·论说篇》。

04　《诸子集成·老子道德经》附文。

05　同上。

魏晋间，世称"竹林"七贤的阮籍、嵇康、山涛、向秀、刘伶、阮咸、王戎诸人，则与何晏、王弼又不尽相同。他们不拘礼教，超尘拔俗，崇尚老、庄，亦好神仙，因此，他们宣扬道家的清虚无为之道，并非那么纯真，其中搀杂着神仙家的思想。甚至，儒家思想，对他们亦有一定的影响。如"七贤"之首的阮籍，"本有济世之志，属魏、晋之际，天下多故，名士少有全者，籍由是不与世事，遂酣饮为常。"[01] 又曰："籍容貌瑰杰，志气宏放，傲然独得，任性不羁，而喜怒不形于色。或闭门视书，或累月不出；或登山临水，经日忘归。博览群籍，尤好《老》、《庄》。嗜酒能啸，善弹琴。当其得意，忽忘形骸。""著《达庄论》，叙无为之贵。"说明阮籍深受老、庄道家思想影响。但儒家之孝道，对他亦有颇深的熏陶。其本传说："籍虽不拘礼教，然发言玄远，口不臧否人物。性至孝，母终，正与人围棋，对者求止，籍留与决赌。既而饮酒二斗，举号一声，吐血数斗。"显然，这与道家齐生死的"物化"思想，是截然不同的。

嵇康是"竹林七贤"的二号人物。他天质自然，恬静寡欲。"长好老、庄……常修善性服食之事"，"以为神仙禀之自然，非积学所得。至于导养得理，则安期生、彭祖之伦可及，乃著《养生论》。"其论曰："夫气静神虚者，心不存于矜尚；体亮心达者，情不系于所欲。矜尚不存乎心，故能越名教而任自然；情不系于所欲，故能审贵贱而通物情。"又《与山涛告绝书》云："老子、庄周，吾之师也，亲居贱职；柳下惠、东方朔，达人也，安乎卑位。吾岂敢短之哉！又仲尼兼爱[02]，不羞执鞭；子文无欲卿相，而三为令尹，是乃君子思济物之意也。所谓达能兼善而不渝，穷则自得而不闷。"又作《幽愤诗》云："托好老、庄，贱物贵身。志在守朴，养素全真。""采薇山阿，散发岩岫，永啸长吟，颐神养寿"[03] 云云。可以看到，嵇康和阮籍的思想大体相同，而嵇康笃信神仙，"常修善性服食之事"，而其借助老庄，相得益彰。

向秀和刘伶也有不同个性。向秀"雅好老、庄之学"，认为《庄子》内外数十篇，历世才士，虽有观者，莫适论其旨统，"乃为之隐解，发明奇趣，振起玄风，读之者超然悟心，莫不自足一时"[04]。刘伶放情肆志，常乘鹿车，携一壶酒，使人荷锸

---

01 《晋书·阮籍传》，下同。
02 按非是，墨子"兼爱非攻"。
03 《晋书·嵇康传》。
04 《晋书·向秀传》。

而随之，谓曰："死便埋我！"[01] 其遗形骸如此。"竹林七贤"及其子侄辈，逸情忘志，放情山水，超生拔俗，煽起一股"玄风"。在中国文学史上被称之为晋代名士风度，给人们留下一段十分有趣的佳话。但是，把"玄风"误以为是"道家清虚无为之思潮"[02]，是错误的，早在清代，方维甸对此，说得已经颇为清楚，他说："余尝谓汉之仙术，元与黄、老分途。魏晋之世，玄言日盛，经术多歧，道家自诡于儒，神仙遂涸于道，然第假借其名，不易其实也。"[03]

第二阶段是南北朝时期，封建官府建立"玄学"，张扬道家思想。"玄学"的建立，是在南朝宋文帝刘义隆时代。据《宋书》记载："元嘉十五年（438），征次宗至京师，开馆于鸡笼山，聚徒教授，置生百余人。会稽朱膺之、颍川庾蔚之并以儒学，监总诸生。时国子学来立，上留心艺术，使丹阳尹何尚之立玄学，太子率更令何承天立史学，司徒参军谢元立文学，凡四学并建。车驾数幸次宗学馆，资给甚厚。"[04] 由于皇帝的重视，以宣扬道家思想为主的"玄学"，与艺术、史学、文学同时被列入国学。可以想见，道家思想在南朝得到进一步的发展。逮至北朝时，"玄学"仍颇有影响。据《北齐书》记载：羊烈"少通敏"，"好读书，能言名理，以玄学知名"[05]。"玄学"在北朝所受到的推崇，由此亦可见一斑。

第三阶段是唐代，唐代把"玄学"发展到顶峰。由于唐代经济繁荣，国家昌盛，唐高宗李治和唐玄宗李隆基重视道家，大倡"玄学"，道家思想因此也就随之得到广泛的传播。据史书记载：唐高宗乾封元年（666）二月己未，李治"如亳州，祠老子。"并以老子为李氏之祖，"追号太上玄元皇帝"[06]。咸亨五年（674），"天后（按即皇后）上意见十二条，'请王公百僚皆习《老子》'"[07]。"玄宗开元五年（717）……及注《老子道德经》成，诏天下家藏其书，贡举人减《尚书》、《论语》策，加试《老子》。"[08] 又开元"二十九年，始置崇玄学，习《老子》、《庄子》、《文子》、《列子》，亦曰道举。"[09] 天宝元年（742）二月，"庄子号为南华真人，文子号为通玄真人，列子

---

01 《晋书·刘伶传》。
02 台湾《中文大辞典》。
03 《校刊〈抱朴子内篇〉序》。
04 《宋书·雷次宗传》。
05 《北齐书·羊烈传》。
06 《新唐书·高宗本纪》。
07 《旧唐书·高宗本纪》。
08 《新唐书·玄宗本纪》。
09 同上。

号为冲虚真人，庚桑子号为洞虚真人。其四子所著书改为真经。崇玄学置博士、助教各一员，学生一百人。"[01] 天宝十四年，"颁《御注老子》并《义疏》于天下"[02]。不过此时的"玄学"虽与道教混为一体，却与魏晋"玄学"判然有别。

到宋代，宋徽宗赵佶自称"教主道君皇帝"[03]。太学置《道德经》、《庄子》、《列子》博士。诏封庄周为微妙元通真君，列御寇为致虚观妙真君。宋代道观林立，道教极盛，道家思想融入道教。尽管如此，客观上，对道家思想的传播，仍具有一定的推动作用。

六、《文子》和《列子》之学在唐代的兴起

关于文子其人，班固《汉书·艺文志》在文子名下自注说："老子弟子，与孔子并时。"由于古籍没有记载文子的生平，后世好事者便伪造出关于文子的许多不同说法。今人谓辛妍，字文子，号计然，范蠡的老师[04]的说法，也并没有确凿的历史根据。文子之书，亦早已亡佚，现存《文子》，是汉代以来好事者伪托，并非真品。

关于列子，班固《汉书·艺文志》说其"名御寇，先庄子，庄子称之"，但却语焉不详。经过古代学者的考证，认为列子为战国时代郑缪公时人，与郑子阳同时。列子之书，先秦时即亡佚。现存《列子》之书，学者多认为是魏晋以来好事者的伪托之作。

文子和列子，是道家学派的重要人物。他们的著作由于早就亡佚，伪托的《文子》和《列子》之书，思想内容比较复杂，但其中不少内容，还是宣扬了道家思想。

《文子》和《列子》之书，在唐代之前影响并不大。唐代开元、天宝年间，方置玄学，设《老子》、《庄子》、《文子》、《列子》博士，称庄子、文子、列子和庚桑子为真人，称四子之书为真经。此种现象的出现，亦并非偶然，是有其深刻的社会原因的。

唐代开元、天宝年间，是李唐王朝的鼎盛时期，经济繁荣，政治比较稳定。对外实行开放政策，与许多国家交往频繁，京城长安的外国使者一时竟多达几千人。李唐王朝处在如此鼎盛时期，在文化思想方面，也出现高度繁荣的景象。国家除了大力发展教育外，也非常重视古籍整理。就国家藏书而言，自汉代以来，"至唐始分

---

01 《旧唐书·玄宗本纪》。
02 同上。
03 《宋史·徽宗本纪》。
04 《古籍新书目》，1993 年 8 月 30 日，第 48 期。

为四类，曰经、史、子、集。而藏书之盛，莫盛于开元。"[01]此其一。其二，唐代开元、天宝年间，儒、道、佛诸家并重，兼容并蓄，曾经一度出现儒、道、佛三者融合的现象，显示出唐朝统治者的博大气魄和宽广胸襟。《文子》宣扬儒、道、法等诸家融合和互补思想。《列子》则宣扬儒、道、佛融合和互补。这就很符合封建统治阶级的需要。唐代贞观年间，唐僧玄奘出使西域取经，历时十八载。据《新唐书·艺文志》载，有玄奘《大唐西域记》十二卷。凡释氏二十五家，四十部，三百九十五卷。唐高宗李治乾封元年（666），李治"如亳州，祠老子"，并以老子为李氏之祖，"追号太上玄元皇帝"[02]。咸亨五年（673），"天后（即皇后）上意见十二条，请王公百僚皆习《老子》"[03]。唐玄宗开元五年（717），"注《老子道德经》成，诏天下家藏其书"[04]。由于以上此等原因，所以，唐代开元、天宝年间设玄学，置《文子》、《列子》博士，大兴其学，并不是偶然的社会现象，是有其很深的社会根源和阶级根源的。

纵观道家产生及其发展的历史，只有老庄思想才是道家学说的正宗，其后宣扬道家思想的著作，都在不同程度上或多或少地注入了作者的主观思想。如战国和秦汉时期韩非的《解老》和《喻老》，《吕氏春秋》、《淮南子》等等，这些著作所阐发的道家思想，对传播道家学说无疑都有积极的促进作用，然而他们与老庄学说的原貌已经有很大的不同。所以，我们在研究中国文化发展历史时，必须注意到这样的问题，任何学说的发展，都会掺进时代的精神和社会思潮，随着时代的变化而变化。道家学说的发展亦不例外。

01　《新唐书·艺文志》。
02　《新唐书·高宗本纪》。
03　《旧唐书·高宗本纪》。
04　《新唐书·玄宗本纪》。

庄子研究要籍简编

庄子赞

晋 孙楚

庄周旷荡，高才英俊，
本道根贞，归于大顺。
妻亡不哭，亦何所欣？
慢吊鼓缶，放此诞言，
殆矫其情，近失自然。

（引自明代陈治安《南华经本义》）

论老、庄之影响

梁 钟嵘

永嘉时，贵黄、老，稍尚虚谈，于是篇什，理过其辞，淡乎寡味。爰及江表，微波尚传。孙绰、许询、桓、庾诸公，诗皆平典似《道德论》，建安风力尽矣。（《诗品·总论》）

庄 周

唐 李白

庄周梦胡蝶，
胡蝶为庄周。
一体更变易，
万事良悠悠。
乃知蓬莱水，

复作清浅流。

青门种瓜人,

旧日东陵侯。

富贵故如此,

营营何所求?

(《古风》五十九首之九)

庄子祠堂记

北宋 苏轼

庄子蒙人也,尝为蒙漆园吏。没千余岁,而蒙未有祀之者。县令秘书丞王兢始作祠堂,求文以为记。谨按《史记》,庄子与梁惠王、齐宣王同时,其学无所不窥,然要本归于老子之言,故其著书十余万言,大抵率寓言也。作《渔父》、《盗跖》、《胠箧》,以诋訾孔子之徒,以明老子之术。此知庄子之粗者。余以为庄子,盖助孔子者,要不可以为法耳!楚公子微服出亡,而门者难之。其仆操箠而骂曰:"隶也不力,"门者出之。事固有倒行而逆施者,以仆为不爱公子,则不可,以为事公子之法,亦不可。故庄子之言,皆实予,而文不予,阳挤而阴助之,其正言盖无几。至于诋訾孔子,未尝不微见其意。其论天下道术,自墨翟、禽滑釐、彭蒙、慎到、田骈、关尹、老聃之徒,以至于其身,皆为一家。而孔子不与,其尊之也至矣。然余尝疑《盗跖》、《渔父》,则若真诋孔子者。至于《让王》、《说剑》,皆浅陋不入于道。反复观之,得其《寓言》之意,终曰:阳子居西游于秦,遇老子。老子曰:"而睢睢,而盱盱,而谁与居?太白若辱,盛德若不足。"阳子居蹴然变容,其往也,舍者将迎其家,公执席,妻执巾栉。舍者避席,炀者避灶。其反也,舍者与之争席矣。去其《让王》、《说剑》、《渔父》,《盗跖》四篇,以合于《列御寇》之篇曰:列御寇之齐,中道而反,曰吾惊焉,吾食于十浆,而五浆先馈,然后悟而笑曰。是固一章也。庄子之言未终,而昧者勦之以入其言,余不可以不辨。凡分章名篇,皆出于世俗,非庄子本意。元丰元年十一月十九日记。(《东坡先生全集》)

庄周（上）

北宋　王安石

世之论庄子者不一，而学儒者曰："庄子之书，务诋孔子。以信其邪说，要焚其书，废其徒而后可，其曲直固不足论也。"学儒者之言如此。而好庄子之道者曰："庄子之德，不以万物干其虑，而能信其道者也。彼非不知仁义也，以为仁义小而不足行已。彼非不知礼乐也，以为礼乐薄而不足化天下。故老子曰：'道失后德，德失后仁，仁失后义，义失后礼。'是知庄子非不达于仁义礼乐之意也，彼以为仁义礼乐者，道之末也，故薄之云耳。"夫儒者之言善也，然未尝求庄子之意也。好庄子之言者，因知读庄子之书也，然亦未尝求庄子之意。昔先王之泽，至庄子之时竭矣，天下之俗谲诈大作，质朴并散，虽世之学士大夫，未有知贵己贱物之道也。于是弃绝乎礼义之绪，夺攘乎利害之际，趋利而不以为辱，殒身而不以为怨，渐渍陷溺以至乎不可救已。庄子病之，思其说以矫天下之弊而归之于正也。其心过虑，以为仁义礼乐，皆不足以正之，故同是非，齐彼我，一利害，则以足乎心为得，此其所以矫天下之弊者也。既以其说矫弊矣，又惧来世之遂实吾说，而不见天地之纯，古人之大体也。于是又伤其心，于卒篇以自解，故其篇曰："《诗》以道志，《书》以道事，《礼》以道行，《乐》以道和，《易》以道阴阳，《春秋》以道名分。"由此而观之，庄子岂不知圣人者哉？又曰："譬如耳目鼻口，皆有所明，不能相通，犹百家众技，皆有所长，时有所用，用是以明。圣人之道，其全在彼，而不在此。"而自列其书于宋钘、慎到、墨翟、老聃之徒，俱为不该不偏一曲之士，盖欲明吾之言有为而作，非大道之全云耳。然则庄子，岂非有意于天下之弊，而存圣人之道乎？伯夷之清，柳下惠之和，皆有矫于天下者也。庄子用其心，亦二圣人之徒矣。然而庄子之言，不得不为邪说比者，盖其矫之过矣。夫矫枉者，欲其直也。矫之过，则归于枉矣。庄子亦曰："墨子之心则是也，墨子之行则非也。"推庄子之心，以求其行，则独何异于墨子哉？后之读《庄子》者，善其为书之心，非其为书之说，则可谓善读矣。此亦庄子之所愿于后世之读其书者也。今之读者，挟庄以谩吾儒曰："庄子之道大哉！非儒之所能及知也。"不知求其意，而以异于儒者为贵，悲夫！

庄周（下）

王安石

学者诋周非尧、舜、孔子，余观其书，特有所寓而言耳。孟子说："说书者不以文害辞，不以辞害意，以意逆志。是为得之。"读其文而不以意原之，此为周者之所以诋也。周曰："上必无为而用天下，下必有为而为天下用。"又自以为处昏上乱相之间，故穷而无所见其材。孰谓周之言，皆不可措乎君臣父子之间？而遭世主终不可使有为也。及其引太庙牺，以辞楚之聘使，彼盖危言以惧衰世之常耳。夫以周之才，岂迷出处之方而专畏牺者哉？盖孔子所谓隐居放言者，周殆其人也。然周之说，其于道既反之，宜其得罪于圣人之徒也。夫中人之所及者，圣人详说而谨行之。说之不详，行之不谨，则天下弊。中人所不及者，圣人藏乎其言，而言之略；不略而详，则天下惑。且夫谆谆而后喻，饶饶而后服者，岂可以语上者哉？惜乎！周之能言而不通乎此也。（《临川先生文集》）

水调歌头

——元日投宿博山寺，见者惊叹其老。

南宋　辛弃疾

头白齿牙缺，君勿笑衰翁。无穷天地今古，人在四之中。臭腐神奇俱尽，贵贱贤愚等耳，造物也儿童。老佛更堪笑，谈妙说虚空。　坐堆豗，行答飒，立龙种。有时三盏两盏，淡酒醉蒙鸿。四十九年前事，一百八盘狭路，拄杖倚墙东。老境竟何似？只与少年同。（《稼轩词编年笺注》，下同。）。

感皇恩

——读《庄子》，闻朱晦庵即世。

辛弃疾

案上数编书，非庄即老。会说忘言始知道，万言千句，不自能忘堪笑。今朝梅雨霁，青天好。　一壑一丘，轻衫短帽。白发多时故人少，子云何在？应有玄经遗草。江河流日夜，何时了。

《卜算子》两首

其一《饮酒败德》

辛弃疾

盗跖尚名丘，孔子还名盗，跖圣丘愚直到今，美恶无真实。
简策写虚名，蝼蚁侵枯骨。千古光阴一霎时，且进杯中物。

其二《用庄语》

一以我为牛，一以我为马。人与之名受不辞，善学庄周者。
江海任虚舟，风雨从飘瓦。醉者乘车坠不伤，全得于天也。

读南华经杂说

明　陆西星

《南华经》如山肴海错，别是一种，却不可与菽粟同味者。然使并席而陈，合口而食，亦自不相妨害。今儒者见其突兀，以为非圣之书，掩卷废之，殊可惜也。

《南华》宗旨，不二法门也，但见有名相分别，心便不喜，以为窍凿混沌，其诋侮圣贤，正如司马公谓好个仆，被苏学士教坏了也。

一部《南华经》，止有三等说话，寓言十九、重言十七、卮言日出。寓言者，意在于此，寄言于彼也。重言者，假借古人，以自重其言也。寓言如大鹏、社树之类。重言如称引黄帝、尧舜、仲尼、颜子之类。卮言者，旧说有味之言，可以饮人，看来只是卮酒间曼衍之说。寓言意在言外，卮言味在言内，重言征在言先。

《南华经》，皆自广大胸中流出，矢口而言，粗而实精，矫俗而论正。而若反读《南华经》者，先须大其胸襟，空其我相，不得一以习见参之。子书中第一部醒眼文字，不独以其文也！

太史公论大道，则先黄、老而后六经，的有真见，未可轻议。儒者谓其是非，颇谬于圣人，此一边说也。庄子所谓"且也相与吾之耳已，讵恶知吾之所谓吾之乎"。学问只一个究竟，性命是切己的经纶。燮理皆其应迹有为之法，幻妄不常。颜渊问为邦，那里去试，只一心斋坐忘，却终身得力，受用不尽也。一部《南华》，归究到此，有为事相，皆粗迹也。

看庄老书，先要认"道德"二字。道者，先天道朴，无名无相，所谓"无名天地之始"。德则物得以生，本然之体，一而不分，大要在人，不起情识，堕支黜聪，绝圣弃知，则复归于朴，而道其在是矣。故曰性修反德，德至同于初。又失道而后德，失德而后仁，失仁而后义。又仁可为也，义可亏也，礼相伪也，通于道而合于德，退仁义而宾礼乐，古之至人，其心有所定矣。则二书之宗旨也。今儒者直谓不然，往往斥之以为异说，反以老氏为见小，是蜩与鸴鸠，同其同也，悲夫！

退之《原道》，以仁义为定名，道德为虚位，谓道有君子有小人，而德有吉有凶，便是虚位，不若仁义实实在在，故曰定名，亦似有理趣。然以性空真体而言，清静之中，一物不着，道亦强名而已，安有仁义？定了名相，是为太虚生闪电也，论大道者不作是解。佛语说，金屑虽贵，着之眼中，何殊砂土？意盖如此。（《南华经副墨》）

读庄子

明　徐文长

庄周轻死生，旷达古无比，
何为数论量，死生反大事。
乃知无言者，莫得窥其际，
身没名不传，此中有高士。

（引自明代陈治安《南华经本义》）

南华经解序

清　宣颖

呜呼，天地开辟以来，世愈积而事愈增，至于绸缪繁饎而无遗者，皆非人之所能为也。一道之精蕴，不至于畅发不止者也。譬之果木，由一仁而发两荄，由两荄上达而千枝万叶生焉。此千枝万叶，岂非皆一仁之中之所全蕴，而不发不止者乎？特寓之于无，而见之于有，人自不克知耳！夫世自鸿蒙以迄周盛，则由根荄而枝叶毕具也。枝叶蔽芾不可复剪，人胥悦其灿然，故有世道之责者，亦就灿然者相为维持，此圣人之不得已也。夫圣人欲尽以精蕴示人，势必有所不能；而先剪弃其枝叶，则是率天下而兽也。心尤有所不忍，故姑就灿然者为维持，而以其精蕴俟之上智一贯之才，而不敢轻为示。此圣人之体大而思深，为爱天下之至也。后有上智之才出焉，能自窥乎其精蕴，窥之而学，未及圣人之大且深也，则不复能有所俟。于是日取而津津道之，道之不已而笔之为书，而反侧摹画之，此《庄子》所为作也。向使以庄子之才而得亲炙孔子，其领悟当不在颜子下，而磨砻浸润以浑融其笔锋舌巧，又恶知其出"不违如愚"之下哉？不幸而圣人没，微言绝、百家并噪，无异禽鸟斗鸣，庄子于是不能自禁，而发为高论绮言，以删叶寻本，披枝见心；此又庄子之不得已也。后人读之，乃得徜徉其驰荡之姿，浩瀚之势，空灵幻化，殊诡清越之趣，此则庄子之不幸而后人之幸也。呜呼！庄子之文，真千古一人也！少时读《史记》，谓其言"汪洋自恣以适己"；及览《李太白集》，称之曰"南华老仙发天机于漆园"。予私心向往，取而读之，茫然不测其端倪也。乃旁搜名公宿儒之评注不下数十家，而未尝不茫然也。即郭子玄以此擅胜名家，又未尝不茫然也。则意子长、太白所称，即此茫然无端、任意滑稽者是乎？窃疑其必不然也。吟讽之下，渐有所解，屏去诸本，独与相对，则涣然释然，众妙毕出，寻之有故，而泝之无垠。真自恣也！真仙才也！真一派天机也！乃知古今能读《庄子》者，惟子长、太白耳！诸家但摘其数句之工，一字之巧，遂谓能读《庄子》；甚且字句之间，大半强作解事，譬之主人觌面而旁猜张、李，其支离可笑，有不胜言者。噫，《庄子》之难读如是乎！予此本不敢于《庄子》有加，但循其窾会，细为标解，而不以我与焉，庶几《庄子》本来面目复见于天下，不致觌面旁猜而已。若其玄风妙旨，则鹿门茅氏尝曰："太史公于《庄子》之学未必知。"夫以太史公能赏其文，尚未必知其学，况于予乎！然每一披卷，文理既畅，神怡意适之际，跃如有见。则夫去圣既远，而为学人津筏，有不可诬者。夫庄子既不避圣人罕言之戒，而于圣人之不欲剪者剪之，圣人之不轻示者示之，此庄子所以维末流之穷，而一出于忍俊不禁，一出于苦心致觉者也。后世分别九流，乃以异端目之。予谓《庄子》之书与《中庸》相表里，特其言用处少，而又多过于取快之文。固所谓养之未至，锋芒透露，惜不及亲炙乎圣人者。若具区冯氏谓为佛氏之先驱，呜呼，庄子岂佛氏之先驱哉！康熙六十年岁次中秋句曲后学宣颖茂公氏自序。（《南华经解》卷首　清康熙六十年积秀堂刊本）

庄解小言

清　宣颖

注庄者无虑数十家，全未得其结构之意。郭子玄窃据向注，今古同推，要之亦止可间摘其一句标玄耳，至于行文妙处，则犹未涉藩篱，便为空负盛名也。

古今同推郭注者，谓其能透宗趣。愚谓圣贤经籍，虽以意义为重，然未有文理不能晓畅，而意义得明者，此愚所以不敢阿郭注也。若诸家之饾饤舛谬，又不足道。

诸家字句之解，间有所长，采入细注者，居十之一二，至段落旨趣，则概未之及。故大字注评，毫不敢袭，亦不得已也。

庄子之文最难捉摸，字句尤多奇奥，若不曾多看诸本评注者，亦不敢轻以此本呈教。恐不悉苦心，未必解颐也。

内篇各立一题，各成结构。外篇虽不立题，亦各成结构。惟杂篇不立题，不结构，乃可各段零碎读之。然《天下》一篇为全部总跋，洋洋大观。

分节分段，非庄原本。但骨节筋脉所在，正须批郤导窾，故不惜犁然分之。先细读其一节，又细读其大段，又总读其全篇，则窾会分明，首尾贯穿，盖必目无全牛者，然后能尽有全牛也，识者自知之。

庄子真精神，止作得内七篇文字，外篇为之羽翼，杂篇除《天下》一篇外，止是平日随手存记之文。

庄子之文，长于譬喻，其玄映空明，解脱变化，有水月镜花之妙，且喻后出喻，喻中设喻，不啻峡云层起，海市幻生，从来无人及得。

古今格物君子，无过庄子，其俸色揣称，写景摘情，真有化工之巧。

能文家如汉之班、马，唐之韩、柳，宋之欧、苏，皆每拈一件成文，故每人不下千百篇，前后少雷同处。庄子篇篇是要明这一件事，所以未免有一二雷同之句。盖庄子先拣古今最难一件事不容言语者，却偏要洗发出来。若不是仙才变化，如何有这许多文字。不得更苛责其全部中一二语之重出也。

读正文，再读批辞，读批辞，再读正文，反复数遍，胸中必有洞澈之乐。若不耐烦寻绎者，先不是读书人也。（《南华经解》）

内篇·外篇和杂篇　总论

清　宣颖

内篇（为文七首）

一编之书，何分内外，以其专明宗旨，故目之为内。盖庄子参透道体，欲以一两言晓畅之而不得也。岂惟一两言晓畅之而不得，虽于万言，亦只是说不出。所以多方荡漾，婉转披剥，有时罕譬之，有时旁衬之，有时反跌之，有时白描之，有时紧刺之，有时宽泛之，无非欲人于言外忽地相遇，此内七篇所为作也。

内七篇都是特立题目，后做文字。先要晓得他命题之意，然后看他文字玲珑贯穿，都照此发去。盖他每一个题目，彻首彻尾是一篇文字，止写这一个意思，并无一句两句断续杂凑说话。今人零碎读之，多不成片段，便不见他篇法好处。

道体千言万言说不出，究竟止须一个字，并一两字还是多的，究竟止可会，并一个字还是多的。《庄子》内七篇，题目虽有七个，文字虽有七篇，总说得这一个物事，要人心领神悟而已。

这一个物事，漫天漫地都是他。庄子约略七个题目，大要不越乎此，所以欲不着言语，则一两句还是多；欲着言语，则七篇须少不得一字。

篇中用事，或割取其一节，或引据其一言，又或非借重这一个人衬贴，则抑扬不得痛快，大要不得认作事迹之实，须知都是行文之资助而已。

外篇（为文十五首）

外篇者何？随事敷折，披枝逸流，虽皆卫道之言，然较之专透宗旨者，则外矣。

外篇十五首，各因一时有感而作，其命题但取篇首两字，非若内篇之特立一个题目也。褚伯秀曰："内篇命题，本于漆园，各有深意。外杂篇，则郭子玄删修，但摘篇首字名之。"此说甚是。但谓摘名出于子玄，亦未见其必然也。

杂篇（为文十一首）

谓之杂篇者，不是于道有庞杂之言，止是随手错叙，虽各段自有文法，不曾给撰成篇耳。

杂篇有作于内外篇之前者，如"古之人，其知有所至矣"一段，"冉相氏"一段，"罔象问影"一段等是也。盖先记于此，后来作文，又采用之。有作于内外篇之后者，如寓言一段，及《天下》篇等是也。盖作书之后，自加发明也。杂篇随手错叙，至《天下》篇，则特意给撰为一部总跋，是古今有数文字。

《让王》、《盗跖》、《说剑》、《渔父》，文理浅薄，的系赝鼎。今从东坡先生说，离附于后，赏鉴家自知之。（《南华经解》）

《逍遥游》篇总论

清　宣颖

《庄子》明道之书，若开卷不以第一义示人，则为于道有所隐。第一义者，是有道人之第一境界，即学道人之第一工夫也。内篇以《逍遥游》标首，乃庄子心手注措，急欲与天下拨雾觌青，断不肯又落第二见者也，何也？天下人，汩没于嗜欲之场，何事不钻研究竟过，其所不能到者，只是逍遥游；其所不肯为者，亦只是逍遥游。不知"逍遥游"三字，一念不留，无入而不自得，是第一境界也。一尘不染，无时而不自全，是第一功夫也。盖至逍遥游而累去矣。至于累空而道见矣，然且世人非惟不能到，抑亦不肯为者，其病根断可知矣。何也？从来嗜欲之累，识者遭而去之，亦不为难。若夫等而上之，则有为名；又等而上之，则有为功，二者之累较难去焉。虽然，崇实则逃名，贵德则贱功，遭而去之，犹不为难。若夫累之最难遣者，惟有已焉。夫嗜欲功名尽去，而知能意见之尚存，彼此区畛之犹隔，阴阳惨舒之弗同于天地，皆已之未化者之为累也，而于道能吻合乎哉！故《逍遥游》一篇文字，只是"至人无己"一句文字。"至人无己"一句，是有道人第一境界也。语惠子曰："何不树之无何有之乡，广莫之野，彷徨乎无为其侧，逍遥乎寝卧其下。"是学道人第一功夫也。

"克己"二字，孔子尝言之，被先儒解契力了。读庄子无己，便以为放荡无稽，殊不思孔子对学者说个'克己'。庄子就至人说个'无己'，未为少谬也，倘不欲"无己"，又何为而"克己"也哉？庄子作文，为千古学人解粘释缚，岂宋儒能测其涯涘耶！故窃谓孔子之绝四也，颜子之乐也，孟子之浩然也，庄子之逍遥游也，皆心学也。

《逍遥游》主意，只在"至人无己"，"无己"所以为逍遥游也。然说与天下人皆不信，非其故意不信，是他见识只到得这个地步，譬如九层之台，身止到得这一层，便不知上面一层是何气象。然则非其信之不及，乃其知之不及耳。前大半篇，只为此故，特地荡漾出小知不及大知一语，以抹倒庸俗，然后快展已说焉。鲲鹏大，蜩与莺鸠小，小不知大，意只如此。其余前前后后，都是凭空嘘气，尽行文之致而已。

前半篇，只是寄喻大鹏所到，蜩与莺鸠不知而已。看他先说鲲化，次说鹏飞，次说南徙，次形容九万里，次借水喻风，次叙蜩鸠，然后落出二虫何知。文复生文，喻中夹喻，如春云生起层委叠属，遂为垂天大观。真古今横绝之文也。

点小知不及大知，便可收束，却又生出小年不及大年，作一陪衬，似乎又别说一件事者，令读者不能捉摸。真古今横绝之文也。

以小年大年衬明小知大知，大势可收束矣，却又生出汤问一段来。似乎有人谓齐谐殊不足据，而特以此证之者。试思鲲鹏蜩鸠，都是影子，则齐谐真假，有何紧要耶？偏欲作此诳漫不羁，洸洋自恣，然后用小大之辨也一句锁住。真古今横绝之文也。

中间一段，是通篇正结构处，亦止得"至人无己，神人无功，圣人无名"三句耳。却先于前面隐隐列三项人次第，然后顺手点出三句，究竟又只为"至人无己"一句耳。"神人无功，圣人无名"，都是陪客。何以知之？看他上面，宋荣子誉不勤非不沮是无名，列子于致福未数数然是无功，乘天地御六气四句是无己。一节进似一节，故知"至人"句是主也。

中段入手，撇却知效一官等人，不过如斥鴳而已。宋荣子、列子，固在斥鴳之上，若乘天御气之人，其大鹏乎？庄子胸眼之旷如是。

借宋荣子为"圣人无名"作影，借列子为"神人无功"作影。至"乘天地之正"四句，为"至人无己"作影也，独不借一人点破之。庄生之意何为哉？读至篇末方知之。

"至人无己"三句，后面整用三大截发明之。其次第与前倒转，自无名、而无功、而无己，归于所重，以为一篇之结尾也。（《南华经解》）

《逍遥游》篇末总评

清　宣颖

纯是一派寓言。巧便逐物者，自纳于陷罟之区，敦庞全身者，必谢夫多能之智，于二者之间而择术焉。宁为狸狌乎？抑宁为斄牛乎？然则大树不当为众所同去明矣，无何有之乡，何乡也？一物不留之处，与之为不留，即无何有之乡也。广莫之野，何野也？一物不隔之宇，与之为不隔，即广莫之野也。彷徨乎无为，本无可为也；逍遥乎寝卧，本无一事也。如是则既无与物相撄者，而物之撄我，又安所得加之之的哉！此世所目为无用，而独适于清虚者也。

以上证"至人无己"意也。"无名"，句引许由，"无功"句引姑射神人，此句独引自己言语。庄子岂轻以"无己"许他人哉？抑又不第于此处见之也。前番一引宋荣子，一引列子，至乘天地御六气，独不一点其人焉。则庄子之自负断可知矣。

虽然，小知不及大知，开口已言之。则"无己"二字之为秘密法藏，圣神化境。庄子或亦自负知之，而不敢遂谓至之，是以津津于至人也夫。

证无名、无功两句，援引两人，文意亦甚显。至此句，独隐跃其辞，只于大瓠大树作两段闲言闲语，令人深思而自得之。此庄子既以自负，又善于立言也。

大瓠一段，劈口就点用大。大树一段，煞尾说到无、苦。试想古今，虽盖世才能，冠古学问，撑天制作，都只算做用小。何也？以其为有用之用也。有用之用，便是形下之器耳，性分中之绪余耳。但在这上面着脚，未有不劳心焦思，扰攘一世者。庄子视之，不堪困苦。若至人然乎哉？至人无己，一切才能、学问、制作，到此都冰融雪释。人视其块然无用，与大瓠大树相去几何，却不知其参乾坤、籥万物，方寸之际，浩浩落落、莫可涯涘。如是而乃为逍遥游也。

如是而乃为逍遥游，则至人以下，未许一人得与其事乎？不知学道之人，便要学至人之事。庄子点化惠子收尾处数句，纯是说心学上事，却特意点破"逍遥"二字，其教后来学人深矣。分三大段看，起处至小大之辨也，是前一大段。知效一官，至圣人无名，是中一大段。尧让天下至末，是后一大段。前极参差变化，后独三截分应，澹宕住笔，而余音嫋然，真浸淫不制之文。（《南华经解》）

《天下》篇总论

清　宣颖

一部大书之后，作此洋洋大篇，以为收尾，如《史记》之有自叙一般，遡古道之渊源，推末流之散失。前作大冒，中分五段，隐隐以老子及自己收服诸家，接古学真派。末用惠子一段，止借以反衬自家而已。其体大，其色苍，其致淡，超世之文。（《南华经解》）

庄屈合诂序

清　唐甄

饮光先生忠直立身，以藏为用，晚年注《易》、《诗》成，意有未尽，复以《庄》继《易》，以《骚》继《诗》。二子精义，已畅于诸篇总诂，而其合之之义，则自序甚详。唐子有感于斯，更推己意，而序之曰：《易》卦首象龙，龙之为物，变化无迹，若蒙于人，则不免于脯醢。彼知进而不知退者，虽学达羲文，智如蓍龟，自以为龙矣，而不知其为福则在沼，为祸则在俎也。庄子知之，是以却千金之聘，汙卿相之尊，不傧于人，而遊于无何有之乡。若是者何也？不得其时也。老子不得其时，蓬累而行，其用犹龙。庄子亦然，以之继《易》，不亦宜乎？谗言茭惑，君迷国乱，为人臣子，视其国如视邻人之安危，无与于身，是岂人之情也哉！此《鸱鸮》之诗，所以"维音哓哓"也；《桑柔》之诗，所以《忧心殷殷》也。二篇之诗虽圣贤异等，正变殊遇，其为忠一也。屈子亦若是矣。嗟乎！贱士得君，又信任我，苟利社稷，何爱吾身！原屈子之志，以《骚》继《诗》，不亦宜乎？君臣，人之大伦也。人有五伦，我缺其一，不幸莫大焉，而况君子之出，其文足以道君，其才足以治天下！乃辨种勤植，灌园自适，心虽乐之，不得已也。第若庄子之遗世绝物，以卿相为汙我，于心安乎？是故当以屈子之志济之，则达而不至于荡。死生亦大矣，为屈子计，当怀王入秦时，以死争之，不得，则从王行，如蔺相如以颈血浅秦王；事若不济，得死所矣。不然，弃其家室，从渔父于沧浪，孰得而非之！乃呜咽悲泣，自捐其躯，吾嫌其近于妇人也。是故当以庄子之意济之，则忠而不至于愚。夫善读书者如服药，桂热檗寒，其性相反，和而为剂，可以已疾。然则合二书而一之，不亦宜乎？（《庄屈合诂》卷首　清同治二年斠雠堂刊本）

读庄子

清　屈大均

漆园之书，化书也。化之云者，形化而后仙，神化而后圣，乃为逍遥之至也。列子御风，旬有五日，斯反矣，以有待也。有待乎风，则其未化也，可知周之俄然为蝴蝶，蝴蝶之俄然为周也。且为蝴蝶而不知其为蝴蝶，为周而不知其为周也，以能化也。故夫鹏之飞，蝴蝶之飞，即周之飞也。其飞以怒，怒者其神乎？喜者其精乎？喜不能飞，以怒而飞，盖精不能飞，以神而飞也。六月息者，阳之气生于十一月，而息于六月，龙以六月而潜，故鹏以六月而息也。九为阳，六为阴，鹏之上以九万里飞于阳之终也，息以六月息于阴之始也。此庄生自喻其变化之用也。又鹏也，蝴蝶也，是皆所谓姑射之神人也？其尘垢秕糠犹将陶天地、铸日月，而况于尧舜乎！鹏之在天、亦犹野马、尘埃之在空，下视天亦一苍苍也，天视下亦一苍苍也，皆一气絪缊之所为。天以息吹下，下以息吹天，下以天为野马，天以下为尘埃，相消相息，无时而止，而万物化醇于其中，莫知所以，此造化之所以为妙也。天积气耳，气无形而有色，苍苍者，其色也。苍苍之所吹，万物以之化醇。醇者，太和之所酝酿者也。野马、尘埃乃山泽絪缊之气，非苍苍之正，生物以之相吹者也。物生于太和，不生于野马、尘埃。太和者，元之气也。元之气不可得而见，见于苍苍，故曰苍苍其正色。至人之无所待也，以无己也，如尧之以己为烟火而以许由为日月也，以己为浸灌而以许由为时雨也，以许由立而天下治，而已犹尸之也。其自视缺然，则无己之至者也。而许由以己为鹪鹩，所巢不过一枝也；以己为偃鼠，所饮不过满腹也，则亦无己之至。惟无己，故能无待，吸风饮露而不饥，乘云气御飞龙而无外。彼夫物之不疵疠年穀之熟，皆无己之所至，惟无己故能神凝。神为纯粹之精，水火之物不能伤，以其英华与造物者为一，而以其尘垢陶铸尧舜，有己则己，亦尘垢矣。自陶铸之不暇，而安能陶铸尧舜也哉！三间之天问，亦犹庄子之放言也，不必有其人，不必有其事，不必有其言，怨愤无聊，不平呵而问之，佯狂而道之，不可以情理而求之。《南华》、《离骚》二书可合为一，《南华》天放，《离骚》人放，皆言之不得已者也。以其知得其心，以其心得其常心，此即致知格物之旨也。心从知而得，知之外无所谓心也；常心从心而得，心之外无所谓常心也。知即心，心即常心，一而二之，常季之所笑也。大抵圣与愚之分在知不知，知即有物皆心，不知即有心皆物。庄生之齐物，物何以齐，亦齐之于吾心云尔。知心之外无物，物斯齐矣。自闻所以为聪，自见所以为明，不自见而见彼，不自得而得彼，是得人之得而不自得其得者也。不自得其得，则不能自适其适，是淫僻之行也。庄子之学贵乎自得，大与吾儒相同，开卷即言逍遥，盖形容自得而适其适之乐也。鲲鹏之化皆以喻心，无何有之乡，广莫之野，心之寓焉者也。彷徨乎无为其侧，逍遥乎寝卧其下，适其适之至也。化其心为鲲鹏，化其身为大樗树，夫既已无己矣，而何有夫功之与名乎哉！嗟来桑户之歌，招魂之祖也，反其真则人而天矣。生而为人，死而为天，为人不如为天，而又何悲焉？虽然，人之生而已为天矣，天下人知其为人而不知其为天，故有生死之说。惟生而知其为天，而以天为人，则死而知其未尝为人，而以人为天，于是乎而天与人为一，生与死而不贰矣。嗟夫！天之所以为天者，以人而人，不以其人之天为大，而以天之天为大，以故天自天而人自人，故欲知天之天者，必先知人之天。（《翁山文外》卷十　民国吴兴刘氏刻嘉业堂丛书本）

读庄子

清 黄中坚

老子非毁仁义，庄子又从而甚之，自尧、舜、禹、汤、文、武以至孔子，无不诋讥。彼岂真以仁义为不美而圣人为非圣哉？其意盖谓天下大乱，非仁义所能治，虽圣人亦无如之何，士生斯世，惟当逍遥物外以葆其真而已，何用如圣人以身殉天下为？此其著书本意也。观其言曰："善人不得圣人之道不立，跖不得圣人之道不行，天下之善人少而不善人多，则圣人之利天下也少而害天下也多。"又曰："为之仁义以矫之，则并与仁义而窃之。"忿世嫉俗之意，可谓深切著明矣。篇中称引孔子什居七八，或以为合道，或以为未闻道，要皆假托之辞。彼固自谓谬悠之说，荒唐之言也，然始终谓孔子以仁义为行，以天下为心，而且与五帝、三王连类并称，则虽纷纭颠倒，而初无损于孔子之真。故苏子瞻谓："庄子之于孔子，盖阳挤而阴助之，其论天下道术，自墨翟、禽滑厘、彭蒙、慎到、田骈、关尹、老聃之徒，以至于其身，皆以为一家，而孔子不与，其尊之也至矣。"此言得之，顾独疑《盗跖》、《渔父》则若真诋孔子者，余谓借盗跖之口以诋孔子，则是所以诋世而非诋孔子也。其桓魋、阳货、接舆、沮溺之流欤？庄子意在避世，故寓言以伸其说，亦不足怪。且《庄子》一书，何适而非寓言，苟泥其词而不察其意，毋乃为庄子所愚乎？（《畜斋二集》卷三　清乾隆三十年刻本）

《庄子》总论

清 林云铭

三十三篇之中，反复十余万言，大旨不外明道德、轻仁义、一死生、齐是非、虚静恬澹、寂寞无为而已矣。篇之有内、有外、有杂，皆出于世俗，非当日著书本意。内七篇是有题目之文，为庄子所手定者。外篇、杂篇，各取篇首两字名篇，是无题目之文，乃后人取庄子杂著而编次之者。《逍遥游》言人心多狃于小成而贵于大。《齐物论》言人心多泥于己见而贵于虚。《养生主》言人心多役于外应而贵于顺。《人间世》则入世之法。《德充符》则出世之法。《大宗师》则内而可圣。《应帝王》则外而可王。此内七篇分著之义也。然人心惟大故能虚、惟虚故能顺，入世而后出世，内圣而后外王，此又内七篇相因之理也。若是，而大旨已尽矣。外篇、杂篇，义各分属，而理亦互寄，如《骈拇》、《马蹄》、《胠箧》、《在宥》、

《天地》、《天道》，皆因《应帝王》而及之。《天运》则因《德充符》而及之。《秋水》则因《齐物论》而及之。《至乐》、《田子方》、《知北游》，则因《大宗师》而及之。惟《逍遥游》之旨，则散见于诸篇之中。外篇之义如此。《庚桑楚》则《德充符》之旨，而《大宗师》、《应帝王》之理寄焉。《徐无鬼》则《逍遥游》之旨，而《人间世》、《应帝王》、《大宗师》之理寄焉。《则阳》亦《德充符》之旨，而《齐物论》、《大宗师》之理寄焉。《外物》则《养生主》之旨，而《逍遥游》之理寄焉。《寓言》、《列御寇》总属一篇，为全书收束。而内七篇之理均寄焉。杂篇之义如此。若《刻意》、《缮性》，义有所属而无味。《让王》、《说剑》、《盗跖》、《渔父》，义无所属而多疵，昔人谓为昧者勖入，非虚语也。《天下》一篇，则后人订庄者所作，是全书之后序耳。然则或曰外，或曰杂，何也？当日订庄之意，以文义易晓，一意单行者，列之于前而名外，以词意难解，众意兼发者，置之于后而名杂，故其错综无次如此。苏子瞻谓分章名篇，皆出于世俗，非庄子本意，犹信。（《庄子因》）

《庄子》杂说（计二十六则）

清 林云铭

一、庄子另是一种学问，与老子同而异，与孔子异而同。今人把庄子与老子看做一样，与孔子看做二样，此大过也。

二、《庄子》全部，以内七篇为主，外篇、杂篇旨各分属，而总不离其宗。今人诵其文，止在字法句法上着意，全不问其旨之所在，此大过也。

三、《庄子》末篇，历叙道术不与关、老并称，而自为一家，其曰："上与造物者游，而下与外死生无终始者为友。"此朴学问，诚所谓不可无一不可有二者。世人乃以老、庄作一样看，过何也？

四、庄子另是一种学问，当在了生死之原处见之。其曰："游于物之所不得遁"一句，即"薪尽火传"之说，为全部关钥。老子所谓"长生久视"，则同而异也。孔子所谓"未知生焉知死"，则异而同也。

五、庄子言逍遥，言重闉，心期乎大。老子言俭、言慈、言啬，心期乎小，是其工夫不同处。老子言"无名天地之始"。庄子却言"泰初有无无，有无名"，则无名之上，尚有所自始矣，是其立论不同处。若云子夏之后，流为田子方，子方之后，流为庄周，即谓庄子与孔子同，而与老子异，亦无不可也。

六、庄子宗老而黜孔，人莫不以为然。但其言曰"春秋经世，先王之志，圣人议而不辨"，何等推尊孔子。若言其宗老也，则老聃死一段，何又有"遁天倍情"之讥乎？要知著书之意，是非固别有在，难与寻章摘句者道也。

七、庄子只有三样说话，寓言者，本无此人此事，从空蓦撰出来。重言者，本非古人之事与言，而以其事与言属之。卮言者，随口而出，不论是非也。作者本如镜花水月，种种幻相，若认为典实加以褒讥，何啻说梦。

八、《庄子》五十三篇，载在《汉书·艺文志》。严君平作《老子指归》，所引用者，多书中不载，如"阏奕意修危言、游凫子胥"等篇，世存其目，则此书为郭子玄删定无疑。但外、杂两集，尚有赝手，未经摈斥，世无明眼，以为相沿已久，不敢复道，然亦不可不辩也。

九、庄子生于战国，兵刑法术之家，徒乱人国，其所云"绝圣弃知、掊斗折衡"等语，皆本于愤世嫉邪之太甚，读者不以词害意可也。

十、庄子诋訾孔子，世以为离经畔道，不知拘儒剽窃，乃离经畔道之尤者也。考书中所载孔子，不过言其问业于老氏，子贡称夫子无常师，是不足为诋訾者也。若《盗跖》、《渔父》，乃其徒为之，所谓其父杀人报仇，其子必且行劫，亦已甚矣。

十一、《庄子》篇中，有一语而包数义者，有反复千余言，而止发一意者，有正意少而傍意多者，有因一言而连类他及者，此俱可置勿论。惟先求其本旨，次观其段落，又次寻其眼目，照应之所在，亦不难晓。

十二、《庄子》有易解处，有艰涩难解处，有可作此解彼解处，俱无足疑，止玩上下文来路去路，再味其立言之意，便迎刃自解矣。

十三、庄子学问，是和盘打算法，其议论亦用和盘打算法。

读者须知有和盘打算法。

十四、庄手学问，有进一步法，其议论亦每用进一步法。读者须知有进一步法。

十五、庄子旨近老氏，人皆知之，然其中或有类于儒书，或有类于禅教，合三氏之长者，方许读此书。

十六、《庄子》为解不一，或以老解，或以儒解，或以禅解，究竟牵强无当，不如还以庄子解之。

十七、庄子大旨，说外死生、轻仁义、黜聪明，词若不殊，而具每篇立意，却又不一当于同处而求其异；当其分处而求其合，自有得于语言文字之外。若草草读过，便是不曾读。

十八、庄子用字，有与他书不同，如"怒而飞"，非喜怒之怒。"泠然善"，非善恶之善。"游心乎德之和"，非和顺之和。此类甚多，当具别解。

十九、庄子命意之深处，须以浅读之；为文之曲处，须以直解之。若一味说俴说妙，只管附会，入心性里面去，便成一部野狐禅矣。今人蹈此病者，十之八九须痛绝之。

二十、庄子或取其文，不求其理，或诠其理，不论其文，其失一也。须知有天地来，止有此一种至理；有天地来，止有此一种至文，绝不许前人开发一字，后人摹仿一字。至其文中之理，理中之文，知其解者，旦暮遇之也。

二十一、庄子似个绝不近情的人，任他贤圣帝王，矢口便骂，眼大如许。又似个最近情的人，世间里巷，家室之常，工技屠宰之末，离合悲欢之态，笔笔写出，心细如许。

二十二、《庄子》当随字随句读之，不随字随句读之，则无以见全书之变化。又当将全书一气读之，不将全书一气读之，则不知随字随句之融洽。

二十三、《庄子》当以看地理之法读之，欲得正龙正穴，于草蛇灰线，蛛丝马迹处寻求，徒较量其山势之大小，无有是处。

二十四、《庄子》当以观贝之法读之，正视之似白，侧视以似紫，睨视之似绿，究竟俱非本色才有所见，便以为得其真，无有是处。

二十五、《庄子》当以"五经"之法读之，使其理为布帛，菽粟日用，常行之道，不起疑异，于心则于我相亲矣。

二十六、《庄子》当以传奇之法读之，使其论一人，写一事，有原有委，须眉毕张，无不跃跃欲出，千载而下可想见也。（《庄子因》）

对《逍遥游》和《齐物论》艺术分析摘录

清　林云铭

篇中忽而叙事，忽而引证，忽而譬喻，忽而议论。以为断而非断，以为续而非续，以为复而非复。只见云气空濛，往反纸上，顷刻之间，顿成异观。"（《庄子因·逍遥游》篇末评述）

文之意中出意，言外立言，层层相生，段段回顾，倏而羊肠鸟道，倏而叠嶂重峦。（《庄子因·齐物论》篇末评述）

论庄子

清　吴世尚

庄子之学，所见极高，其尊信孔子，亦在千古诸儒未开口之前，观篇中称孔子为圣人、至人。夫至人无己、神人无功，圣人无名。不离于宗，谓之天人。不离于精，谓之神人。不离于真，谓之至人。以天为宗，以德为本，以道为门，兆于变化，谓之圣人。圣人、天人、神人、至人，总一人也。此老从不肯以此名许人，独以之称孔子，此是何等见地。今之人止知圣之时，自孟子发之，可谓至圣；自太史公赞之，又宁知此老之识，早有卓焉者乎？

庄文无问长短，皆必有至情、至理、奇气、奇句。骤读之，无间可入；久读之，应接不暇，所以独步千古也。若钝、弱、肤、谬，从不肯著一笔者。《让王》钝矣，《说剑》肤矣，《渔父》弱矣，《盗跖》则更谬之谬者也，故不惜删去。其余外杂篇中，西仲所摘外，孙休一章，亦非庄作，然仍存于各篇，惟稍示其谬戾处，使人知所择云。（《庄子解》）

论《内篇大意》

吴世尚

大道不明，群言杀杂。自家一个身心不知安顿何处，以无主之衷，涉乱世之末流，其遇害何可胜道哉！果其德全于己，道契乎天，则以之经纬宇宙，六五帝而四三王，何不可之有乎？此七篇相承之大意也。但其文，有空写、有实写；有顺写、有反写，有淡写、有浓写；有近写、有远写；有半写、有全写；有加倍写、有分帮写。使笔如使利斧，当之者摧，遇之者碎；涌墨如涌海潮，直者山立，横者冈连。寻行逐字，既无从测其言外之指；高际阔步，又未免失其句中之义耳。空写而远写者，《逍遥游》是也。不言道，不言心，借一鲲鹏指点出活泼泼地使人瞥地，便见得个道之全体，此庄子第一吃紧为人处也。何谓顺写？《齐物论》是也。层层分疏，段段销化，止是承其意而解之，毫不作对面抢白语，而闻者早不已不觉心折而诚服，盖最是其平易近情文字焉。《养生主》一篇，则淡写者矣。通篇只"缘督以为经"一句，是养生之法。其余如游刃有余地，不蕲畜乎樊中。"火传不知其尽"，皆略略数语，绝不矜张，而不可不养之意，自悠然于言外。所谓妙道无多，要语不烦者也。《人间世》许多说话，只是近写，只是半写。古今同此人间世，世有治乱，道有污隆，庄子惟说得处乱世一边道理。其处治世者，都未道出。第于末章，"天下有道，圣人成焉"二句，微及之。盖渠特据目前以示法。其云"方今之时，仅免刑焉"者，正此篇之所由作也。不然，庄子岂全求无用者哉？反写、加倍写，《德充符》便纯用此一种笔墨矣。千古德充符者，孰有踰于羲、黄、尧、舜、孔子者乎？嫌正说之不畅不醒，故略而不道，特去寻出几个兀者恶人来，此加倍法也。说兀者恶人，而谓其从游者与仲尼相若，哀公、灵公俱信之悦之，此又加倍法也。说兀者恶人，而又借孔子之推尊赞仰，以极力形容之，甚且谓孔子为桎梏所苦而不可解，此又加倍法也。要知其意，以为人贵有德，德全而形不全，尚且如此不可及，而况全形全德之人，其为卓绝，更何如邪！若夫分帮写来，而又写得周全浓至，宁有如《大宗师》之一篇者哉。天人有无之介，存亡生死之几，推而行之之先后，冥而合之之深浅，反而至之之次第，无不尽情剖露。《论语》之朝闻夕可，《孟子》之不贰顺受，盖皆于此篇，毕宣其蕴矣。此老胸中了然，笔下了然，战国诸儒，洵未有能及之者。至于《应帝王》之正而后行，顺物无私，立乎不测，游于无有，用心若镜，不将不逆，以及凿窍而混沌死者，或正说，或反说总皆帝王之实理实事，失之便不可以君人者也。故此一篇，为实写，亦为近写，而与首篇之空写、远写，作大开合大呼应，乃文章家最大章法也。此七篇之文，各有指实，实相承而文各足，善读者分之曰七篇可，融之曰一篇亦可。（《庄子解》）

《应帝王》篇末评论

吴世尚

《庄子》内七篇，穷奇极变，千古文人有一无二。而其实，我孔子只数语了之。《逍遥游》，不过鸢飞戾天一节也。《齐物论》，则巧言乱德四字而已。《养生主》，所谓存心养性以事天。《人间世》，岂有出于无道则愚之一语哉。《德充符》，则知德者之鲜。《大宗师》，正知生知死，朝闻夕可之理也。至于《应帝王》之为政以德。（《庄子解》）

论庄子尊孔子

吴世尚

读此篇，庄子之尊孔，可谓至矣。盖此老胸中，原以为千古之德充符者，唯我孔子耳。而嫌于以己说孔子，第属造道之言，不若以孔子说孔子，乃为有德之言，故特地撰出个王骀、哀骀他来，从孔子口中写出许大深微弘至之语，此岂说王骀、哀骀他哉？实庄子说我文章家有代字诀，宾中主法门乎？彼又何曾念到哀公告闵子，谓吾闻至人之言乎？（《庄子解·德充符》篇评论）

庄子论略（共十条）

清　胡文英

一、庄子人品德性、学问见识，另有一种出人头地处，另有一种折衷至当处。后人只在语言文字上推求，何从窥其寄托？

二、庄子是全副才情，老子只有一副家伙，钩着他没有的家伙，他便不动手。管子、荀子是收拾圣人的旧家伙而改造之者，故尔也还用得，只是不醇不备。若遇庄子动手，自然在诸子之上。

三、庄子才学来得本是醇正，只是眼界太高，看得忒容易了，故使人疑他无济于实用。如少陵窃比稷契，岂漫无所见而为大言者？俗子强作解事，不为轻许，请问究竟看见什么？

四、庄子本是个要出世底人，缘是藏诸用者远，不肯屑屑于口头耳。试看诸葛武侯《梁父吟》，何尝露一点圭角？黄征君《文中子》，满口是要救民，只怕动手，未必能如武侯也。世有解得《梁父吟》者，亦解得庄子。

五、庄子开口就说没有要紧的话，人往往竟算作没要紧看。要知战国是什么样时势风俗，譬如治伤寒病的一般，热药下不得，补药下不得，大寒凉药下不得，先要将他一团邪气消归乌有，方可调理。这是庄叟对病发药手段。看做没要紧者，此病便不可医。

六、庄子眼极冷，心肠极热。眼冷，放是非不管。心肠热，故感慨无端。虽知无用，而未能忘情，到底是热肠挂住。虽不能忘情，而终不下手，到底是冷眼看穿。

七、庄子并非三代以下所能用，亦不为三代以下用。许由皇臣，故不比皋禹。伯夷帝佐，故不同周召。庄叟所学，亦非春秋以后所能用也。

八、庄子每多愤世嫉邪之谈，又喜欢讥诮出名大户，或寓责备贤者之意，或假人穷反本之思，诚以彼龊龊者，擢其发而数之，适足汙吾口耳。执死腔板以相绳者，无从说起。

九、庄子非但不是关列根源，并不是沮溺光景，时命大谬，是其不能立德、立功处；充实不可已，是其所以立言处。

十、庄子最是深情，人第知三闾之哀怨，而不知漆园之哀怨有甚于三闾也。盖三闾之哀怨在一国，而漆园之哀怨在天下；三闾之哀怨在一时，而漆园之哀怨在万世。味其指者，笑如苍蝇。（《庄子独见》）

读庄针度（凡八则）

胡文英

一、读《庄子》，须是穷理，试看庄子穷理之乐，直是口不能言而心以仿佛之者。若不能穷理，以心相印，徒恃聪明偶到之处，横为剿截，只是解者肚里明白，作者肚里倒不明白了。

二、读《庄子》，须把心收得细如游丝，虚而与之委蛇。望其气上，则引而避之；俟其气下，复缓而惹之。炼得此一片轻清微妙之质，则气息自通。

三、读《庄子》，须善用照法，正照之，斜照之，远照之，反照之，照得不真者，仍旧打扫心地，自然照见真际。

四、读《庄子》，须用一路没要紧的工夫对付他，如泡药酒一般，久久气味自出。若偶有所见，强为挈住，到头来心孔里铸成一土木魔君，非徒无益而又害之。

五、读《庄子》，须把眼界放活，则抑扬进退，虚实反正，俱无定极，惟跟着神气之轻重伸缩，寻觅将去，才能大叩大鸣，小叩小鸣。

六、读《庄子》，须笑谈鼓舞以读之。今人读书，只说苦心力学，殊不知眼前之理，才要苦心求合。至古人之理，明明摆在书上，何用钻在间壁去。若苦心相伴者，便与庄子相反。

七、读《庄子》，要浅者深之，深者浅之，只如极乎淡语句中有无限含蓄，极奇幻语句却是游戏。神通从此入去，迎刃可解。

八、读《庄子》，要如演杂剧一般，生旦净丑，各各还他神气。若有胸襟抱负的人，自渐渐藏入神气去，而不知我之为庄，庄之为我矣。（《庄子独见》）

南华雪心编自序

清 刘凤苞

天地之间，有至文焉。其见于上，则日月星辰，为文之灿烂，风云雷雨，为文之鼓荡。其见于下，则岱华嵩衡，为文之根柢，江海河汉，为文之波澜。有其象则解之，而元化之周流无象，无象者不可解。有其声则解之，而天籁之起伏无声，无声者不可解。虽然，无不可解也。无象昔寄于有象者以传，仍即其有象者解之。无声者寄于有声者以显，仍即其有声者以解之。大块之文章，一仰观俯察间，尚觉悠然而可会，况其为古人之陈迹哉？

南华泄天地之秘者也，其光之灿烂，如日月星辰之悬象而著明；其气之鼓荡，如风云雷雨之顺时而布令；其根柢之深厚，如岱华嵩衡之并峙；其波澜之奇诡，如江海河汉之奔腾；合天地之有象有声音以为文，以是为文之至。文之至者，尽人可解，以可解者解之。南华既泄天地之秘，人即以此泄南华之秘焉可也。然而解者纷纷，南华之旨，卒秘而弗宣。岂南华之穷幽极奥，为天梯石栈所不能通，其不解也？亦如元化之周流无象，天籁之起伏无声而已。若是，则南华终不可解乎？曰非也。观天察地，既可因有象以通乎无象，藉有声以会于无声，南华亦犹是也，何不可解之有？必谓昭文之不鼓，靖节之无弦，以不解解之，乃为妙解。将并语言文字而扫除之，南华老人，何必多此一饶舌。则仍以可解者解其所可解，而相悦以解，即以不解者解其所不可解，亦迎刃而解矣。

予自幼颇爱读《庄子》之文，骤焉不得其解。及观晋人郭象所注南华篇，探元抉奥，识解独据万山之巅，恍然有得于其心。复参合诸家注解，而后章法之贯串玲珑，笔力之汪洋恣肆，窥豹而时见一斑。南帆北马，辄携是书以自随。初未敢妄增一解，以贻骈拇枝指之讥。年来捧檄边庭，从事于波涛兵燹之间，更历忧患，取是书而研究之，一切荣落升沉之感，不知何以俱化，而天人性命之微，亦若少窥其分际焉。则先生之贶我良多也。簿书之暇，把卷沉吟，机有所触，笔之于书，亦如元化之鼓荡而不能自已，天籁之起伏而莫知所为焉，名之曰"雪心编"。雪心者，谓南华为一卷冰雪之文，必索解于人世炎热之外，而心境始为之雪亮也。后之读是篇者，其亦可涣然冰释矣。时光绪三年岁次丁丑重九节后，武陵刘凤苞序于蒲门郡斋。(《南华雪心编》)

《逍遥游》篇分析

刘凤苞

总 论

开手撰出"逍遥游"三字，是南华集中第一篇寓意文章。全幅精神，只在乘正御辨以游无穷。乃通篇结穴处，却借鲲鹏变化，破空而来，为"逍遥游"三字，立竿见影，摆脱一切理障语，烟波万状，几莫测其端倪，所谓洸洋自恣以适己也。老子论道德之精，却只在正文中，推寻奥义。庄子阐逍遥之旨，便都从寓言内，体会全神，同是历劫不磨文字。而缥缈空灵，则推南华为独步也。其中逐段逐层，皆有逍遥境界。如游武夷九曲，万壑千岩，应接不暇。起手特揭出一大字，乃是通篇眼目，大则能化，鲲化为鹏，引起至人、神人、圣人，皆具大智本领，变化无穷。至大瓠大树，几于大而无用，而能以无用为有用，游行自适，又安往而不见逍遥哉？一路笔势蜿蜒，如神龙天矫空中，灵气往来，不可方物。至许由、肩吾以下各节，则东云见鳞，西云见爪，余波喷涌，亦极恣肆汪洋。读者须处处觑定逍遥正意，方不失赤水元珠，致贻讥于象罔也。（《南华雪心编》）

主要参考书目

（一）

孔子《论语》，中华书局1986年版，《诸子集成》本。

韩非《韩非子》，中华书局1986年版，《诸子集成》本。

吕不韦《吕氏春秋》，中华书局1986年版，《诸子集成》本。

马王堆汉代帛书《老子》（甲乙本），见尹振环《重识老子与〈老子〉》，商务印书馆2008年版。

刘安《淮南子》，中华书局1986年版，《诸子集成》本。

严遵《老子指归》，中华书局1994年版。

河上公《老子道德经章句》，中华书局1993年版。

司马迁《史记》，中华书局1962年版。

班固《汉书》，中华书局1975年版。

王弼《老子注》，中华书局1996年版，《诸子集成》本。

王肃（注）《孔子家语》，四部丛刊初编子部，商务印书馆缩印，江南图书馆藏明覆宋刊本。

傅奕《道德经古本篇》，见尹振环《重识老子与〈老子〉》。

苏辙《道德真经注》，华东师范大学出版社2010年5月版。

林希逸《老子鬳斋口义》，华东师范大学2010年2月版。

焦竑《老子翼》，华东师范大学出版社2011年6月版。

奚侗《老子集解》，上海古籍出版社2007年版。

魏源《老子本义》，华东师范大学出版社2010年1月版。

高亨《老子注译》，河南人民出版社1980年版。

朱谦之《老子校释》，中华书局1980年版。

廖名春《郭店楚简老子校释》，清华大学出版社2003年版。

刘笑敢《老子古今》，中国社会科学出版社2008年版。

尹振环《重识老子与〈老子〉》，商务印书馆2008年版。

鲁迅《汉文学史纲要》，《鲁迅全集》。

钱锺书《管锥编》，中华书局1996年版。

（二）

郭象《庄子注》，中华书局1986年版，《诸子集成》本。

释德清《庄子内篇注》，清光绪十四年金陵刻经处刊本。

陆西星《南华经副墨》，明万历十三年天台馆重刊本。

陈荣选《南华经句解》，清乾隆三年重刊本。

林云铭《庄子因》，清光绪六年常州培本堂重刊白云精舍本。

吴世尚《庄子解》，民国九年刘氏唐石簃刊《贵池先哲遗书》。

宣颖《南华经解》，清康熙六十年积秀堂刊本。

胡文英《庄子独见》，清乾隆十七年同德堂刊本。

陆树芝《庄子雪》，清嘉庆四年文选楼刊本。

王念孙《庄子杂志》，清道光十二年刊《读书杂志馀编》本。

俞樾《诸子平议》，清光绪二十五年刊《春在堂全书》本。

刘鸿典《庄子约解》，清同治五年玉成堂刊本。

刘凤苞《南华雪心编》，清光绪二十三年晚香堂刊本。

王先谦《庄子集解》，中华书局1986年版，《诸子集成》本。

郭庆藩《庄子集释》，中华书局1986年版，《诸子集成》本。

胡朴安《庄子章义》，民国三十二年排印，《朴学斋丛书》本。

陈鼓应《庄子今注今译及评介》，中华书局1983年版。

后 记

一

老子是道家的鼻祖，庄子是其后学，是道家的集大成者。老子和庄子在中国哲学史、文学史、美学史和思想史上都占有极其重要的地位，对后代有着积极的深远影响。

老子主张"无为而治"，又说"无为而无不为"。老子的"无为而治"，并非是无所作为，他所谓的"无为"，是不要妄为、要顺应自然的意思。老子的宇宙观是唯物主义的，并非过去有些学者认为是唯心主义。老子曰："道生一，一生二，二生三，三生万物。"又曰："有物混成，先天地生。"云云，即足以说明这个问题。在社会问题和人生道德修养方面，老子劝人向善立德、颂扬谦逊退让美德。劝导世人要有"赤子之心"，他说："含德之厚者，比于赤子。"劝导"人君"要爱国爱民信民，要为民立"玄德"。劝导世人或"人君"要少私寡欲，"知足之足"、"知足不辱"、"知足不殆"。劝导世人要努力奋进，说"千里之行，始于足下"。他向往没有战争、没有剥削压迫、自由安居的幸福国度。他还有许多鼓舞人们向前的思想，这里不赘述。

庄子继承和弘扬了老子的思想，也创立了新的道家学说。他在文学、哲学、美学等方面都作出了卓越的建树，对后代有深远的影响。就其在文学方面，与先秦诸子相比，他写得最生动形象、最富诗情画意、最具有鲜明的个性化特征。因此，颇受世人的青睐和激赏。诸如唐代浪漫主义诗人李白就情不自禁地赞赏曰："南华老仙发天机于漆园，吐峥嵘之高论，开浩荡之奇言……吾亦不测其神怪之若此，盖乃造化之所为。"[01]明末清初评论家金圣叹把《庄子》、《离骚》、《史记》、《杜甫诗集》、《水浒传》、《西厢记》并列为"六才子书"。特别强调《庄子》为天下奇书。清代评论家刘熙载说庄子之文："意出尘外，怪生笔端。"[02]鲁迅高度评价

---

01 《大鹏赋》。
02 《艺概·文概》。

庄子之文说："汪洋辟阖，仪态万方，晚周诸子之作，莫能先也。"[01] 郭沫若亦评价说："庄子在中国文化史上的确是一个特异的存在，他不仅是一位出类的思想家，而且是一位拔萃的文学家……秦汉以来的一部中国文学史差不多大半在他的影响之下发展。"[02] 由此可见，庄子对后代文学发展的影响是何等之大。

的确，老子和庄子也存在消极思想，但其积极思想要远远大于消极思想。《老子》、《庄子》在文字上似乎很冷，而在骨子里却是很热的。老子和庄子都有一副忧国忧民的热心肠。清代治庄学者林云铭曰："庄子生于战国，兵刑法术之家，徒乱人国，其所云'绝圣弃知，掊斗折衡'等语，皆本于愤世嫉邪之太甚，读者不以词害意可也。"又曰："庄子似个绝不近情的人，任他贤圣帝王，矢口便骂，眼大如许。又似个最近情的人，世间里巷，家室之常，工技屠宰之末，离合悲欢之态，笔笔写出，心细如许。"[03] 清代治庄学者胡文英曰："庄子最是深情，人第知三闾（即屈原）之哀怨，而不知漆园（即庄子）之哀怨有甚于三闾也。盖三闾之哀怨在一国，而漆园之哀怨在天下；三闾之哀怨在一时，而漆园哀怨在万世。昧其指者，笑若苍蝇。"[04] 老子曰："正言若反。"所谓"相反而为用"，即相反相成之意。《老子》书中有的篇章，亦当如此理解。

老子和庄子生活在两千多年前的春秋战国时代，由于时代的局限，在他们的著作中自然会存在这样或那样的问题，存在唯心的、落后的、不科学的思想，这并不奇怪。我们应当本着批判继承的原则，吸取其精华，摒弃其糟粕。

二

1963年，我于复旦大学中文系毕业后即被分配到中国科学院哲学社会科学部（现在的中国社会科学院）文学研究所从事古典文学研究工作时，就开始研究《老子》和《庄子》，至今已有50余年，对老庄有了比较深入的认识和理解。1984年拙著《老庄研究》出版。由于当时受"左"的社会思潮的影响和个人学术水平的限制，对老庄的消极思想看得比较严重，甚至把庄子的文学视为消极浪漫主义。

---

01 《汉文学史纲要》。
02 《庄子与鲁迅》。
03 《庄子杂说》。
04 《庄子独见·庄子论略》。

之后，由于对老庄研究的不断深入和学术水平的提高，我不仅纠正了对老庄的错误看法，并且陆续又撰写许多篇有创见的文章。拙著《老庄新论》中，还保留《老庄研究》中有价值的几篇文章，诸如老庄其人其书，明清散文研究论略，古代庄子散文研究的经典资料等，对其中个别地方也作了修改。

三

《老子》、《庄子》与《易经》，世人称之为"三玄"，意蕴玄妙难识。尤其《庄子》，仁者见仁，智者见智，多有歧解。因此，拙著中难免有不妥或错误之处，敬请读者和方家批评指正。

《老庄新论》立项后，得到中国社会科学院老年科研基金的资助；在出版过程中又得到文学所和社科院领导、同仁的大力支持，在此谨一并向他们表示衷心的谢忱。

2013年3月13日

于北京太阳宫公寓